Hadayatullah
Hübsch

ISLAM-99

Fragen und Antworten zum Islam
Information ohne Indoktrination

Originalausgabe
Vierte Auflage

Betzel Verlag GmbH
Postfach 1905
31569 Nienburg

Fax: 05021 61327

ISBN 3-929017-23-7

Empfohlener Preis: DM 23.80/ÖS200.00/SFR 23.80

HADAYATULLAH

ISLAM-99

Fragen und Antworten zum Islam

Information ohne Indoktrination

Vorwort

Über den Islam ist hierzulande alles in allem noch recht wenig bekannt. Was glauben Muslime, was ist ihre Philosophie, was ist für sie der Sinn des Lebens? Der Autor hat 99 Fragen gesammelt und sie prägnant, aber doch ausführlich genug, um über Schlagwortwissen hinauszugelangen, zu beantworten versucht. Er lädt überdies die Leserinnen und Leser ein, weitere Fragen an ihn zu richten oder zu bestimmten Fragen Details erfahren zu wollen. So ausreichende Leserzuschriften an den Autor herangetragen werden, wird der *Betzel-Verlag* einen Folgeband mit weiteren Fragen und Beantwortungen herausgeben (so Gott will).

Anzumerken ist, daß die Zitate aus dem Koran aus der Koran-Übersetzung stammen, die im *Verlag Der Islam*, Babenhäuser Landstr. 25, 60599 Frankfurt erschienen ist. Sie gilt unter Muslimen als die beste deutsche Übersetzung. Indes ist ihre Zählweise, gemäß der Praxis des Propheten, anders als bei anderen Koranausgaben. Bei ihr wird die einleitende Formel "Im Namen Allahs, des Gnädigen, des Barmherzigen" als eigenständiger Vers mitgezählt. Zieht der Leser eine andere Koranausgabe zum Zitatvergleich zu Rate, ist darauf zu achten, daß dort die Angabe des Verses jeweils um einen Vers differiert. Um dem deutschen Leser entgegenzukommen, wurde davon abgesehen, das arabische Wort für Koran auch im Deutschen beizubehalten. Genau genommen heißt es nämlich "Qur-ân", d.h. "Das oft Gelesene". Auch wurden zur Erleichterung für den nichtmuslimischen Leser die Gebete, die ein Muslim nach der Nennung des Namens des Propheten Mohammed spricht

(nämlich: Frieden und Segen Allahs seien auf ihm), nicht ausgedruckt.
Ich danke allen, die mir mit ihren Gebeten bei der Erarbeitung dieses Buches geholfen haben.

Frankfurt am Main, April 1995

Hadayatullah Hübsch
Alemannenweg 62
65929 Frankfurt

ISLAM-99

INHALT

Seite

Seite

Seite

Was ist ISLAM?

Das Wort "Islam" stammt aus dem Arabischen. Es ist abgeleitet von dem Wort "Salam". "Salam" bedeutet "Frieden". Islam heißt übersetzt: "Frieden finden durch Hingabe an Gott", und bezeichnet die Religion, die der Prophet Mohammed begründete. In der Offenbarung, die der Prophet von Gott empfing, heißt es im Vers 4 der Sure Al-Maedah (der Tisch, Sure 5):
"Heute habe Ich (Gott) eure Glaubenslehre für euch vollendet und Meine Gnade an euch erfüllt und euch den Islam zum Bekenntnis erwählt" (5:4).
Dieser Teil des Verses 5:4 ist der vorletzte Teil des Korans, der dem Propheten offenbart worden war.

Der Koran beansprucht, daß der Islam die letzte allgemeingültige Lehre, das letzte Gesetze Gottes für die Menschheit ist. In Sure 3:97 heißt es aber auch, daß der Islam die erste allgemeingültige Lehre für Menschen gewesen ist. Im Koran heißt es dazu:
"Wahrlich, das erste Haus, das für die Menschheit gegründet wurde,ist das zu Bakka (das Tal von Mekka) – überreich an Segen und zur Richtschnur für alle Völker."
Zudem sagt der Koran, daß der Islam im Grunde nichts anderes ist als die Fortsetzung früherer Lehren:
"Er (Gott) verordnete für euch eine Glaubenslehre, die Er Noah anbefahl und die Wir dir offenbart haben und die Wir Abraham und Moses und Jesus auf die Seele banden: Nämlich, bleibet standhaft im Gehorsam, und seid nicht gespalten darin. Hart ist für die Heiden das, wozu du (Mohammed) sie aufrufst. Allah wählt dazu aus, wen Er will, und leitet dazu den, wer sich bekehrt. Und sie zerfielen erst dann in Spaltung, nachdem das Wissen zu ihnen gekommen war, aus selbst-

süchtigem Neid untereinander. Und wäre nicht das Wort von deinem Herrn ergangen für eine bestimmte Frist – gewiß wäre zwischen ihnen entschieden worden. Wahrlich jene, denen nach ihnen das Buch zum Erbe gegeben ward, sind in beunruhigendem Zweifel darüber. Zu diesem (Glauben) also rufe (sie) auf. Und bleibe standhaft, wie dir geheißen ward, und folge ihren bösen Gelüsten nicht, sondern sprich:"Ich glaube an das Buch, was immer es sei, das Allah herabgesandt hat, und mir ist befohlen, gerecht zwischen euch zu richten. Allah ist unser Herr und euer Herr. Für uns unsere Werke, und für euch eure Werke! Kein Streit ist zwischen uns und euch. Allah wird uns zusammenbringen, und zu Ihm ist die Heimkehr." (42:14–16) Mißverständnisse ausgelöst haben einige Verse des Koran, die den Eindruck entstehen lassen können, daß der Islam sich als alleinseligmachende Religion versteht und alle anderen Religionen verwirft. Zum Beispiel heißt es in Sure 3 Vers 86:

"Und wer eine andere Glaubenslehre sucht als den Islam: nimmer soll sie von ihm angenommen werden, und im zukünftigen Leben soll er unter den Verlierenden sein."

Indes räumt der Koran an anderer Stelle ein, daß jene, die sich in bestem Wissen und Gewissen an die Religion halten, in der sie aufgewachsen sind, ebenfalls von Gott für ihren Glauben und ihre Werke belohnt werden. In Sure 5 Vers 70:

"Jene, die geglaubt haben, und die Juden und die Sabäer und die Christen – wer da an Allah glaubt und an den Jüngsten Tag und gute Werke tut –, keine Furcht soll über sie kommen, noch sollen sie trauern."

Über bestimmte Christen heißt es dazu:

"Sie sind nicht (alle) gleich. Unter dem Volke der Schrift ist eine Gemeinde, die (zu ihrem Vertrag) steht; sie sprechen Allahs Wort in den Stunden der Nacht und werfen sich nieder (vor Ihm). Sie glauben an Allah und an den Jüngsten Tag und gebieten das Gute und verwehren das Böse und wetteifern miteinander in guten Werken. Und sie zählen zu den Rechtschaffenen. Und was sie Gutes tun, nimmer wird es ihnen bestritten; und Allah kennt die Gottesfürchtigen wohl." (3:114–116).

Kurzum, wenngleich der Koran dazu auffordert, Mohammed als Gesandten Gottes anzunehmen und das letzte, von Gott übermittelte Gesetz, den Koran, als Richtschnur zu akzeptieren und somit seinen Regeln zufolge zu handeln (also den Islam zu leben), so erkennt er doch an, daß im Grunde alle Religionen Islam sind, also der Weg, Frieden durch Hingabe an Gott zu finden. Bisweilen wird behauptet, der Islam anerkenne zwar die Juden und Christen als Anhänger eines Buches, verwehre aber Angehörigen anderer Religionen das Recht auf Eigenständigkeit. In der Tat aber haben die islamischen Herrscher, etwa in Indien, bewiesen, daß das Toleranzgebot des Islam auch etwa den Buddhismus und den Hinduismus einbezieht. Wenn dennoch gefordert wird, den Islam als heutigen Weg anzunehmen, so deswegen, weil die Muslime, also die Anhänger des Islams, glauben, daß die Lehren jener Propheten, die vor Mohammed kamen, im Laufe der Jahrhunderte verfälscht wurden und ihre Befolgung heute nicht mehr jene Segnungen mit sich bringen kann, wie die gereinigte Lehre des Islams: "Ist denn der, dem Allah das Herz geweitet hat für den Islam, so daß er ein Licht von seinem Herrn empfängt (einem Ungläubigen gleich)? Wehe darum denen, deren Herzen verhärtet sind gegen den Gedanken an Allah! Sie sind es, die in offenkundigem Irrtum sind." (39:23).
Und:
"Darum: wen Allah leiten will, dem weitet Er die Brust für den Islam; und wen Er in die Irre gehen lassen will, dem macht Er die Brust eng und bang, als sollte er zum Himmel emporklimmen. So verhängt Allah Strafe über jene, die nicht glauben." (6:126).

Der islamische Mahdi Hazrat Mirza Ghulam Ahmad definiert Islam folgendermaßen:
"Islam ist das hell lodernde Feuer, das alle niederen Begierden verzehrt, Islam ist die Tat, die falsche Gottheiten ins Feuer wirft, Leben, Eigentum und Ehre als ein Opfer für Gott darbietet. Islam ist die Quelle, aus der wir das Wasser eines neuen Lebens trinken. Die geistigen Kräfte in uns sind so stark miteinander vereint wie die Glieder einer Kette. Ein Feuer, das dem eines aus uns herausblitzenden Lichtes ähnelt, ein Feuer, das von oben herabsteigt. Diese beiden Flammen verzehren, wenn sie miteinander vereint sind, alle niederen Beweggründe und körperlichen Begierden und die Liebe zu anderen als zu Gott. Eine Art Tod kommt über unser vorhergehendes Leben. Dieses Stadium wird durch das Wort "Islam" gekennzeichnet."
Mit einem Satz (Sure 3:20):
"Wahrlich, die (wahre) Religion vor Allah ist Islam."

Was ist ein Muslim?

Zur Zeit gibt es etwa eine Milliarde Anhänger des Islams auf der Welt. Gemäß den Worten ihres Buches, dem Koran, werden sie "Muslims" genannt und nicht "Mohammedaner". (Mohammedaner würde suggerieren, daß im Mittelpunkt ihres Lebens Mohammed steht, so wie die Christen Christen genannt werden, weil Christus ihr Zentrum ist. Das aber weisen die Muslime von sich, weil ihr Leben sich auf Gott (Allah) ausrichtet). Das Glaubensbekenntnis der Muslime lautet: "La ilaha illallah, Muhammadur rasulullah", d.h. es gibt

keinen Gott außer Gott (Allah), Mohammed ist der Gesandte Gottes; oder: Niemand ist anbetungswürdig außer Gott, Mohammed ist der Gesandte Gottes".
Der Koran bezeichnet die Muslims (wörtlich: jemand, der sich Gott unterwirft") als jene, die fürwahr dem Willen Gottes gemäß leben: "Ihr seid das beste Volk, hervorgebracht zum Wohl der Menschheit; ihr gebietet das Gute und verwehrt das Böse und glaubt an Allah." (3:111) Das Ziel des Muslims ist es, im Zustand des Friedens mit sich, seiner Umwelt und Gott zu leben. Dies soll erreicht werden, indem der Muslim die Gebote, die Gott durch den Koran herabgesandt hat und die der Prophet Mohammed vorlebte ("Sein Leben war wie der Koran", sagte seine Frau Aischa über ihn), hält und zum Gottergebenen wird:
"O die ihr glaubt, fürchtet Allah in geziemender Furcht; und sterbet nicht, außer ihr seid gottergeben. Und haltet euch allesamt fest am Seile Allahs; und seid nicht zwieträchtig; und gedenket der Huld Allahs gegen euch, als ihr Feinde wart. Alsdann fügte Er eure Herzen so in Liebe zusammen, daß ihr durch Seine Gnade Brüder wurdet; ihr waret am Rande einer Feuergrube, und Er bewahrte euch davor. Also macht Allah euch Seine Zeichen klar, auf daß ihr rechtgeleitet seiet." (3:103–104). Trotz dieser Ermahnung sind diejenigen, die sich als Muslims bezeichnen, untereinander in 73 verschiedene Richtungen gespalten. Es kann daher nicht die Rede von "dem Islam" und "den Muslimen" sein. Oft ist es so, daß die eine Gruppe von Muslimen eine andere als Ungläubige bezeichnet. Es werden Anstrengungen unternommen, ganze Gruppierungen aus dem Islam auszuschließen. Der Prophet Mohammed hatte vor solchem Tun gewarnt, indem er sagte, daß jemand, der sich für einen Muslim hält, aber einen anderen, der sich für einen Muslim hält, als Ungläubigen bezeichnet, selbst kein Gläubiger ist. Im allgemeinen gilt so, daß jeder, der das

Glaubensbekenntnis (die "Kalima") sagt, als Muslim anerkannt wird.
Der Koran ermahnt hinsichtlich dieser Kämpfe unter den Muslimen:
"O die ihr glaubt, wenn ihr auszieht auf Allahs Weg, so stellt erst gehörig Nachforschungen an und sagt nicht zu jedem, der euch den Friedensgruß bietet:"Du bist kein Gläubiger." Ihr trachtet nach den Gütern des irdischen Lebens, doch bei Allah ist des Guten Fülle. Also waret ihr einst, dann aber hat Allah Seine Huld über euch ergossen; darum stellt erst gehörig Nachforschung an. Siehe, Allah ist eures Tuns wohl kundig." (Sure 4:95).
Der Prophet Mohammed sagte dazu:
"Wer immer betete, wie wir unsere Gebete verrichteten, und wer unsere Qibla (d.h. Gebetsrichtung) befolgte und das aß, was wir geschlachtet haben, ist ein Muslim, für den der Schutz Gottes und der Schutz des Propheten da ist. So brecht nicht den Schutz Gottes". (Überliefert in der Sammlung von Aussprüchen Mohammeds (Hadith) Buchari).
Untrennbar verbunden mit dem Leben eines Muslims ist das Bemühen, dem Propheten Mohammed in Wort und Tat nachzufolgen. Der Koran fordert an vielen Stellen dazu auf. Zum Beispiel heißt es:
"(O Prophet) sprich:"Liebt ihr Allah, dann folget mir, (dann) wird Allah euch lieben und euch eure Fehler verzeihen; denn Allah ist allverzeihend, barmherzig." (O Prophet) sprich: "Gehorchet Allah und dem Gesandten"; doch wenn sie sich abkehren, dann (bedenke), daß Allah die Ungläubigen nicht liebt." (3:32–33).
Weitergehend definiert wird ein Muslim durch zahlreiche Verse des Korans, die erklären, was unter einem Muslim zu verstehen ist. Zum Beispiel heißt es: "O ihr Gläubigen, glaubet an Allah und Seinen Gesandten und an das Buch, das Er Seinem

Gesandten herabgesandt hat, und an die Schrift, die Er zuvor herabsandte. Und wer nicht an Allah und Seine Engel und Seine Bücher und Seine Gesandten und an den Jüngsten Tag glaubt, der ist wahrlich weit irregegangen." (4:137).
In einer anderen Definition heißt es über die Gläubigen:
"Die Diener des Gnadenreichen sind diejenigen, die in würdiger Weise auf Erden wandeln, und wenn die Unwissenden sie anreden, sprechen sie: "Frieden"; und die die Nacht vor ihrem Herrn hinbringen, sich niederwerfend und stehend, und die sprechen:"Unser Herr, wende von uns die Strafe der Hölle; denn wahrlich, ihre Strafe ist langwährende Pein. Sie ist fürwahr schlimm als Ruhestatt und als Aufenthalt." Und die, wenn sie spenden, weder verschwenderisch noch geizig sind, sondern maßvoll dazwischen, und die, welche keinen anderen Gott anrufen neben Allah, noch das Leben töten, das Allah unverletzlich gemacht hat, es sei denn nach Recht, noch Ehebruch begehen – und wer das tut, soll Strafe erleiden." (25:64–69)

Wer ist Allah ?

Der Name Gottes im Islam lautet "Allah". Allah ist ein Eigenname und nicht, wie oft fälschlich behauptet wird, eine Zusammensetzung aus dem arabischen Artikel "al" (der) und dem arabischen Wort für Gott "ilah". Gott ist ein Gattungsbegriff, so wie Mensch oder Tier oder Pflanze. Von Gattungsbegriffen gibt es auch einen Plural. Allah aber hat keinen Plural. Neben dem Eigennamen Allah hat Gott Sich im Koran über 100 Bezeichnungen gegeben. Zum Beispiel ist Er der Gerechte, der Wahrhaftige, der Liebreiche, der Freund, der Stets Verzeihende, der

Unabhängige, der Herrscher, der Barmherzige, der Gnadenreiche, der Schöpfer, der Auslöscher der Sünden, der Unparteiische, das Licht, der Geduldige, der Sprechende, der Heiler, der Einzigartige, der Offenbare, der Verborgene, der Mitleidige, der Führer, der Heilige, der Allerhöchste, der Demütigende, der Große, der Beschützer, der Erhörer der Gebete, der Allweise, der Preiswürdige, der Lebensspendende, der Allmächtige, der weise Richter, der Sich Selbst Genügende, der Leiter auf den rechten Weg, der Geber angemessener Strafe.
Im Koran spricht Gott von Sich entweder als "Allah", oder als "Wir" oder als "Ich" oder als "Er" oder, dies ist eine Form, die auf einen Aspekt hinweist, der die weibliche Seite betont, als "der Gnadenreiche" (das Wort "Gnade" ist im Arabischen wie im Deutschen weiblichen Geschlechts).
Allah sagt über Sich im Koran:
"Allah – es gibt keinen Gott außer Ihm, dem Lebendigen, dem aus Sich Selbst Seienden und Allerhaltenden. Schlummer ergreift Ihn nicht noch Schlaf. Sein ist, was in den Himmeln und was auf Erden ist. Wer ist es, der bei Ihm fürbitten will, es sei denn mit Seiner Erlaubnis? Er weiß, was vor ihnen ist und was hinter ihnen; und sie begreifen nichts von Seinem Wissen, außer was Ihm gefällt. Sein Thron umfaßt die Himmel und die Erde; und ihre Erhaltung beschwert Ihn nicht; und Er ist der Erhabene, der Große." (2:256).
An anderer Stelle heißt es:
"Er ist Allah, außer Dem es keinen Gott gibt, der Wisser des Ungesehenen und des Sichtbaren. Er ist der Gnädige, der Barmherzige. Er ist Allah, außer Dem es keinen Gott gibt, der König, der Heilige, der Eigner des Friedens, der Gewährer von Sicherheit, der Beschützer, der Allmächtige, der Verbesserer, der Majestätische. Hoch erhaben ist Allah über all das, was sie anbeten! Er ist Allah, der Schöpfer, der Bildner, der Gestalter. Sein sind die schönsten Namen. Alles, was in den Himmeln und

auf Erden ist, preist Ihn, und Er ist der Allmächtige, der Allweise." (59:23–25)
Allah ist keineswegs, wie immer wieder im Westen zu lesen ist, ein Gott der Ferne oder gar ein Gott der Rache. Im Koran heißt es dazu:
"Wahrlich, Wir erschufen den Menschen, und Wir wissen alles, was sein Fleisch ihm zuflüstert; denn Wir sind ihm näher als die Halsader." (50:17)
Gott sagt weiter im Koran:
"Und wenn Meine Diener dich nach Mir fragen, (sprich): "Ich bin nahe, Ich antworte dem Gebet des Bittenden, wenn er zu Mir betet. So sollten sie auf Mich hören und an Mich glauben, auf daß sie den rechten Weg wandeln mögen". (2:187).
Daß Allah den Gläubigen "nahe" ist und ihre Gebete erhört und beantwortet, ist für den Islam essentiell. Andere außer Gott anzubeten, ist eine Todsünde ("Schirk"). Heilige oder Propheten anzubeten (etwa Maria oder Jesus oder Mohammed), ist für einen Muslimen undenkbar. Für den Muslim ist nur Gott (Allah) Derjenige, Der anbetungswürdig ist. Dieses Prinzip ist in dem gegründet, was als Essenz der Aussage über Gott gilt: Die absolute Einheit und Einzigartigkeit Gottes ("tauhid"). Allah kündet von ihr beispielsweise in der berühmten Sure Ichlas (112), die wohl von allen Muslimen auswendig gelernt worden ist und die zu den Suren gehört, die am häufigsten während des fünf mal täglichen Ritualgebets ("salat" oder, im türkisch-persisch-pakistanischen Raum: "namaz" genannt) rezitiert wird. Die fünf Verse ("Ayats") dieser Sure lauten:
"Im Namen Allahs, des Gnädigen, des Barmherzigen. Sprich: "Er ist Allah, der Einzige; Allah, der Unabhängige und von allen Angeflehte. Er zeugt nicht und ward nicht gezeugt; und keiner ist Ihm gleich." Wesentlich ist auch, daß keines der Attribute Allahs je zu existieren aufhört. Manche Muslime glauben aber, daß mit dem Tode des Propheten Mohammed Allah aufgehört

habe, Offenbarung ("wahy" oder "ilham") zu den Menschen zu senden. Solche Anhänger des Islams gehen sogar so weit, jene zu Nicht-Muslimen zu erklären, die daran festhalten, daß die Eigenschaft Allahs, Al-Mutakallim, d.h. Der Sprechende zu sein, niemals enden wird und daß Allah heute noch so zu Seinen ausgewählten Dienerinnen und Dienern spricht, wie Er es beispielsweise in der vorislamischen Zeit tat (zum Beispiel wird über den Propheten Saleh berichtet: "Und zu den Thamud(entsandten Wir) ihren Bruder Saleh. Er sprach:"O mein Volk, dienet Allah, ihr habt keinen anderen Gott als Ihn. Er hat euch aus der Erde hervorgebracht und euch darauf eine Stätte gegeben. So erfleht Vergebung von Ihm, dann bekehrt euch zu Ihm. Wahrlich, mein Herr ist nahe (und) erhört die Gebete." 11:62). In vielen Versen des Korans legt Allah unmißverständlich fest, daß es Seine Wesensart ist, mit den Menschen zu kommunizieren. So heißt es etwa im Koran:
"Euer Herr spricht:"Betet zu Mir; Ich will euer Gebet erhören. Die aber, die zu stolz sind, um Mich zu verehren, die werden in die Hölle eintreten, Erniedrigte." (40:61)
Und:
"Er ist es, Der Reue annimmt von Seinen Dienern und Sünden vergibt und weiß, was ihr tut. Und Er erhört diejenigen, die gläubig sind und gute Werke üben, und gibt ihnen Mehrung von Seiner Gnadenfülle; den Ungläubigen aber wird strenge Strafe."
Die Frage mag auftreten, warum Allah diejenigen straft, die "ungläubig" sind.
Zunächst muß der Begriff "Unglauben“ relativiert werden. In Sure 2:287 heißt es:
"Allah belastet niemanden über sein Vermögen. Ihm wird, was er verdient, und über ihn kommt, was er gesündigt."
Unabhängig davon aber, ob jemand dem "rechten Glauben" in welcher Religion auch immer folgt – oder ob der Mensch gar

in einem Lebensprinzip seinen Weg geht und bestimmten Ethikvorstellungen gehorcht, ohne direkt an eine Religion gebunden zu sein – gilt den Lehren Allahs zufolge die Grundlage für eine Vorstellung von Gut und Böse, die Allah in die Natur des Menschen gelegt hat, als ausschlaggebend:
"Und bei der Seele und ihrer Vollendung – Er (Allah) gewährte ihr den Sinn für das, was für sie unrecht und was für sie recht ist. Wahrlich, wer sie lauterer werden läßt, der wird Erfolg haben; und wer sie in Verderbnis hinabsinken läßt, der wird zuschanden." (91:8–11)
Im übrigen lehrt der Koran, daß zwischen der Vernunft – dem Denken – des Menschen und dem Glauben eine enge Beziehung besteht:
"Niemandem steht es zu, zu glauben, es sei denn mit Allahs Erlaubnis. Er sendet (Seinen) Zorn über jene, die ihre Vernunft nicht gebrauchen mögen. Sprich: "Betrachtet doch, was in den Himmeln und auf der Erde geschieht." Allein Zeichen und Warner nützen nichts bei einem Volk, das nicht glauben will." (10:101).
Immer wieder heißt es im Koran: "Wollen sie denn nicht nachdenken", oder "wollen sie sich denn nicht besinnen." Und in ungezählten Beispielen hat Allah im Koran dargelegt, was die Gründe dafür sind, an einen einzigen, allmächtigen Schöpfer aller Dinge und Wesen zu glauben; und vor allem die Erfahrung zu machen, daß es diesen Schöpfer gibt, indem Er dazu auffordert, Seine Wahrhaftigkeit zu erleben. Konkret: durch Wahrträume, Visionen und Offenbarungen, die Allah jenen gewährt, die sich bemühen, Seine Gegenwart zu erleben, Sicherheit über die Existenz Gottes zu erlangen. Eine Sicherheit, die über alle Zweifel erhaben ist.
Mag das jetzt auch missionarisch klingen, jedenfalls ist die Herausforderung des Islams an die Menschen, Erfahrungen mit Allah zu machen, mit Ihm zu kommunizieren, ein wesent-

licher, wenn nicht gar der wesentlichste Bestandteil des Korans. Gott im Koran beschränkt sich nicht darauf, zu konstatieren und Glauben zu fordern, sondern der Wesenszug des Korans ist das Bemühen, die Menschen durch Beispiele, Zeichen und Beweise von einem Leben mit Gott zu überzeugen. Wer sich um die Nähe Gottes müht, erlangt das, was der Koran als Paradies bezeichnet:
"Erfolg fürwahr krönt die Gläubigen, die sich demütigen in ihren Gebeten und die sich fernhalten von allem Eitlen, und die nach Reinheit streben und die ihre Sinnlichkeit im Zaum halten – es sei denn mit ihren Gattinnen oder denen, die ihre Rechte besitzt, denn dann sind sie nicht zu tadeln; die aber darüber hinaus Gelüste tragen, die sind die Übertreter –, und die ihre Treue und ihre Verträge wahren und die streng auf ihre Gebete achten. Das sind die Erben, die das Paradies erben werden. Ewig werden sie darin weilen." (23:2–11).
Hölle wird als Gottesferne gesehen. Indes ist die Hölle – also die Strafe Gottes, das Er Sich nicht mit jenen beschäftigt, die Ihn ablehnen, nachdem Er ihnen den Weg gewiesen hat – nicht ewig. Sie ist eine Art Krankenhaus, in der, wenn es auch eine unendlich lange Zeit dauern mag, die Menschen von ihren geistigen und spirituellen Krankheiten geheilt werden. Einmal aber werden die Tore der Hölle im Wind hin- und herflattern, heißt es in einem Hadith. Denn Allah sagt im Koran:
"Meine Barmherzigkeit umfaßt jedes Ding". (7:157)

Ist der Gott des Islams und der Gott des Christentums derselbe Gott?

Vom Prinzip her sagt der Gott des Islams im Koran:
"Siehe, Ich bin Allah; es ist kein Gott außer Mir. Darum bete Mich an und verrichte das Gebet zu Meinem Gedächtnis. Siehe, die "Stunde" (d.h. Tod, Weltende) kommt fürwahr; bald werde ich sie enthüllen, daß jede Seele belohnt werde nach ihrem Bemühen." (2:15–16).

In diesem Zusammenhang ist es aufschlußreich, daß arabische Christen ihren christlichen Gott ebenfalls mit der Bezeichnung "Allah" benennen. Dennoch machen viele im Westen lebende Christen zwischen ihrem Gott und dem Gott Mohammeds eine Unterscheidung. Und auch der Koran wendet sich gegen die von Christen gebrauchte Vorstellung von Gott. So heißt es:
"O Volk der Schrift (Christen), übertreibt nicht in eurem Glauben und sagt von Allah nichts als die Wahrheit. Der Messias, Jesus, Sohn der Maria, war nur ein Gesandter Allahs und eine frohe Botschaft von Ihm, die Er niedersandte zu Maria, und eine Gnade von Ihm. Glaubet also an Allah und Seine Gesandten,und saget nicht: 'Drei'. Lasset ab – das ist besser für euch. Allah ist nur ein Einiger Gott. Fern ist es von Seiner Heiligkeit, daß Er einen Sohn haben sollte. Sein ist, was in den Himmeln und was auf Erden ist; und Allah genügt als Beschützer. Weder der Messias noch die gottnahen Engel werden es je verschmähen, Diener Allahs zu sein; und wer es verschmäht, Ihn anzubeten, und sich zu stolz fühlt – Er wird sie alle zu Sich versammeln." (4:172–173)

Der Gott des Islams wendet Sich also gegen die Vorstellung der Dreifaltigkeit, die These, daß Gott drei in eins sei, "Vater, Sohn und Heiliger Geist". Allah betont die Einzigartigkeit Seines Wesens:
"Fürwahr, ungläubig sind die, die da sagen; "Allah ist der Dritte von Dreien"; es gibt keinen Gott als den einigen Gott".(5:74)
Das Argument von Christen, Jesus habe gesagt:"Ich und der Vater sind eins" (Joh. 10:30), wird von den Muslimen dahingehend entkräftet, daß sie glauben, daß alle Propheten "eins mit Gott" waren, daher nicht in der Lage, etwas gegen Seinen Willen zu tun:
"Und Wir schickten keinen Gesandten vor dir (Mohammed), dem Wir nicht offenbart: "Es gibt keinen Gott außer Mir; darum dienet nur Mir". Und sie sprechen: "Der Gnadenreiche hat Sich einen Sohn zugesellt". Heilig ist Er! Nein, aber sie sind (nur) geehrte Diener. Sie sprechen vor Ihm kein Wort, und sie handeln nur nach Seinem Befehl." (21:26–28).

Der Zustand der "unio mystica", der "Einheit von Gott und Mensch", den der Vers aus der Bibel schildert, wird im Koran so dargestellt:
"Euer Gefährte (Mohammed) ist weder verirrt, noch ist er im Unrecht, noch spricht er aus Begierde. Es ist eine Offenbarung nur, die offenbart wird. Der mit mächtigen Kräften Begabte hat ihn belehrt, Dessen Macht Sich wiederholt offenbart; Er sitzt nun fest (auf dem Thron); und Er ist am obersten Horizont. Dann näherte er (Mohammed) sich (Gott); dann stieg Er herab (zu dem Propheten), so daß er zur Sehne von zwei Bogen wurde oder noch näher. Und Er offenbarte Seinem Diener, was Er offenbarte. Das Herz (des Propheten) hielt Wahrheit dem, was er sah. Wollt ihr da mit ihm streiten über das, was er sah?" (53:3–13).

Die Kernaussage über den Gott des Islams, daß Er einzigartig und eins ist und keinen Partner hat noch einen Sohn noch eine Gattin, manifestiert sich vor allem in dem Gebot des Islams, niemanden anzubeten außer Gott Selbst. In dieser Hinsicht weicht die Vorstellung der Christen vom dreifaltigen Gott von der Idee Gottes im Islam, daß es keine Macht noch Kraft außerhalb von Gott gibt, ab, wenn etwa Jesus die Gabe, Gebete zu hören, zugeschrieben wird oder Maria als Fürsprecherin bei Gott angesehen wird oder Schutzheilige angebetet und um Vermittlung bemüht werden.

Indes legt der Koran Wert darauf, daß der Gott, Der Jesus zum Gesandten bestimmte, derselbe Gott ist, Der Mohammed zum Propheten ernannte. Ja, der Koran nennt ausdrücklich eine Reihe von biblischen Propheten, indem er darauf verweist, daß ihr Gott ebenfalls Allah gewesen ist:
"Sprich: 'Wir glauben an Allah und was zu uns herabgesandt ward zu Abraham und Ismael und Isaak und Jakob und (seinen) Kindern, und was gegeben ward Moses und Jesus, und was gegeben ward (allen anderen) Propheten von ihrem Herrn. Wir machen keinen Unterschied zwischen ihnen, und Ihm ergeben wir uns.'" (2:137).

Insbesondere lehrt der Koran auch, daß Allah Derjenige ist, Der die Thora (Das heilige Buch der Juden) und das Evangelium (die heilige Schrift der Christen) als Offenbarung herabgesandt hat, wenn auch gesagt wird, daß sich in diese Bücher (wie in die anderen, außerislamischen Offenbarungsschriften) im Laufe der Jahrhunderte Verfälschungen eingeschlichen haben:
"Und sicherlich entsandten Wir schon Gesandte vor dir, darunter sind manche, von denen Wir dir bereits erzählten, und es sind darunter manche, von denen Wir dir noch nicht erzählten;

und kein Gesandter hätte ein Zeichen bringen können ohne Allahs Erlaubnis. Doch wenn Allahs Befehl ergeht, da wird die Sache zu Recht entschieden, und dann sind die verloren, die der Falschheit folgten." (40:79)
Und:
"Es sind Gesandte, von denen Wir dir bereits berichtet haben und (andere) Gesandte, von denen Wir dir nicht berichtet haben – und Allah richtete an Moses eine Rede (d.h. gab ihm ein Buch) –, Gesandte, Bringer froher Botschaften und Warner, so daß die Menschen keinen Klagegrund gegen Allah haben nach den Gesandten. Und Allah ist allmächtig, allweise."
(4:165–166).
Und:
Er hat herabgesandt zu dir das Buch (Koran) mit der Wahrheit, bestätigend das, was ihm vorausging; und vordem sandte Er herab die Thora und das Evangelium als eine Richtschnur für die Menschen; und Er hat herabgesandt das Entscheidende (arabisch: Furqan, was für Koran steht)." (3:4).
Ausdrücklich bezieht Sich Allah im Koran darauf, daß Er der Gott Abrahams war, auf den sich ja Juden und Christen und Muslime gleichermaßen berufen. Damit wird festgelegt, daß Er jener Gott ist, Der die Grundlage für die drei Religionen Judentum, Christentum und Islam ist:
"Abraham war weder Jude noch Christ; doch er war immer (Gott) zugeneigt und (Ihm) gehorsam, und er war nicht der Götzendiener einer. Sicherlich sind die Abraham Nächststehenden unter den Menschen jene, die ihm folgen, und dieser Prophet (Mohammed) und die Gläubigen (Muslime). Und Allah ist der Freund der Gläubigen." (3:68–69).
Unmißverständlich aber macht der Koran klar, daß Allah nichts gemein hat mit jenen Gottesvorstellungen, die aus Jesus einen Gott machen:
"Ungläubig sind wahrlich, die da sagen: "Sicherlich ist Allah

kein anderer denn der Messias, Sohn der Maria." Sprich: "Wer vermochte wohl etwas gegen Allah, wollte Er den Messias, Sohn der Maria, zunichte machen, und seine Mutter und all jenes, was auf Erden ist?" Allahs ist das Königreich der Himmel und der Erde und was zwischen beiden ist. Er erschafft, was Er will; und Allah hat Macht über alle Dinge." (5:18).

Hat Gott im Islam 99 Namen?

Einer allgemeinen Vorstellung zufolge hat Allah 99 Namen. Im Koran werden aber 103 Namen erwähnt: der Herr; der Heilige; die Quelle des Friedens; der Verleiher der Sicherheit; der Beschützer; der Allmächtige; der Unterwerfer; der Erhabene; der Schöpfer; der Gestalter; der Former; der große Verzeiher; der Allerhöchste; der Verleiher und Geber; der große Erhalter; der Öffner der Türen zum Erfolg für die Menschheit und Richter; der Allwissende; der Lenker, Der alle Dinge in ihren Grenzen erhält und Der der Erfasser ist; der Verbreiter, Der die Mittel zum Unterhalt erweitert und vergrößert; der Erniedriger, Der die Stolzen erniedrigt; der Erheber und Läuterer; der Verleiher der Ehre; der Demütiger, Der die Stolzen demütigt; der Allhörende; der Allsehende; der weise Richter; der Gerechte; der Unfaßbare, Der der Kenner der verborgensten Regungen und der Gütige und Scharfsinnige ist; der Wachsame; der Nachsichtige; der Große; der stets Verzeihende; der Würdigende; der Hohe; der unvergleichlich Große; der Beschützer; der Erhalter, Der die Fähigkeiten aller erschaffenen Dinge erhält und Der der Starke ist; der Rechner; der Majestätische; der Adlige; der Wachsame (al Raqib im Gegensatz zu dem vorangegangenen Namen für der Wachsame, der Al-Chabir lautet); der Erhörer der Gebete; der Wohltätige und Allumfassende; der Allweise; der Liebevolle; der Herr der Ehre; der Erwecker vom Tode; der Zeuge und Beobachter; der Wahre; der Ordner der Dinge und Verwalter; der Allmächtige (al Qawiyy im Gegensatz zum vorangegangenen Namen, der Al-Aziz lautet); der Starke; der Freund; der Preiswürdige; der Aufzeichner; der Urheber des Lebens; der Lebenspendende; der Lenker der Todesursachen und Vernichter; der Lebende und Lebendige; der Selbstbestehende und Allerhaltende; der Entdecker und Finder; der Glorreiche; der Besitzer der Macht und Autorität; der Allmächtige (hier Al-Muqtadir); der Versorger mit Mitteln zum Fortschritt; der Erniedriger und Aufschiebende; der Erste; der Letzte; der Offenbare, auf Dessen Existenz jedes Geschöpf klar hinweist; der Verborgene, durch Den die verborgene Wirklichkeit aller Dinge offenbart wird; der Herrscher; der Höchste und Besitzer vorzüglicher Eigenschaften; der Wohltätige; der oft mit Mitleid Vergeltende, der die Reue annimmt; der Gunstverleiher; der Geber angemessener Strafe; der Auslöscher der Sünden; der Mitleidige; der unbeschränkte Herrscher; der Unparteiische; der Sammler und Vereiniger; der Sich Selbst Genügende; der Versorger mit Mitteln zum Auskommen, der Geber von Reichtum ist; der Zurückhalter und Verbieter; der Züchtiger; der Wohltäter; das Licht; der Lenker und Führer; der Schöpfer; der Überlebende; der Erbe; der Leiter auf den rechten Weg; der Geduldige; der Herr des Throns; der Besitzer von Würde und Ruhe; der alles mit Verstand und zur Erfüllung eines gewissen Zwecks Machende; der Sprecher, der zu Seinen Dienern Sprechende; der Heiler; der Genügende; der Einzigartige, der der Herr der Einheit ist; der Eine; der von allen im Sinn Getragene, der der Unabhängige und Ewige ist; der Herr der Majestät und Freigebigkeit.

Der islamische Mahdi, Hazrat Ahmad, erwähnt einmal, das Gott ihm ein weiteres Attribut, einen weiteren Namen genannt

hat: Allah ist Derjenige, Der fastet und Derjenige, Der das Fasten bricht.
Im Koran heißt es:
"Allahs sind die schönsten Namen; so rufet Ihn an mit ihnen. Und lasset jene sein, die Seine Namen verketzern. Ihnen soll Lohn werden nach ihrem Tun." (7:181)
Es heißt demzufolge in den Ahadith, daß, wer wegen einer bestimmten Sache Allah mit dem für diese Sache zutreffenden Namen anruft (also mit "Der Heiler = Al-Shaafi" im Falle von Krankheit) eine viel größere Beachtung und einen besseren Lohn erhält, als im Falle, da er Allah mit Seinem Eigennamen Allah angebetet hätte.

Was ist der Koran?

Unter "Koran" verstehen wir die wörtlichen Offenbarungen Gottes, die Er im Verlauf von 23 Jahren dem Propheten Mohammed abschnittweise durch den Erzengel Gabriel als das Buch des Islam – eben dem Koran (arabisch: Qur-ân, wörtlich: "Das oft Gelesene") – mitgeteilt hat.
Der Koran umfaßt 6248 Verse (arabisch: "Ayat"), die in 114 Suren (Kapiteln) unterteilt sind.
Entgegen der landläufigen Meinung sind die Suren nicht der Länge nach geordnet. Sie folgen indes einem inneren Zusammenhang, der dem aufmerksamen Leser sich erschließt.
Die Suren sind entweder als "mekkanische" oder "medinesische" Suren bekannt, d.h. als Suren, die in Mekka bzw. Medina offenbart wurden. Die erste Offenbarung Allahs für den Koran erhielt der Prophet Mohammed im Alter von 40 Jahren, als er, wie gewohnt, in einer Höhle im Berge Hira nahe Mekka

meditierte. Es sind die Verse 2–6 der Sure 96:
"Lies im Namen deines Herrn, Der erschuf, erschuf den Menschen aus einem Klumpen Blut. Lies! denn dein Herr ist der Allgütige, Der (den Menschen) lehrte durch die Feder, den Menschen lehrte, was er nicht wußte." Die Offenbarungen Allahs kamen dem Propheten anfangs in größeren Zeitabständen zu, der Koran verweist darauf, daß dies notwendig war, um das Volk Schritt für Schritt mit der Lehre des Islams bekanntzumachen: "Wir senden vom Qur-ân (allmählich) das hinab, was Heilung ist und Barmherzigkeit für die Gläubigen." (17:83).
Und:
"Und jene, die ungläubig sind, sprechen "Warum ist ihm der Qur-ân nicht auf einmal herabgesandt worden?" Dies, damit Wir dein Herz dadurch stärken möchten, und Wir haben seine Anordnung recht gut gemacht." (25:33).
Der Koran selbst gibt immer wieder Beweise für seinen göttlichen Ursprung, um Einwände zu entkräften, der Koran sei von Mohammed erfunden worden. Einer der Verse, die dem widersprechen, lauten:
"Wahrlich, Wir, Wir Selbst haben diese Ermahnung hinabgesandt, und sicherlich werden Wir ihr Hüter sein." (15:10)

Dies ist ein Versprechen Allahs, daß der Koran – im Gegensatz zu den heiligen Schriften anderer Religionen – stets vor Interpolationen, also Veränderungen und Hinzufügungen etc., frei bleiben werde. In der Tat ist sich die Wissenschaft einig, daß wir es bei dem vorliegenden Text mit genau jener Fassung zu tun haben, die von Usman, dem dritten Kalifen nach dem Tode des Propheten Mohammed, als mit dem ursprünglichen Text übereinstimmend erklärt worden und in Abschriften in alle Teile des islamischen Reiches geschickt worden war. Indes war auch vor Usman die Authentizität des Korans allgemein

anerkannt, es gab allerdings Meinungsverschiedenheiten hinsichtlich der Aussprache, die durch Usman dann bereinigt wurden.
Für die Erhaltung des Korans in jener Fassung, die dem Propheten Mohammed von Allah mitgeteilt worden war, sorgten zum einen, daß der Prophet und mit ihm die Gläubigen die offenbarten Verse sofort auswendig zu lernen pflegten – und die Araber waren berühmt für ihr gutes Gedächtnis. Zum anderen wurden die Verse auch aufgeschrieben und so überliefert. Westliche Wissenschaftler haben übereinstimmend bestätigt, daß es sich bei dem heute kursierenden Koran-Text um eben jene Fassung handelt, die seinerzeit als Offenbarung bekannt war.
Auch heute noch wird der Koran auswendig gelernt. Abgesehen davon, daß jeder Muslim – ob Mann, Frau oder Kind – einige Suren und Verse auswendig kann, weil die Rezitation einzelner Passagen aus dem Koran Bestandteil des Pflichtgebets ("salat" oder "namaz") ist, gibt es in jeder Generation viele, die den gesamten Koran im Gedächtnis tragen, die sogenannten "Hafiz", also Wächter. Sie beginnen schon von klein auf, den Koran auswendig zu lernen und wiederholen ihn regelmäßig, um nicht Teile zu vergessen. So wird zum Beispiel traditionsgemäß im heiligen Monat Ramadhan (dem Fastenmonat) der gesamte Koran – eingeteilt in 30 Abschnitte, den 30 Tagen des Mondmonats entsprechend – in den Moscheen im sogenannten Travih-Gebet rezitiert. Andere Verse, die die göttliche Urheberschaft des Korans behaupten, sind:
"Sprich: "Ob sich auch die Menschen und die Dschinn vereinigten, um ein diesem Qur-ân Gleiches hervorzubringen, sie brachten doch kein ihm Gleiches hervor, selbst wenn sie einander beistünden."" (17:99)
Und:
"Sprechen sie: "Er hat es erdichtet?" Nein, aber sie wollen nicht glauben. Laß sie denn eine Rede gleich dieser vorbringen,

wenn sie die Wahrheit sprechen!" (52:34–35)
Und:
"Und wenn ihr im Zweifel seid über das, was Wir hinabgesandt haben zu Unserem Diener, dann bringt eine Sure hervor wie diesen (Qur-ân) und ruft eure Helfer auf außer Allah, wenn ihr wahrhaft seid." (2:24)

Ein weiteres Wesensmerkmal des Korans ist es, daß es zwischen seinem Wort und der Wissenschaft, aber auch in ihm selbst – zwischen den einzelnen Versen –, keine Widersprüche gibt:
"Wollen sie denn nicht über den Qur-ân nachsinnen? Wäre er von einem anderen als Allah, sie würden gewiß manchen Widerspruch darin finden." (4:83).
Der Koran enthält ca. 700 Gebote, die der Gläubige zu erfüllen hat. In ihm finden wir Berichte über vorangegangene Propheten und Völker, Gleichnisse, Auskünfte über das Leben nach dem Tode, Gründe für den Glauben, Aussagen über den Sinn des Lebens, Gebete und Berichte über die Zeit, in der der Prophet Mohammed lebte und in der er den Koran und den Islam lehrte. Alle Verse des Korans werden als Schlüsselsituationen für die Gläubigen angesehen, die somit in sich Prophezeiungen für die Muslime insgesamt, den je einzelnen Muslim und seine persönlichen Probleme, als auch die Menschheit insgesamt tragen.

Durch den Koran, so die Lehre, spricht Gott auch heute noch zu den Menschen, denn der Koran enthält Sein ungeschaffenes Wort, das somit lebendig ist (natürlich teilt Gott Sich auch durch andere Worte oder Zeichen mit).
Einzelne Muslime haben im Lauf der Zeit immer wieder behauptet, gewisse Verse des Korans seien "aufgehoben", also nicht mehr gültig. Nicht zuletzt durch den islamischen Mahdi,

Hazrat Mirza Ghulam Ahmad, sind solche Vorstellungen zurückgewiesen worden, indem dargelegt wurde, daß kein Vers des Korans jemals seine Gültigkeit verliert.
Der Koran ist die erste und wichtigste Quelle der islamischen Theologie, des Glaubens der Muslime (die anderen Quellen sind die Sunna, d.h. die Praxis des Propheten, dann die Hadith, also die Aussprüche Mohammeds, dann das Ijtemah, die Urteilssprechung und der Analogieschluß und die Übereinkunft der islamischen Gelehrten hinsichtlich einer Frage).
Der Koran gilt als Segen und Ermahnung und Führung und Barmherzigkeit:
"O ihr Menschen! Nunmehr ist eine Ermahnung zu euch gekommen von eurem Herrn und eine Heilung für das, was in den Herzen sein mag, und eine Führung und Barmherzigkeit für die Gläubigen." (10:58)
Und:
"Ein Buch, das Wir zu dir hinabgesandt haben, voll des Segens, auf daß sie seine Verse betrachten mögen und daß die mit Verständnis Begabten ermahnt seien." (38:30).
Der Koran beansprucht, der Ursprung aller anderen heiligen Bücher zu sein, so daß der Koran selbst eine Art Zusammenfassung der wichtigsten Teile aller anderen Bücher ist:
"Bei dem deutlichen Buch, Wir haben es zu einem Qur-ân in fehlerloser Sprache gemacht, auf daß ihr verstehen möchtet. Wahrlich, er ist bei Uns, in der Mutter der Schrift, erhaben, voll der Weisheit." (43:3–5).

Der Koran lehrt somit, daß alle anderen heiligen Bücher, die den Propheten in Zeiten vor dem Auftreten des Propheten Mohammeds offenbart worden waren, nur für ihre jeweilige Zeit und das jeweilige Volk, zu dem sie herabgesandt worden waren, galten.

Daß der Koran auf Arabisch offenbart wurde, wird von Islamgelehrten damit begründet, daß Arabisch die Ursprache aller Sprachen ist (siehe u.a. "Favours of the Beneficient" von Hazrat Mirza Ghulam Ahmad und eine Vielzahl von Büchern und Aufsätzen, die der pakistanische Gelehrte Sheikh Mohammad Ahmad Mazhar zu dem Thema geschrieben hat (etwa: "English traced to Arabic" oder "Sanskrit traced to Arabic" und den Aufsatz "German traced to Arabic")).
Alles in allem sagt der Koran, daß er das letzte Buch ist, das, zudem als erstes für die gesamte Menschheit gemeint, ein Gesetz Gottes für das moralische und spirituelle Leben der Menschen enthält:
"O Volk der Schrift, nunmehr ist Unser Gesandter zu euch gekommen, der euch vieles enthüllt, was ihr von der Schrift verborgen hieltet, und vieles übergeht. Gekommen ist zu euch fürwahr ein Licht von Allah und ein klares Buch. Damit leitet Allah jene, die Sein Wohlgefallen suchen, auf den Pfaden des Friedens, und Er führt sie aus den Finsternissen zum Licht nach Seinem Willen und leitet sie auf den geraden Weg." (5:16–17).

Ist der Koran wortwörtlich zu verstehen?

Die orthodoxen Muslime und die heutigen Fundamentalisten bestehen darauf, daß der Koran wortwörtlich zu nehmen sei. Konkret bedeutet das, daß gewisse Verse, die anderer Meinung zufolge von Visionen berichten, als tatsächliche Geschehnisse wahrgenommen werden. Zum Beispiel heißt es:
"Und als sie das vergaßen, womit sie ermahnt worden waren, da retteten Wir jene, die das Böse verhinderten, und erfaßten die Ungerechten mit peinlicher Strafe, weil sie ungehorsam

waren. Als sie trotzig bei dem verharrten, was ihnen verboten war, da sprachen Wir zu ihnen:"Werdet denn verächtliche Affen." (7:166–167)
Ähnlich heißt es in Sure 5:61:
"Sprich: "Soll ich euch über die belehren, deren Lohn bei Allah noch schlimmer ist als das?" – die Allah verflucht hat und denen Er zürnt und aus denen Er Affen und Schweine gemacht hat und die den Bösen anbeten. Diese sind in einer noch schlimmeren Lage und noch weiter irregegangen vom rechten Weg."
Hier ist jeweils nicht gemeint, daß die Menschen, von denen die Rede ist, tatsächlich zu Affen oder Schweinen wurden, der Ausdruck ist jeweils nur figurativ und metaphorisch gemeint, d.h. daß die Herzen jener Menschen so wurden, daß sie nur Schweinisches im Sinn haben oder wie Affen nicht in der Lage sind, tatsächlich Weisheit und höheren Lebenswandel zu erlangen. Der Koran selbst macht diese Auslegung in seiner Wortwahl deutlich, was aber einigen Lesern und Kommentatoren entgangen ist.
Auf ähnliche Weise finden wir viele Verse im Koran, die Visionen beschreiben oder metaphorisch Bilder benutzen, um einen verborgenen .Sinn deutlich zu machen., zum Beispiel Sure 2:260, wo eine Vision beschrieben wird, die Hesekiel hatte, die aber von manchen wortwörtlich verstanden wird.
Besonders diskutiert wurde ein Vorfall, als der Prophet Mohammed einst auf den Mond zeigte und der Mond den Gefährten als zweigespalten erschien. Dies war eine Prophezeiung über den Zusammenbruch der alten arabischen Denk- und Lebensweisen. Der Koran nimmt auf diesen Vorfall Bezug. Gott sagt in Sure 54:2:
"Die Stunde ist nah, und der Mond ist entzwei gespalten".
Viele Muslime glauben, daß der Prophet, als er auf den Mond deutete, ein Wunder vollbracht hatte und daß der Mond in der

Tat materiell in zwei Stücke gespalten war. Hingegen ist anzunehmen, daß es sich dabei um eine kollektive Vision handelte. Während der Koran oft das tatsächliche Leben von Propheten berichtet, etwa die Geschichte des Propheten Yusuf (Josef), finden wir oftmals nur die herausragenden Visionen oder Träume, die Propheten hatten, geschildert. Wer diese Verse wortwörtlich nimmt, begibt sich auf die Pfade des Aberglaubens. Als Argument wird dabei oft angeführt, daß Allah allmächtig sei und diese, den Naturgesetzen zuwiderlaufenden Ereignisse tatsächlich bewirkt habe. Mit einigen Ausnahmen, etwa, als das Feuer, in das die Feinde Abrahams ihn warfen, auf Gottes Geheiß kühl wurde (21:69–71), handelt es sich bei den vom Koran geschilderten Geschichten um Visionen, etwa die, als Moses ein Feuer wahrnahm und, als er sich näherte, von Allah angesprochen wurde, daß er sich die Schuhe ausziehen solle (20:11ff), was bedeutet, daß er sich von allen weltlichen Dingen freimachen solle, um in der Nähe Allahs in der Lage zu sein, die spirituellen Ereignisse richtig wahrzunehmen.
Auch die sogenannte "Himmelfahrt" des Propheten Mohammed und seine "Reise nach Jerusalem" sind Ereignisse, die von den orthodoxen Muslimen als tatsächliche Geschehnisse begriffen werden, während es sich bei beiden Geschehen offenkundig um Visionen handelte, die der Prophet Mohammed erleben durfte. Besondere Aufmerksamkeit bei der Frage, ob der Koran wortwörtlich zu verstehen ist, verdient die Betrachtung, ob Himmel und Hölle Orte physischer Freude und physischen Leidens sind. Der gesunde Menschenverstand und die Weisheit des Korans, unterstützt von Aussagen des Korans, müssen zu dem Schluß führen, daß es gegen die Zielsetzung Allahs und den Sinn des menschlichen Lebens spricht, wenn das Jenseits nichts weiter bedeute, als daß der Mensch dort bis in alle Ewigkeit esse, trinke und begatte. Allah ist, dem Koran zufolge, kein Wesen, das einen Körper hat, sondern

Geist ist. Sich Ihn zu nähern, geht nur durch die Seele. So heißt es einmal über das Opfer:
"Und unter den Zeichen Allahs haben Wir für euch die Opferkamele bestimmt. An ihnen habt ihr viel Gutes. So sprechet den Namen Allahs über sie aus, wenn sie gereiht dastehen. Und wenn ihre Seiten niederfallen, so esset davon und speiset den Bedürftigen und den Bittenden. Also haben Wir sie euch dienstbar gemacht, daß ihr dankbar seiet. Ihr Fleisch erreicht Allah nicht, noch ist es ihr Blut, sondern eure Ehrfurcht ist es, die Ihn erreicht. Also hat Er sie euch dienstbar gemacht, daß ihr Allah dafür preiset, daß Er euch geleitet hat. Und gib frohe Botschaft denen, die Gutes tun." (22:37–38). Es ist hiermit ganz klar, daß nur Geist ("Ehrfurcht") Gott erreicht, und daß folglich die Vervollkommnung des Menschen erst in seinem körperlosen Zustand, dem rein Seelischen, stattfinden kann. Der Körper ist der Seele eine Bürde. Ihn zu überwinden, ist die Aufgabe des Menschen auf der Erde. Es wäre zu billig gedacht, stellte man sich vor, daß die Freuden, die der Körper verspricht, alles sind, was der Mensch erreichen kann. Deswegen spricht Allah auch davon, daß Er vom Himmel ein "Bild" gibt:
"Das Bild des Himmels, den Gottesfürchtigen verheißen: Ströme durchfließen ihn, seine Frucht ist immerwährend, wie sein Schatten. Das ist der Lohn derer, die rechtschaffen sind; und der Lohn der Ungläubigen ist das Feuer." (13:36)
Die Idee, der Koran sei wortwörtlich zu verstehen, hat zu allerlei abergläubischen Vorstellungen geführt. Etwa hinsichtlich der Existenz der Dschinn, die als Geisteswesen und eigene Schöpfung Gottes, die nichts mit dem Menschen gemein hat, betrachtet werden; indes macht ein genaues Studium des Korans klar, daß es sich bei den Dschinn nur um eine besondere Art von Menschen handelt, deren Eigenschaft es ist, sich nicht mit dem gemeinen Volk zu mischen. Sir Zafrulla Khan, ein hoher Gelehrter, hat deswegen den Vers:

"Ich habe die Dschinn und die Menschen nur darum geschaffen, daß sie Mir dienen." (51:57)
so übersetzt: "Ich habe die Menschen, hoch und niedrig, nur darum erschaffen, daß sie Mir dienen."
Auch die Person des Iblis, die im Koran erwähnt wird, sowie die Gestalt des "Khidr" (Khadir), auf die in der Sure 18 Bezug genommen wird, sind geheimnisvoll verbrämt worden. Der Khidr etwa gilt als Schutzpatron der Sufis, der islamischen Mystiker, der in seinem grünen Gewand immerlebend an allen möglichen Orten auftritt. In einer aufgeklärten Form der Interpretation ist dieser "Abd" (Diener), den der Koran in Sure 18:66 erwähnt, nichts anderes als der Prophet Mohammed, der Moses in einer Vision erscheint. Kurzum: es ist ein Fehler, den Koran wortwörtlich zu verstehen. Einiges von dem, was Allah im Koran berichtet, ist sicherlich historisch und dementsprechend verifizierbar, etwa die Aussage, daß Pharao in seinem Leibe errettet würde (10:93), was durch den Fund seiner Mumie in den 20er Jahren unseres Jahrhunderts belegt wurde. Anderes aber ist unbedingt metaphorisch zu sehen, wollen wir den Koran nicht zu einem Buch der Fabeln herabwürdigen, was der Erfahrung der ernsthaften und gottesnahen Muslime widerspricht.

Darf der Koran übersetzt werden?

Die orthodoxen Muslime haben erst vor wenigen Jahrzehnten ihren Widerstand gegen Koran-Übersetzungen aufgegeben. Jahrhundertelang herrschte unter ihnen die Vorstellung, der Koran dürfe nicht übersetzt werden. Sie nahmen in der Begründung einen Koran-Vers wörtlich, der sagt:

"Ich schwöre beim Herabschießen der Sterne – und fürwahr, das ist ein großer Schwur, wenn ihr es nur wüßtet –, daß dies wahrlich ein erhabener Qur-ân ist, in einem verborgenen Buche. Keiner kann es berühren, außer den Gereinigten – eine Offenbarung vom Herrn der Welten." (56:76–81).
Die Muslime betrachteten sich als die "Gereinigten" und die Anhänger anderer Religionen als Unreine. Indes ist die wahre Bedeutung dieses Verses, daß nur jemand, dessen Gemüt gereinigt ist von Egoismus und Anmaßung, von Herrschsucht und Vorurteilen, in der Lage ist, göttliche Weisung durch den Koran zu empfangen. Das nominelle Bekenntnis zum Islam ist dabei nicht ausschlaggebend.
Die Bewegung des Mahdis Hazrat Ahmad hat Anfang dieses Jahrhunderts begonnen, den Koran in viele Sprachen zu übersetzen. Sie ist dafür sehr stark kritisiert worden. Mittlerweile liegen Übersetzungen oder Teilübersetzungen in über 100 Sprachen vor. Auch der orthodoxe Islam hat mittlerweile eingesehen, daß eine Vermittlung der islamischen Lehren ohne Koran-Übersetzungen nicht recht möglich ist. Es lagen ja zudem bereits seit Jahrhunderten zahlreiche, zum Teil entstellende Übersetzungen durch nichtmuslimische Gelehrte vor. Folglich ging man dazu über, ebenfalls Koranübersetzungen anzufertigen.
In der Tat aber ist es unmöglich, den Koran in seiner ganzen Tiefe zu übersetzen. Jede Übersetzung ist nur eine Annäherung an den Sinn der koranischen Worte, da das Arabische so vielschichtig und bedeutungsreich ist, daß sein Gehalt in einer anderen Sprache nicht zufriedenstellend wiedergegeben werden kann.
Nehmen wir nur den ersten Vers des Korans, die Einleitungsformel "Im Namen Allahs, des Gnädigen, des Barmherzigen", arabisch: "Bismillah hirrahman nirrahim", die jeder Sure – mit Ausnahme der 9., die eine Fortsetzung der 8. ist – vorangeht.

Die deutschen Worte "Gnädige" und "Barmherzige" lassen sich vom Sinn her kaum unterscheiden. Im Arabischen hingegen ist der Sinn von "Rahman" (Gnädige) der, daß Gott Der ist, Der alles unaufgefordert den Menschen zur Verfügung stellt, d.h. die Erde, das Wasser, das Feuer, die Luft etc; als "Rahim" (Barmherzige) antwortet Er auf Bitten und stellt bereit, was der Bittende erfleht. So wird deutlich, daß es sich bei Koran-Übersetzungen immer nur um Annäherungen an den ursprünglichen Text handeln kann.

Was ist ein Hadith ?

Unter einem Hadith (Plural: Ahadith) versteht der Muslim eine Äußerung des Propheten Mohammed. Während der Koran, nach dem Selbstverständnis des Islams, diejenigen Worte enthält, die Allah dem Propheten Mohammed durch den Erzengel Gabriel (der auch "Heiliger Geist" genannt wird) offenbart hat, sind die Ahadith die persönlichen Äußerungen, Worte, Sprüche, Mitteilungen Mohammeds.
Jene Worte, die Allah durch Wort oder Vision oder Traum dem Propheten übermittelt hatte, die aber von Ihm nicht für den Koran bestimmt waren, nennt man "Hadith Qudsi".
Neben dem Koran und der "Sunna" (Praxis des Propheten) sind die Ahadith die dritte wesentliche Quelle des islamischen Denkens und Lebens.
In den Hadith geht es um die genaue Überlieferung all dessen, was der Prophet zu bestimmten Gelegenheiten gesagt oder getan hat.

Die Araber verfügten über ein bemerkenswert gutes Gedächtnis und waren in der Lage, auch längere Ausführungen sofort auswendig zu lernen bzw. im Gedächtnis zu behalten. So ist es kein Wunder, daß insbesondere das, was der Prophet sagte, wortwörtlich überliefert wurde. Die Gefährtinnen und Gefährten des Propheten ("Sahabi" genannt) bewahrten die kostbaren Mitteilungen des Propheten indes nicht nur im Gedächtnis auf, sondern schrieben sie auch oft nieder.

Es gibt etwa 600.000 verschiedene, unterschiedlich lange Hadith. Viele der Sahabis waren im Besitz von eigenen Hadith-Sammlungen (sie werden "Sahifa" genannt). Sie hatten oft eine Vielzahl von Schülern, denen sie ihr Wissen weitergaben. Abu Hurairah, einer der berühmten Sahabis, hatte etwa 800 Schüler. Aber erst in der Mitte des 2. Jahrhunderts nach der Hidschra (dem Beginn der islamischen Zeitrechnung im Juni 622) entstanden die ersten großen geschriebenen Hadith-Sammlungen. Sechs von ihnen werden im allgemeinen als wahrhaft authentisch und im wesentlichen frei von nachträglich fabrizierten Hadith bezeichnet.

Diese sind (in der ungefähren Reihenfolge ihrer Wichtigkeit): Buchari, Muslim, Tirmizi, Abu Dawud, An-Nisai, Ibn Madjah (die Sammlungen sind nach ihren Autoren benannt, das Buch Buchari ("Sahih Buchari") etwa – die wohl maßgebenste Hadith-Sammlung – beinhaltet jene Hadith, die der Imam Mohammad bin Ismail al-Buchari (194–256 islamischer Zeitrechnung) erarbeitet hat.)

Das Sammeln von Hadith unterlag strengen Kriterien und ist eine eigene Wissenschaft geworden. Zum Beispiel gibt es unterschiedliche Kategorien, die die Echtheit oder Fälschung eines Hadith belegen, je nachdem, ob die Kette der Überlieferer eine Schwachstelle aufweist oder nicht.

Um das zu verdeutlichen: es heißt etwa: Darimi überlieferte, daß Al-Ahwas bin Hakim aufgrund einer klaren Aussage seines Vaters berichtete, daß einmal ein Mann den Propheten über Übles befragte, und er antwortete:

"Fragt mich nicht nach Üblem, sondern fragt mich nach Gutem", und er sagte dies dreimal. Dann sagte er:"Das schlimmste Übel besteht aus Gelehrten, die übel sind, und das beste Gute besteht aus Gelehrten, die gut sind." Natürlich ist die Kette der Überlieferer von den Hadith-Sammlern jeweils genauestens überprüft worden. Und so bestehen die Kriterien über die Echtheit eines Hadith aus der Beurteilung der einzelnen Glieder der Kette der Überlieferer. Wenn eines dieser Glieder als schwach angesehen wurde, weil etwa ein Überlieferer als nicht glaubwürdig galt, während die anderen Glieder der Kette als glaubwürdig galten, dann wird das betreffende Hadith entsprechend als schwächer im Grad seiner Authentizität eingestuft.

Die Frage der Authentizität gewisser Hadith hat oft die islamische Welt gespalten. Manche Gruppierungen haben die Hadith über den Koran gestellt, andere haben Hadith insgesamt abgelehnt. Grundsätzlich gilt aber, daß jedes Hadith als vom Propheten stammend angenommen werden muß, wenn es folgende Kriterien erfüllt: ein Hadith darf nicht im Widerspruch zu irgendeinem Vers aus dem Koran stehen. Der Prophet selbst hatte gesagt: "Es wird Erzähler geben, die Hadith von mir berichten, so beurteilt sie nach dem Koran; wenn ein Bericht mit dem Koran übereinstimmt, dann nehmt ihn an, sonst aber weist ihn zurück"; dann: ein Hadith darf nicht gegen die Sunna des Propheten oder gegen die anerkannten Gewohnheiten seiner Gefährten verstoßen; drittens: ein Hadith darf nicht historischen Tatsachen widersprechen; abschließend: ein Hadith darf nicht vernunftwidrig sein oder gegen offenkundige Lehren des Islams verstoßen.

Worte des Propheten Mohammed (Hadith) sind im allgemeinen heutzutage als Richtlinien für die Muslime anerkannt. Indes müssen sie mit Sorgfalt auf ihre Authentizität überprüft werden, denn es gibt leider immer wieder Menschen, die behaupten, der Prophet habe dies oder das gesagt, während ihre Aussage rein erfunden ist. Wenn jemand ein Hadith als Autorität in Glaubensfragen zitiert, wird er im allgemeinen dazu die Quelle angeben, d.h. aus welcher Hadithsammlung das betreffende Wort des Propheten stammt, um so zu bedeuten, daß es sich nicht um ein fabriziertes, zur Unterstützung von egoistischen Interessen erfundenes Hadith handelt.

Wer war Mohammed?

Mohammed ist eine Gestalt der Geschichte der Menschheit, über die so viel und exakt berichtet wurde, daß es kaum eine andere Persönlichkeit der Historie gibt, über deren Leben wir so genau Bescheid wissen. Geboren wurde er um das Jahr 570 christlicher Zeitrechnung als Angehöriger des in Mekka angesehenen Stammes der Quraisch. Sein Vater Abdullah starb vor seiner Geburt, seine Mutter Amina sechs Jahre nach seiner Geburt. Mohammed wuchs in der Obhut seines Großvaters auf, der aber auch bald verstarb. So kam Mohammed in den Haushalt seines Onkels Abu Talib, in dessen Begleitung er als 12jähriger eine Reise nach Syrien unternahm. Die folgende Zeit verbrachte er in Mekka.

Im Gegensatz zu den Mekkanern, die ein ausschweifendes Leben führten, war er für seine Tugendhaftigkeit und seinen Gerechtigkeitssinn bekannt, so daß er bald den Beinamen "Amin", der Vertrauenswürdige, der Gerechte, erhielt.

Im Alter von etwa 20 Jahren begann Mohammed, an Handelskarawanen teilzunehmen. Er begegnete dabei einem christlichen Mönch, der ihm voraussagte, daß er dereinst als Prophet berufen würde.

Eine reiche Kaufmannswitwe, Khadidscha, nahm ihn in ihre Dienste. Sie war von seiner Person und seiner Aufrichtigkeit so angetan, daß sie um seine Hand anhielt. Mohammed akzeptierte, ließ aber nach der Heirat, bei der sie ihm all ihren Reichtum übergab, sämtliche Sklaven frei und verteilte einen Großteil ihres Eigentums an Arme.
Im Alter von etwa 30 Jahren zog sich Mohammed mehr und mehr in die Einsamkeit zurück, um zu beten und zu meditieren. An seinem bevorzugten Zufluchtsort, einer Höhle im Gebirge Hira nahe Mekka, erhielt er im Alter von 40 Jahren seine erste Offenbarung. Der Engel Gabriel erschien ihm in einer Vision, die den gesamten Horizont einnahm, und sagte zu ihm die berühmten Worte, die später als Teil der Sure 96 in den Koran aufgenommen wurden:
"Lies im Namen deines Herrn, der erschuf, erschuf den Menschen aus einem Klumpen Blut. Lies! denn dein Herr ist der Allgütige, Der den Menschen lehrte durch die Feder, den Menschen lehrte, was er nicht wußte".
Mohammed war von größter Gottesfurcht erfüllt. Er fragte sich, wie er der großen Aufgabe gerecht werden könnte und suchte Zuflucht bei seiner Gattin, die ihn indes mit neuem Selbstbewußtsein versah und ihm glaubte.
In der Folge erhielt Mohammed in unregelmäßigen Abständen weitere Offenbarungen von Gott. Er fand erste Anhänger, vor allem sein Jugendfreund, der ihm verwandte Abu Bakr, und einige Sklaven glaubten ihm.

Als Mohammed begann, den heidnischen Mekkanern seine Botschaft zu verkünden, traf er auf Unglauben und Spott. Einmal lud er sie auf einen Hügel zu einem Essen ein und fragte sie dann, ob sie ihm glauben würden, wenn er erklärte, daß im Tal – das sie alle überblicken konnten – eine feindliche Heerschar anrückte. Sie sagten: ja. Daraufhin verkündete er ihnen,

daß er zum Gesandten Allahs erklärt worden war, sie aber lachten ihn aus.
Indes ließ er nicht nach, den einen Gott Allah als den wahren Herrn der Menschen und seine Aufgabe, als Prophet die Menschen und besonders die Mekkaner zur Rechtschaffenheit und zum Glauben zu führen, zu predigen. Immer stärker stieß er auf Opposition, die mehr und mehr in grausame Verfolgung umschlug, als einige der Sklaven sich ihm anschlossen. Viele der frühen Muslime wurden von den Mekkanern auf brutale Art und Weise gefoltert und getötet, damit sie ihren Glauben aufgaben oder als abschreckendes Beispiel dienten.
Als die Verfolgung unerträglich geworden war, erlaubte Mohammed einigen seiner Gefolgsleute die Auswanderung nach Abessinien (615), wo der christliche Negus herrschte, der die Flüchtlinge aufnahm und sie nicht an die Mekkaner auslieferte, obwohl jene es forderten.
Mohammed erhielt in dieser Zeit viele erschütternde Offenbarungen. In einigen Suren ermahnte Allah die Gläubigen, sich auf das Jüngste Gericht vorzubereiten, in anderen wies Allah alle Vorstellungen zurück, es gäbe einen anderen Gott außer Ihm, oftmals wurde in den Offenbarunyen auf die Anwürfe der Mekkaner eingegangen, Mohammed habe die Verse, die er predigte, erfunden und sei nichts weiter als ein Wahrsager:
"Beim Schreibzeug und bei der Feder und bei dem, was sie schreiben, du bist, durch die Gnade deines Herrn, kein Wahnsinniger. Und für dich ist ganz sicherlich nicht endender Lohn bestimmt. Und du besitzt ganz sicherlich hohe moralische Eigenschaften. Also wirst du sehen und sie werden sehen, wer von euch der Besessene ist. Fürwahr, dein Herr weiß am besten, wer von Seinem Weg abirrt, und Er kennt auch am besten die Rechtgeleiteten. Drum richte dich nicht nach den Wünschen der Leugner. Sie möchten, daß du entgegenkom-

mend wärest, dann würden (auch) sie entgegenkommend sein. Und füge dich nicht irgendeinem verächtlichen Schwüremacher, Verleumder, einem, der herumgeht, üble Nachrede zu verbreiten, Hinderer des Guten, Übertreter, Sünder, schlechten Benehmens, dazu treulos, nur weil er Reichtümer und Kinder besitzt. Wenn ihm Unsere Zeichen vorgetragen werden, so spricht er: "Fabeln der Alten.""
(68: 2–16).
Mohammed wies immer wieder daraufhin, daß er kein Interesse an weltlichen Gütern oder Macht habe. Einmal boten die Mekkaner ihm an, ihn zu ihrem König zu machen und ihm die schönste Frau Arabiens zur Ehegattin zu geben und ihn in Gold aufzuwiegen, wenn er nur davon abstehe, die Einheit Gottes zu predigen und wider ihre alten Götter und Götzen anzugehen. Mohammed wies diesen Vorschlag mit den Worten zurück: "Gott der Einzige ist mein Zeuge, daß sogar dann, wenn die Sonne in meine rechte Hand und der Mond in meine linke Hand gelegt würden als Geschenk, damit ich meine Aufgabe, die Wahrheit zu predigen, aufgäbe, ich doch damit nicht aufhören würde." (Hischam).
Durch den Koran macht Allah die Mekkaner darauf aufmerksam, daß der Prophet immer ein lauteres, unbescholtenes, allgemein als äußerst rechtschaffen anerkanntes Leben geführt habe. Wie könnte es dazu kommen, daß er auf einmal von seinen bekannten Eigenschaften lasse und etwa lüge?
"Sprich: "Hätte Allah es gewollt, so hätte ich ihn (den Koran) euch nicht vorgetragen, noch hätte Er ihn euch kund gemacht. Ich habe doch fürwahr ein Menschenalter unter euch gelebt vor diesem. Wollt ihr denn nicht begreifen?" Wer ist wohl sündiger als jener, der eine Lüge wider Allah erdichtet oder Seine Zeichen als Lügen behandelt? Wahrlich, die Schuldigen haben keinen Erfolg. Sie verehren statt Allah das, was ihnen weder schaden noch nützen kann; und sie sagen: "Das sind

unsere Fürsprecher bei Allah". Sprich:"Wollt ihr Allah von etwas Nachricht geben, was Er nicht kennt in den Himmeln oder auf der Erde?" Heilig ist Er und hoch erhaben über das, was sie anbeten." (10:17–19).
Die Aufgabe Mohammeds war, die Einheit Gottes in den Herzen der Menschen zu verankern und die Gebote der Rechtschaffenheit, Ehrlichkeit, Wahrheitsliebe und Gerechtigkeit zu verwirklichen. All dies war den Mekkanern zuwider. Zum einen stand in Mekka die Kaaba, ein Heiligtum, in dem über 350 Götzen aufbewahrt waren und das von vielen tausend Pilgern aus ganz Arabien jährlich besucht wurde. Dadurch hatten die Mekkaner eine Stellung der Macht und des Reichtums und der Ehre gewonnen. Das Götzentum aufzugeben, so dachten sie, kommt der Selbstaufgabe ihres Status gleich. Zudem war ihr Reichtum auf Sklaventum gegründet, etwas, was Mohammed und der Koran scharf ablehnten. Sie sahen sich also in ihrem Wesen bedroht und versuchten deswegen, Mohammed zu vernichten. Einmal verbannten sie ihn und seine Anhänger in ein unfruchtbares Tal nahe Mekka. Niemandem war es erlaubt, den Eingeschlossenen Nahrung oder Hilfe zu bringen. Es war eine äußerst harte Zeit für Mohammed und seine Sahabis, viele starben oder erlitten schwere Schäden. Allah aber stärkte die Gläubigen mit Seiner Nähe und Seinen Offenbarungen.
"Beim Siebengestirn, wenn es sinkt, euer Gefährte (Mohammed) ist weder verirrt, noch ist er im Unrecht, noch spricht er aus Begierde. Es ist eine Offenbarung nur, die offenbart wird. Der mit mächtigen Kräften Begabte hat ihn belehrt, Dessen Macht Sich wiederholt offenbart. Er sitzt nun fest (auf dem Thron)." (53:2–7).
Trotz grausamster Verfolgung war es dem Propheten nicht gestattet, sich und seine wachsende Anhängerschar mit Gewalt gegen die Tyrannei der Mekkaner zu wehren:

"Und hätte dein Herr Seinen Willen erzwungen, wahrlich, alle, die auf der Erde sind, würden geglaubt haben insgesamt. Willst du also die Menschen dazu zwingen, daß sie Gläubige werden?" (10:100).

Den Gläubigen indes wurde durch Wort und Tat versichert, daß Allah ihnen helfen würde, wenn sie nur nicht von ihrem Glauben abfielen und die Gebote hielten, die ihnen durch den Koran übermittelt wurden:
"Die aber sprechen:"Unser Herr ist Allah" und dann standhaft bleiben – zu ihnen steigen die Engel nieder und sprechen: Fürchtet euch nicht, und seid nicht betrübt, sondern freut euch des Paradieses, das euch verheißen ward." (41:31).
Die Veränderungen im Glauben und im sozialen wie wirtschaftlichen Leben, die der Prophet auf Allahs Geheiß predigte, betrafen vor allem die Stellung der Entrechteten, der Armen, der Sklaven und der Frauen. Vor allem die Frauen, die von den Arabern meist wie Leibeigene behandelt wurden, so daß es vorkam, daß man seine Frau beim Glücksspiel an einen anderen verlor, daß Mädchen nach der Geburt lebendig verscharrt wurden, erhielten durch den Koran und Mohammed verbriefte Rechte. Zum Beispiel das Recht auf Eigentum, auf Scheidung, auf Wahl des Ehegatten.
Die friedliche Mission Mohammeds spaltete die Mekkaner. Für die meisten von ihnen war er eine so große Gefahr, daß, als alle Versuche, ihn von seinem Weg abzubringen, scheiterten , sie beschlossen, die junge muslimische Gemeinde mit Gewalt zu beseitigen.
In dieser Situation erteilte Mohammed seinen Anhängern die Erlaubnis, in die etwa 150 Kilometer von Mekka entfernt liegende Stadt Yathrib auszuwandern. In Yathrib (das später in Medina, d.h. Stadt des Propheten, umbenannt wurde) hatte sich nämlich eine kleine Gemeinde entwickelt, die ihm anbot,

Zuflucht zu gewähren. In der Folge flohen fast alle Muslime aus Mekka nach Yathrib, meist ließen sie all ihr Hab und Gut zurück.
Mohammed gelang als einem der letzten die Flucht. Der Tag seiner Auswanderung im Juni 622 wurde zum Beginn der islamischen Zeitrechnung. Begeistert empfangen von den Geflüchteten und den Einheimischen (die "Ansar", d.h. Helfer genannt wurden), begründete der Prophet Mohammed in seiner neuen Heimat das erste islamische Staatsgebilde. Auch die nichtmuslimischen Stämme, die in Medina lebten, vor allem jüdische Stämme, akzeptierten ihn, vertraglich, als Oberhaupt.
Als die Mekkaner begriffen, daß Mohammed von Medina aus eine noch größere Gefahr für sie darstellte, da er dort auch auf andere arabische Stämme Einfluß nahm und seine Religion fest etablieren konnte, zogen sie aus, um ihn und seine Anhänger zu vernichten. In dieser Lage wurde dem Propheten Mohammed von Allah die Erlaubnis erteilt, sich zu verteidigen:
"Erlaubnis (sich zu verteidigen) ist denen gegeben, die bekämpft werden, weil ihnen Unrecht geschah – und Allah hat fürwahr die Macht, ihnen zu helfen –, jenen, die schuldlos aus ihren Häusern vertrieben wurden, nur weil sie sprachen:"Unser Herr ist Allah"." (22:40–41).

Es kam nahe Medina bei Badr zur ersten Schlacht zwischen den Götzenanbetern und denen, die den Einen Gott verehrten. Obwohl – was die Zahl der Kämpfer und ihre Ausrüstung anbelangt – weit unterlegen, gelang den Muslimen ein überwältigender Sieg. Wie von Mohammed prophezeit, verloren viele der mekkanischen Führer ihr Leben. Indes gaben die Heiden nicht auf. In der Folge kam es zu einer Reihe weiterer Schlachten – etwa bei Uhud; aber auch einen gewaltigen Angriff auf Medina – der sogenannten Grabenschlacht (die so hieß, weil

die Muslime auf Anraten eines Persers (Salman), der zum Islam übergetreten war, einen Graben um Medina zogen, so daß die Mekkaner nicht in die Stadt einfallen konnten – konnten die Muslime auf wundersame Weise abwehren. Einige Zeit später kam es zum Vertrag von Hudaibiya, der eine 10jährige Kampfespause vorsah. Innerhalb dieser Jahre wurde der Islam friedlich in alle Teile Arabiens getragen, und, obwohl es Rückschläge durch heimtückische Stämme gab, nahmen sehr viele Araber den Islam an.
Als die Mekkaner den Vertrag brachen, zog der Prophet mit 10.000 Anhängern – wie in der Bibel vorausgesagt (5. Buch Moses 33:2) – am 1. Januar 630 gen Mekka. Als die Mekkaner die gewaltige, von überwältigendem Glauben beseelte Streitmacht wahrnahmen, begriffen sie, daß es sinnlos wäre, an den alten, feindlichen Verhaltensweisen festzuhalten. Der Prophet versprach eine allgemeine Amnestie, und so wurde Mekka kampflos genommen. Der Prophet schritt zur Kaaba, dem uralten Heiligtum, von dem es heißt, daß Adam es errichtet und Abraham mit seinem Sohn Ismail es erneuert hatte, und reinigte sie von allen Götzenbildern. Dabei rief er einen Vers aus dem Koran:
"Gekommen ist die Wahrheit und dahingeschwunden ist das Falsche. Siehe, das Falsche schwindet schnell". (17:82).
Auch nach der friedlichen Eroberung von Mekka kam es vereinzelt noch zu Kampfhandlungen mit feindlichen arabischen und jüdischen Stämmen. Die Muslime hingegen blieben siegreich, und als Mohammed am 8. Juni 632 in Medina starb, hinterließ er ein weitgehend einiges, gläubiges Volk. Aus Sündern waren über Nacht Heilige geworden, dank der Gebete des Propheten und seines unerschütterlichen, liebevollen Vorbilds. So sehen es die Muslime. Gegner und Kritiker des Islams haben dem Propheten oft vorgeworfen, nur mit Gewalt siegreich geworden zu sein. Seine Vorgehensweisen gegen

verräterische jüdische Stämme und seine Schachzüge als Feldherr sind Mordtaten genannt worden.
Indes darf man nicht übersehen, daß er und die, die mit ihm glaubten, über eine sehr lange Frist hinweg alle Angriffe mit Geduld ertragen hatten. In all den Jahren, die er und die Muslime in Mekka zubrachten, vergalt er Folter und grausamsten Mord nicht mit Gegengewalt. Er blieb friedfertig und verzichtete auf Rache. Seinen schlimmsten Feinden verzieh er. Als er aber vor der Wahl stand, mitsamt seinen Anhängern ausgerottet zu werden oder sich zur Wehr zu setzen, erhielt er von Allah die konkrete Genehmigung, sich zu verteidigen. In den späteren Kampfeshandlungen hielt er sich strikt an die koranischen Auflagen, die Kriegsführenden gestellt wurden.
Besonderen Anstoß wird seitens westlicher Gegner des Islams an der Vernichtung eines jüdischen Stammes genommen, der die Muslime verraten hatte. Der Prophet war daraufhin zu einem Strafzug gegen ihn ausgezogen. Als die belagerten Juden erkannten, daß sie einem Angriff nicht standhalten könnten, erklärten sie sich bereit aufzugeben. Der Prophet fragte sie daraufhin, ob sie sich seiner Gerichtsbarkeit unterstellen würden. Die Juden versprachen sich aber mehr vom Urteil eines Gefährten des Propheten. Sie verlangten deswegen, nicht vom Propheten abgeurteilt zu werden, sondern von jenem Gefährten. Der Prophet gab dem Ansinnen nach. Der Gefährte, zum Richter berufen, urteilte darauf nach mosaischem Gesetz, was konkret bedeutete, daß die Männer des Stammes mit dem Tode bestraft wurden und die Frauen und Kinder den Siegern anheimgestellt wurden. Dieses Urteil ist dem Propheten nicht anzulasten. Er hatte den Juden ja angeboten, sich seinem Urteil zu unterstellen. Es wäre gewiß leichter ausgefallen als die drakonische Strafe nach jüdischem Gesetz.
Ein weiterer Teil im Leben des Propheten Mohammed hat stets große Kritik hervorgerufen. Es wurde verurteilt, daß er

mit bis zu 9 Frauen zugleich verheiratet gewesen war. Es wurde ihm deswegen ein sinnlicher Charakter unterstellt. In der Tat aber ist es so, daß der Prophet den größten Teil seines Lebens in Monogamie mit Khadidscha lebte. Nach ihrem Tode, an dem die Auszehrungen schuld waren, die sie während der Zeit der Verbannung in das unfruchtbare Tal nahe Mekka erlitten hatte, baten die Gefährten den Propheten, wieder zu heiraten. Er weigerte sich zunächst, heiratete dann aber die Witwe eines engen Gefährten. Später wurden ihm andere Frauen angetragen, auch Aischa, die junge Tochter seines Gefährten Aku Bakr. Der Prophet heiratete jedoch nicht aus Sinnlichkeit heraus, wie sein Lebenswandel und die Berichte seiner Zeitgenossen erklären, sondern um Witwen eine neue Heimat zu geben oder aus politischen Gründen.
Unter den Arabern war schrankenlose Polygamie gang und gäbe. Auch die Propheten des Alten Testamentes hatten sehr viele Frauen. Der Islam beschränkte die Anzahl der Frauen, die ein Muslim heiraten durfte, auf vier. Bedingung für eine zweite Heirat war, daß sie notwendig war, um Waisen bessere Lebenschancen zu geben, wie es in der Sure 4:4 heißt:
"Und wenn ihr fürchtet, ihr würdet nicht gerecht gegen die Waisen handeln, dann heiratet Frauen, die euch genehm dünken, zwei oder drei oder vier; und wenn ihr fürchtet, ihr könnt nicht billig handeln, dann (heiratet nur) eine oder was eure Rechte besitzt. Also könnt ihr das Unrecht eher vermeiden."
Dem Propheten wurde es wegen seiner besonderen Stellung und der damit verbundenen Aufgabe ausnahmsweise von Gott erlaubt, mehr als vier Frauen zu heiraten. Dies, weil seine Frauen die Aufgabe hatten, die Musliminnen im Islam zu unterweisen. Besonders in Fragen der Intimsphäre war es vonnöten, daß Frauen Frauen unterrichten. Zudem waren die Heiraten des Propheten von gesellschaftlicher und politischer

Bedeutung, so, als er Maria die Koptin heiratete, die ihm von Herrschenden aus Ägypten angetragen worden war.

Was glaubt ein Muslim?

Das Glaubensbekenntnis der Muslime lautet: "La ilaha illallah Muhammadur rasulullah", d.h. niemand ist anbetungswürdig außer Gott, Mohammed ist der Gesandte Gottes; oder: Es gibt keinen Gott außer Allah, Mohammed ist der Gesandte Allahs. An vielen Stellen im Koran wird der Glaube an Gott und daß Mohammed der Gesandte Gottes ist festgelegt. Zum Beispiel: "O die ihr glaubt, gehorchet Allah und gehorchet dem Gesandten und vereitelt nicht eure Werke." (47:34).
Weiterhin heißt es über die fünf Glaubensartikel des Islams: "O ihr Gläubigen, glaubet an Allah und Seinen Gesandten (Mohammed) und an das Buch, das Er Seinem Gesandten herabgesandt hat, und an die Schrift, die Er zuvor herabsandte (Bibel). Und wer nicht an Allah und Seine Engel und Seine Bücher und an den Jüngsten Tag glaubt, der ist wahrlich weit irregegangen." (4:137)
Am Ende der 2. Sure – also ganz zu Anfang des Korans – heißt es programmatisch:
"Dieser Gesandte (Mohammed) glaubt an das, was zu ihm herabgesandt wurde von seinem Herrn und (also) die Gläubigen: sie alle glauben an Allah und an Seine Engel und an Seine Bücher und an Seine Gesandten (und sprechen):
"Wir machen keinen Unterschied zwischen Seinen Gesandten"; und sie sagen: "Wir hören und wir gehorchen. Uns Deine Vergebung, o unser Herr! und zu Dir ist die Heimkehr."" (2:286).
Die fünf Glaubensartikel sind mithin:
1.) Glaube an die Einheit und Einzigartigkeit Gottes ("tauhid");

2.) Glaube an die Engel als jene Geschöpfe Gottes, die die Aufgabe haben, die materielle und geistige Welt nach Befehl Allahs zu lenken. Sie überbringen die Botschaften Allahs, so wie zum Beispiel der Engel Gabriel damit beauftragt ist, Offenbarung ("Ilham") von Gott zu dem auserwählten Menschen zu bringen. Die Engel helfen den Menschen:
"Die aber sprechen: "Unser Herr ist Allah" und dann standhaft bleiben, zu ihnen steigen die Engel nieder (und sprechen): "Fürchtet euch nicht und seid nicht betrübt, sondern freut euch des Paradieses, das euch verheißen ward. Wir sind eure Freunde in diesem Lehen und im Jenseits. In ihm werdet ihr alles haben, was eure Seelen begehren, und in ihm werdet ihr alles haben, wonach ihr verlangt – eine Gabe von einem Vergebungsreichen, Barmherzigen." (41:31–33)
Die Engel übermitteln zudem Strafen Allahs und verbreiten Angst unter den Feinden Gottes, zudem wachen sie über die Hölle:
"Und Wir haben einzig und allein Engel zu Hütern des Feuers gemacht. Und Wir setzten ihre Anzahl nicht fest, außer zur Prüfung derer, die ungläubig sind, auf daß die, denen das Buch gegeben ward, Gewißheit erreichen, und die, die gläubig sind, an Glauben zunehmen, und die, denen die Schrift gegeben ward und die Gläubigen nicht zweifeln, und die, in deren Herzen Krankheit ist, und die Ungläubigen sprechen: “Was meint Allah mit diesem Gleichnis?" Also erklärt Allah zum Irrenden, wen Er will, und führt richtig, wen Er will. Keiner kennt die Heerscharen deines Herrn als Er allein. Dies ist nur eine Ermahnung für den Menschen." (74:32)
Engel können Gott nicht ungehorsam sein:
"Und was in den Himmeln ist und was auf Erden ist an Geschöpfen, unterwirft sich Allah, also die Engel, und sie betragen sich nicht hoffärtig. Sie fürchten ihren Herrn und tun, was ihnen geheißen." (16:50–51)

Dieser Vers steht in Gegensatz zu einer Vorstellung mancher Muslime, Iblis, eine Art Teufel, sei ein von Gott abgefallener Engel. Es ist aber ganz klar, daß Engel von Natur aus gehorsam sind:
"O die ihr glaubt, rettet euch und die Euren vor einem Feuer, dessen Brennstoff Menschen und Steine sind, darüber Engel gesetzt sind, streng, gewaltig, die Allah nicht ungehorsam sind in dem, was Er ihnen befiehlt, sondern alles vollbringen, was ihnen geheißen wird." (66:7).
Iblis hingegen, der nicht als Verführer Adams, des ersten Propheten (nicht des ersten Menschen, wie die Bibel sagt) Gottes gilt (der Adam des Korans lebte vor etwa 6000 Jahren und erhielt das erste Gesetz Gottes für die Menschen seiner Umgebung), war an Gott verzweifelt, es war wenig Gutes in ihm und viel Übles, er war Gott gegenüber ungehorsam, d.h. er hatte die Fähigkeit gehorsam oder ungehorsam zu sein. Iblis muß unterschieden werden von Satan oder dem Teufel, jener Gestalt, die Menschen zum Übel leitet. So kann ein Mensch durchaus zum Teufel werden. Er kann auch wie ein Engel werden.
3.) glaubt der Muslim an "Allahs Bücher". Unter "Büchern" versteht der Islam meist Offenbarungen Gottes, die in Buchform gehalten sind und meist ein Gesetz in sich tragen. So war etwa Moses ein gesetzesgebender Prophet, während Jesus ein Nachfolgeprophet war (er sagte ja:
"Ihr sollt nicht wähnen, daß ich gekommen bin, das Gesetz oder die Propheten aufzulösen; ich bin nicht gekommen, aufzulösen, sondern zu erfüllen." (Matthäus 5:17))
Mohammed hingegen war ebenfalls ein gesetzesgebender Prophet:
"Dies ist ein vollkommenes Buch (der Koran); es ist kein Zweifel darin; eine Richtschnur (Gesetz) für die Rechtschaffenen." (2:3)

Im Koran werden explizit vier Bücher erwähnt, die Gott herabgesandt hat, die Thora, die Psalmen, das Evangelium und der Koran:
"Wir hatten die Thora hinabgesandt, in der Führung und Licht war. Damit haben die Propheten, die gehorsam waren, den Juden Recht gesprochen, und so auch die Wissenden und die Gelehrten; denn ihnen wurde aufgetragen, das Buch Allahs zu bewahren, und sie waren seine Hüter. Darum fürchtet nicht die Menschen, sondern fürchtet Mich; und gebt nicht Meine Zeichen hin um geringen Preis. Wer nicht nach dem richtet, was Allah hinabgesandt hat – das sind die Ungläubigen. Wir hatten ihnen darin vorgeschrieben: Leben um Leben, Auge um Auge, Nase um Nase, Ohr um Ohr und Zahn um Zahn, und für (andere) Verletzungen billige Vergeltung. Wer aber darauf Verzicht tut, dem soll das eine Sühne sein; und wer nicht nach dem richtet, was Allah hinabgesandt hat – das sind die Ungerechten. Wir ließen Jesus, den Sohn der Maria, in ihren Spuren folgen, zur Erfüllung dessen, was schon vor ihm in der Thora war; und Wir gaben ihm das Evangelium, worin Führung und Licht war, zur Erfüllung dessen was schon vor ihm in der Thora war, eine Führung und Ermahnung für die Gottesfürchtigen. Es soll das Volk des Evangeliums richten nach dem, was Allah darin offenbart hat: wer nicht nach dem richtet, was Allah hinabgesandt hat – das sind die Empörer. Wir haben dir (Mohammed) das Buch (Koran) hinabgesandt mit der Wahrheit, als Erfüllung dessen, was schon in dem Buche war, und als Wächter darüber. Richte darum zwischen ihnen nach dem, was Allah hinabgesandt hat, und folge nicht ihren bösen Neigungen gegen die Wahrheit, die zu dir gekommen ist. Einem jeden von euch haben Wir eine klare Satzung und einen deutlichen Weg vorgeschrieben. Und hätte Allah gewollt, Er hätte euch alle zu einer einzigen Gemeinde gemahnt, doch Er wünscht Euch auf die Probe zu stellen durch das, was Er euch

gegeben. Wetteifert darum miteinander in guten Werken. Zu Allah ist euer aller Heimkehr; dann wird Er euch aufklären über das, worüber ihr uneinig wart." (5:45–49).

Juden und Christen gelten deswegen den Muslimen als Völker der Schrift, Judentum und Christentum als Buchreligionen, wenn auch der Islam lehrt, daß sowohl die Thora als auch das Evangelium nicht mehr in ihrer ursprünglichen Form vorliegen, sondern in vielen, auch entscheidenden Teilen durch Menschenhände und die Zeitläufe Veränderungen (Interpolationen) erfahren haben. Indes gelten in aufgeklärteren muslimischen Kreisen auch andere heilige Bücher als Bücher Gottes, etwa die Bagavadgita oder die Veden oder das Taote-King.

Der Koran erwähnt diese Bücher zwar nicht, er macht aber unmißverständlich klar, daß Allah auch zu Propheten sprach (d.h. ihnen ein Buch bzw. Gesetz gab), die nicht namentlich im Koran erwähnt sind:

"Jene Gesandten haben Wir erhöht, einige über die anderen; darunter sind die, zu denen Allah sprach; und einige hat Er erhöht um Rangstufen." (2:254)

Als 4.) glaubt jeder Muslim an die Propheten Gottes. Also nicht nur an Mohammed, sondern an alle Propheten, ob sie im Koran genannt werden oder ob ihr Name ungenannt bleibt. In Sure 2:286 heißt es ja:

"Dieser Gesandte ... und die Gläubigen: sie alle glauben ... an Seine (Gottes) Gesandten (und sprechen): "Wir machen keinen Unterschied zwischen Seinen Gesandten"."

Genannt werden im Koran viele biblische Propheten:

"Sprecht: "Wir glauben an Allah und was zu uns herabgesandt worden, und was herabgesandt ward Abraham und Ismael und Isaak und Jakob und (seinen) Kindern, und was gegeben ward Moses und Jesus, und was gegeben ward (allen anderen) Propheten von ihrem Herrn. Wir machen keinen Unterschied

zwischen ihnen; und Ihm ergeben wir uns."" (2:137).
Namentlich erwähnt werden im Koran 24 Propheten, darunter auch die nicht-biblischen Propheten Luqman, Hud, Saleh und Schoäb. Der Prophet Mohammed hat in einem Hadith berichtet, daß es 124.000 Propheten gäbe. Allah sagt zu ihm im Koran: "Und sicherlich entsandten Wir schon Gesandte vor dir; darunter sind manche, von denen Wir dir bereits erzählten, und es sind darunter manche, von denen Wir dir noch nicht erzählten; und kein Gesandter hätte ein Zeichen bringen können ohne Allahs Erlaubnis. Doch wenn Allahs Befehl ergeht, da wird die Sache zu Recht entschieden, und dann sind die verloren, die der Falschheit folgten." (40:79)
Es ist deswegen gewiß falsch, wenn manche Muslime nur an jene Propheten glauben, die namentlich im Koran genannt werden. Wissendere Kreise des Islams zählen so auch Krischna, Konfuzius, Buddha, Lao-Tse, Sokrates und Zoroaster (Zarathustra) zu den Propheten.
Entgegen der biblischen Auffassung, daß Propheten sündigen können, erklärt der Koran eindeutig, daß Propheten sündenlos und rein sind:
"Sie (die Propheten) sprechen vor Ihm (Allah) kein Wort, und sie handeln nur nach Seinem Befehl. Er weiß, was vor ihnen und was hinter ihnen ist, und sie legen nicht Fürbitte ein, außer für den, der Ihm genehm ist, und sie zittern in Furcht vor Ihm." (21:28–29)
In Sure 5:45 heißt es dazu eindeutig über die biblischen Propheten, daß sie Allah gehorsam waren. Also betrachtet der Islam all jene Erzählungen der Bibel, in denen Propheten Ausschweifungen nachgesagt werden, als heimtückische Erfindungen.
Der Koran sagt, daß zu allen Völkern Propheten gesandt worden sind:
"Und für jedes Volk ist ein Gesandter. Wenn also ihr Gesandter

kommt, so wird zwischen ihnen entschieden nach Gerechtigkeit und kein Unrecht widerfährt ihnen. " (10: 48)
Und:
“Wahrlich, Wir haben dich (Mohammed) mit der Wahrheit entsandt, als Bringer froher Botschaft und als Warner; und es gibt kein Volk, bei dem nicht früher schon ein Warner erschienen wäre." (35:25)
Propheten, so erklärt der Koran, werden immer größte Widerstände seitens des Volkes, zu dem sie entsandt waren, gewärtigen, sie werden indes – und das ist ein Merkmal ihrer Wahrhaftigkeit – immer siegreich:
"Allah hat verordnet: Sicherlich werde Ich obsiegen, Ich und Meine Gesandten. Wahrlich, Allah ist stark, allmächtig." (58:22)
Im Koran wird auch ein Kriterium erwähnt, wodurch falsche von richtigen Propheten unterschieden werden können. Wir finden ähnliches auch in der Bibel:
"Doch wenn ein Prophet vermessen ist, zu reden in meinem Namen, was ich ihm nicht geboten habe zu reden, und wenn einer redet in dem Namen anderer Götter, derselbe Prophet soll sterben. Ob du aber in deinem Herzen sagen würdest: Wie kann ich merken, welches Wort der Herr nicht geredet hat? Wenn der Prophet redet in dem Namen des Herrn, und es wird nichts daraus und es kommt nicht, das ist das Wort, das der Herr nicht geredet hat; der Prophet hat aus Vermessenheit geredet, darum scheue dich nicht vor ihm." (5. Moses 18:20–22).
Der Koran sagt dazu:
"Und hätte er (der Prophet) irgendwelche Aussprüche in Unserem Namen ersonnen, Wir hätten ihn gewiß bei der Rechten gefaßt, und ihm dann die Herzader durchschnitten. Und keiner von euch hätte (Uns) von ihm abhalten können." (69:45–48)
Prophezeiungen über zukünftige Ereignisse sind somit auch ein klares Kriterium für die Wahrhaftigkeit eines Propheten.

Vom Propheten Mohammed sind zahllose Prophezeiungen bekannt, zumal für unsere Zeit, auf die ich zum Teil in meinem Buch "Prophezeiungen des Islam", *Knaur-Verlag*, Taschenbuch-Reihe Esoterik, eingegangen bin.
An der Frage, ob Mohammed der letzte Prophet für die Menschheit gewesen ist, haben sich viele Debatten entzündet. Der Koran sagt ganz klar, daß auch nach dem Tode des Propheten Mohammed unter den Muslimen Menschen erweckt werden können, die den spirituellen Rang eines Propheten haben; indes ist es unmöglich, dem Koran zufolge, daß nach dem Koran ein anderes Gesetzbuch von Gott herabgesandt wird. Der Koran gilt als Gesetz für diesen Zyklus der Menschheit, der mit Adam, dem Propheten, vor etwa 6000 Jahren begonnen hat und in dessen 7. Jahrtausend (der sogenannten Endzeit) wir derzeit stehen. Über das Erscheinen von Propheten im Islam sagt der Koran:
"Wer Allah und dem Gesandten (Mohammed) gehorcht, soll unter denen sein, denen Allah Seine Huld gewährt hat, nämlich unter den Propheten, den Wahrhaftigen, den Blutzeugen und den Gerechten; und das sind die besten Gefährten. Solche Gnade ist von Allah, und Allah weiß zur Genüge." (4:70–71)
Und:
"O Kinder Adams, wenn zu euch Gesandte kommen aus eurer Mitte, die euch Meine Zeichen verkünden, wer dann gottesfürchtig ist und gute Werke tut, keine Furcht soll über sie kommen, noch sollen sie trauern." (7:36).
Als fünften Glaubensartikel kennt der Islam (5.) den Glauben an das Jüngste Gericht und das Leben nach dem Tode.
Der Koran sagt dazu, daß nur Allah allein weiß, wann "die Stunde" des Jüngsten Gerichtes kommt. Darunter kann a) der individuelle Tod eines Menschen verstanden werden, oder b) der Untergang eines Volkes, oder c) der Untergang, das Ende dieses Zyklus der Menschen insgesamt:

"Sie werden dich nach der "Stunde" befragen, wann sie wohl eintreten wird? Sprich: "Das Wissen darum ist bei meinem Herrn allein. Keiner als Er kann sie bekannt geben zu ihrer Zeit. Schwer lastet sie auf den Himmeln und auf der Erde. Sie soll über euch nur plötzlich hereinbrechen." Sie befragen dich, als ob du über sie sehr wissensbegierig wärest. Sprich: "Das Wissen darum ist bei Allah allein; doch die meisten Menschen wissen es nicht." (7:188)
Der Koran vergleicht das Leben in dieser materiellen Welt mit dem spirituellen Leben nach dem Tode:
"Dieses irdische Leben ist nichts als ein eitles Getändel und ein Spiel; die Wohnstatt des Jenseits aber – das ist Leben fürwahr, wenn sie es nur wüßten!" (29:65)
Die Existenz des Jenseits und das Leben nach dem Tode – in Paradies oder Hölle – werden im Koran in vielen Suren ausführlich behandelt. Besonders die frühzeitig, zu Beginn des Prophetentum Mohammeds offenbarten Suren zeichnen ein eindringliches Bild vom Jenseits und machen den Menschen darauf aufmerksam, daß sein Leben auf der Erde nur vergleichbar ist mit einer Prüfung, die er bestehen sollte, um in den Genuß des immerwährenden Lebens nach dem Tode zu gelangen:
"Im Namen Allahs, des Gnädigen, des Barmherzigen. Nein! Ich rufe zum Zeugen den Tag der Auferstehung. Nein! Ich rufe zum Zeugen die sich selbst anklagende Seele. Wähnt der Mensch, daß Wir seine Gebeine nicht sammeln werden? Fürwahr, Wir sind imstande (sogar) seine Fingerspitzen zusammenzufügen. Doch der Mensch wünscht Sündhaftigkeit vor sich vorauszuschicken. Er fragt: "Wann wird der Tag der Auferstehung sein?" Wenn das Auge geblendet ist, und der Mond sich verfinstert, und die Sonne und der Mond vereinigt werden, an jenem Tage wird der Mensch sprechen: "Wohin nun fliehen?" Nein! Keine Zuflucht! (Nur) zu deinem Herrn wird an jenem Tage die

Rückkehr sein. Verkündet wird dem Menschen an jenem Tage, was er vorausgesandt und was er zurückgelassen hat. Nein, der Mensch ist Zeuge wider sich selber, auch wenn er Entschuldigungen vorbringt. Rühre nicht deine Zunge mit dieser (Offenbarung), sie zu beschleunigen. Uns obliegt ihre Sammlung und ihre Lesung. Drum, wenn Wir sie lesen, folge ihrer Lesung; dann obliegt Uns ihre Erläuterung. Nein, ihr aber, ihr liebt das Gegenwärtige und vernachlässigt das Jenseits. Manche Gesichter werden an jenem Tage leuchtend sein, und zu ihren Herrn schauen; und manche Gesichter werden an jenen Tage gramvoll sein, denn sie ahnen, daß ein schreckliches Unglück ihnen demnächst widerfahren soll. Ja! Wenn (die Seele eines Sterbenden) zur Kehle emporsteigt und gesprochen wird: “Wer ist der Zauberer (der ihn rette)?"; und er weiß, daß es (die Stunde des) Scheidens ist und Todespein auf Todespein gehäuft wird; zu deinem Herrn wird an jenem Tage das Treiben sein. Denn er spendete nicht und betete nicht, sondern er leugnete und wandte sich ab; dann ging er zu seiner Sippe mit stolzem Gang. "Wehe dir denn! wehe! Und abermals wehe dir! und nochmals wehe!" Wähnt der Mensch etwa, er solle ganz ungebunden bleiben? War er nicht ein Tropfen fließenden Samens, der verspritzt ward? Dann wurde er ein Blutklumpen, dann bildete und vervollkommnete Er (ihn). So schuf Er aus ihm ein Paar, den Mann und das Weib. Und da sollte Er nicht imstande sein, die Toten ins Leben zu rufen?" (75:1–41)

Das Leben nach dem Tode ist Belohnung für das Gute, das der Mensch auf der Erde vollbracht hat, oder Bestrafung für seine Sünden, um deren Verzeihung er nicht mit Erfolg bat:
"Und bringe frohe Botschaft denen, die glauben und gute Werke tun, daß Gärten für sie sind, durch die Ströme fließen. Wann immer ihnen von den Früchten daraus gegeben wird,

werden sie sprechen: "Das ist, was uns zuvor gegeben wurde", und (Gaben) gleicher Art sollen ihnen gebracht werden. Und sie werden darin Gefährten und Gefährtinnen haben von vollkommener Reinheit, und darin werden sie weilen". (2:26)
Und:
"Denen, die Gutes tun, soll der beste (Lohn) werden und noch mehr. Weder Dunkel noch Schmach soll ihr Antlitz bedecken. Sie sind die Bewohner des Himmels, darin werden sie weilen. Die aber Böses tun – Strafe für eine böse Tat ist in gleichem Maße. Schmach wird sie bedecken; keinen Schützer werden sie haben vor Allah (und es soll sein), als ob ihre Angesichter verhüllt wären mit finsteren Nachtfetzen. Sie sind die Bewohner des Feuers; darin müssen sie bleiben." (10:27–28)
Der Koran lehrt, daß der Mensch nur ein einziges Leben auf dieser Erde hat und daß es somit keine Wiedergeburt oder Reinkarnation gibt:
"Wenn der Tod an einen von ihnen herantritt, spricht er: "Mein Herr, sende mich zurück, auf daß ich recht handeln möge in dem, was ich zurückließ." Keineswegs, es ist nur ein Wort, das er ausspricht. Und hinter ihnen (den Toten) ist eine Schranke bis zum Tage, an dem sie auferweckt werden." (23:100–101)
Viele Muslime glauben, daß das Leben nach dem Tode ein materielles Leben sein wird und daß die Freuden des Paradieses und die Qualen der Hölle physischer Natur sein werden. Betrachten wir jedoch aufmerksam die vielen Passagen des Korans, die sich mit dem Leben nach dem Tode beschäftigen, müssen wir erkennen, daß die beschriebenen Schönheiten und die Pein metaphorisch gemeint sind. Der Koran spricht zunächst davon, daß die Aufgabe des Menschen darin besteht, seine Seele lauterer zu machen (91:10) und daß der Sinn des Lebens darin besteht, zum Abbild Gottes zu werden (51:57). Gott aber hat keinen Körper, Er ist ein geistiges Wesen. Es heißt auch:

“Und einem jeden Menschen haben Wir seine Werke an den Nacken geheftet und am Tage der Auferstehung werden Wir ihm ein Buch vorlegen, das er entsiegelt finden wird". "Lies dein Buch. Heute genügt deine eigene Seele als Rechnerin wider dich." (17: 14– 15).
Es ist offensichtlich, daß demzufolge die Belohnung oder Bestrafung auch seelischer Natur sein wird. Deswegen spricht Allah im Koran, wenn Er das Paradies erwähnt, auch von einem "Gleichnis":
"Ein Gleichnis von dem Paradiese, den Rechtschaffenen verheißen: Darin sind Ströme von Wasser, das nicht verdirbt, und Ströme von Milch, deren Geschmack sich nicht ändert, und Ströme von Wein, köstlich für die Trinkenden, und Ströme geläuterten Honigs. Und darin werden sie Früchte aller Art haben und Vergebung von ihrem Herrn". (47:16)
Mit den "Strömen" sind die guten Taten gemeint, die der Mensch auf der Erde beging. Wasser steht etwa für Glück, Milch für Wissen von göttlichen Eigenschaften, Wein für die Liebe des Menschen zu Gott, Honig für Gnade und Barmherzigkeit. So erklären jene, deren Meinung nach das Jenseits rein geistiger Natur ist, dieses Gleichnis.
Daß das Jenseits nicht körperlicher Natur ist, zeigt auch ein Vers, in dem über die Hölle gesprochen wird:
"Und was lehrt dich wissen, was das Verzehrende ist? – Das Feuer Allahs, das entzündete, das über die Herzen hinweg züngelt. Es wird sich wölben über ihnen in ausgestreckten Säulen." (104:6–10).
Wäre das Feuer der Hölle physischer Natur, könnte nicht von Qualen des Herzens die Rede sein.
In einem Satz widerlegt der Koran alle, die an ein körperliches Leben nach dem Tode glauben, wenn er in Sure 32:18 sagt:
"Doch niemand weiß, was für Augenweide für sie verborgen ist als Lohn für ihre Taten."

Ein sinnliches Leben nach dem Tode entspräche auch nicht der Sehnsucht der Seele, die sich nach Überwindung der Körperhaftigkeit verzehrt. Der Koran lehrt deswegen auch, daß diejenigen, die um die Vollkommenheit ihres Lichtes beteten (66:9) im Jenseits von Allah mit den Worten empfangen werden sollen:
"(Doch) du, O beruhigte Seele, kehre zurück zu deinem Herrn, befriedigt in (Seiner) Zufriedenheit! So tritt ein unter Meine Diener, und tritt ein in Meinen Garten!" (89:28–31)

Was sagt der Islam über Jesus?

Der Koran erklärt, daß Jesus Christus ein Prophet Gottes war: "Der Messias, Sohn der Maria, war nur ein Gesandter; gewiß, andere Gesandte sind vor ihm dahingegangen. Und seine Mutter war eine Wahrheitsliebende; beide pflegten sie Speise zu sich zu nehmen. Sieh, wie Wir die Zeichen für sie erklären, und sieh, wie sie sich abwenden. Sprich: "Wollt ihr statt Allah das anbeten, was nicht die Macht hat, euch zu schaden oder zu nützen?" Und Allah allein ist der Allhörende, der Allwissende." (5:76–77)
Der Koran führt hier als Argument, daß Jesus nicht Gott war, an, daß er jenen Bedürfnissen unterlag, die Menschen haben, daß er essen mußte. Der Koran wendet sich nachfolgend dagegen, daß Jesus angebetet wird und erklärt, daß niemand außer Allah die Macht hat, Gebete zu hören und zu erhören. Daß Jesus anbetungswürdig und Gott gewesen ist, weist der Koran weit von sich:
"Fürwahr, ungläubig sind, die da sagen: "Allah ist kein anderer denn der Messias, Sohn der Maria", während der Messias doch (selbst) gesagt hat: "O ihr Kinder Israels, betet Allah an,

meinen Herrn und euren Herrn." Wer Allah Götter zur Seite stellt, dem hat Allah den Himmel verwehrt, und das Feuer wird seine Wohnstatt sein. Und die Frevler sollen keine Helfer finden. Fürwahr, ungläubig sind, die da sagen: "Allah ist der Dritte von Dreien"; es gibt keinen Gott als den Einigen Gott. Und wenn sie nicht abstehen von dem, was sie sagen, wahrlich, so wird die unter ihnen, die ungläubig bleiben, eine schmerzliche Strafe ereilen." (5:73–74)

Zurückgewiesen wird auch die Idee, daß Allah einen Sohn haben könnte:

"Aller Preis gehört Allah, Der zu Seinem Diener das Buch herabsandte und nichts Krummes darein legte – als Wegweiser, damit es strenge Strafe von Ihm androhe und den Gläubigen, die gute Werke tun, die frohe Botschaft bringe, daß ihnen ein schöner Lohn wird, worin sie weilen werden immerdar; und damit es jene warne, die da sagen: "Allah hat Sich einen Sohn beigesellt." Sie haben keinerlei Kenntnis davon, noch hatten es ihre Väter. Groß ist das Wort, das aus ihrem Munde kommt. Sie sprechen nichts als Lüge. So wirst du dich vielleicht noch zu Tode grämen aus Kummer über sie, wenn sie dieser Rede nicht glauben." (18:2–7)

Der Begriff "Sohn", von dem in der Bibel – übrigens nicht nur bezüglich Jesus, sondern auch schon bezüglich des Propheten Israel:"Israel ist Mein (Gottes) Sohn – sogar Mein Erstgeborener" (2. Moses 4:22) oder über den Propheten David: "Du bist Mein Sohn. Am heutigen Tage habe Ich dich erzeugt." (Psalm 2:7) – die Rede ist, wird von den Muslimen als Metaphorik verstanden.

Indes wird Jesus vom Koran als "Gnade Allahs" bezeichnet, als ein Gesandter, der einen "Ehrenplatz" (4:159) bei Allah hat und mit dem Heiligen Geist gestärkt worden war:

"O Volk der Schrift (Christen), übertreibt nicht in eurem Glauben und saget von Allah nichts als die Wahrheit, der

Messias, Jesus, Sohn der Maria, war nur ein Gesandter Allahs und eine frohe Botschaft von Ihm, die Er niedersandte zu Maria, und eine Gnade von Ihm. Glaubet also an Allah und Seine Gesandten, und saget nicht: "Drei". Lasset ab – ist besser für euch. Allah ist nur ein Einiger Gott. Fern ist es von Seiner Heiligkeit, daß Er einen Sohn haben sollte. Sein ist, was in den Himmeln und was auf Erden ist; und Allah genügt als Beschützer." (4:172)
Und:
"Wir gaben Moses fürwahr das Buch und ließen Gesandte folgen in seinen Fußstapfen; und Jesus, dem Sohn der Maria, gaben Wir offenkundige Zeichen und stärkten ihn mit dem Geiste der Heiligkeit. Wollt ihr denn, jedesmal da ein Bote zu euch kommt mit dem, was ihr selbst nicht wünschet, hoffärtig sein und einige als Lügner behandeln und andere erschlagen?" (2:88).
Weiterhin berichtet der Koran, daß Jesus wie Adam ist, d.h. Gott hat ihn von Sich aus erschaffen. Damit bestätigt der Koran die Auffassung von der jungfräulichen Geburt Jesu:
"Wahrlich, Jesus ist vor Allah wie Adam. Er erschuf ihn aus Erde, dann sprach Er zu ihm: "Sei!", und er war." (3:60)
Und:
"Wie die Engel sprachen:" O Maria, Allah gibt dir frohe Kunde durch ein Wort von Ihm: sein Name soll sein der Messias, Jesus, Sohn Marias, geehrt in dieser und in jener Welt, einer der Gottnahen. Und er wird zu den Menschen in der Wiege reden und im Mannesalter und der Rechtschaffenen einer sein." Sie sprach: "Mein Herr, wie soll mir ein Sohn werden, wo mich kein Mann berührt hat?" Er sprach: "So ist Allahs (Weg), Er schafft, was Ihm gefällt. Wenn Er ein Ding beschließt, so spricht Er zu ihm: "Sei!", und es ist. Und Er wird ihn das Buch lehren und die Weisheit und die Thora und das Evangelium; und (wird ihn entsenden) als einen Gesandten zu den Kindern Israels (daß er

spreche): "Ich komme zu euch mit einem Zeichen von eurem Herrn: Daß ich für euch aus Ton bilden werde, wie ein Vogel bildet; dann werde ich ihm (Geist) einhauchen, und es wird ein beschwingtes Wesen werden nach Allahs Gebot; und ich werde die Blinden und die Aussätzigen heilen und die Toten lebendig machen nach Allahs Gebot; und ich werde euch verkünden, was ihr essen und was ihr aufspeichern möget in euren Häusern. Wahrlich, darin ist ein Zeichen für euch, wenn ihr gläubig seid. Und (ich komme) das zu erfüllen, was vor mir war, nämlich die Thora, und euch einiges zu erlauben von dem, was euch verboten war; und ich komme zu euch mit einem Zeichen von eurem Herrn; so fürchtet Allah und gehorchet mir. Wahrlich, Allah ist mein Herr und euer Herr; so betet Ihn an: dies ist der gerade Weg."" (3:46–52)
Aus diesen Versen haben manche Muslime abgeleitet, daß Jesus in der Tat Tote erweckt und Wesen erschaffen hat, was auf göttliche Eigenschaften schließen läßt. Es muß jedoch gesagt werden, daß die betreffenden Aussagen über Wunder, die Jesus vollbrachte, sich vor allem darauf beziehen, daß er geistige Krankheiten heilte. Tote zu erwecken steht dem Gesetz Gottes entgegen, daß niemand, der gestorben ist, zum Leben auf der Erde zurückgerufen werden kann (21:96 und 23:100–101) und daß Allah Seine Herrschaft mit niemandem teilt und es allein Er ist, der Schöpfer ist: "Sprich: "Sollte ich einen anderen zum Beschützer nehmen als Allah, den Schöpfer der Himmel und der Erde, Der Nahrung gibt und Selbst keine Nahrung nimmt?" Sprich: "Mir ward geboten, daß ich der erste sei, der sich ergibt." Und sei nicht der Götzendiener einer." (6:15)
Und:
"Sprich: "Wer ist es, in Dessen Hand die Herrschaft über alle Dinge ist und Der Schutz gewährt, aber gegen Den es keinen Schutz gibt, wenn ihr es wisset?" Sie werden sprechen: "(All

dies ist) Allah vorbehalten." Sprich: "Wie also seid ihr verblendet?" Ja, Wir haben ihnen die Wahrheit gebracht, doch wahrhaftig, sie leugnen sie. Allah hat Sich keinen Sohn zugesellt, noch ist irgendein Gott neben Ihm: sonst würde jeder "Gott" mit sich fortgenommen haben, was er erschaffen, und die einen von ihnen hätten sich sicherlich gegen die anderen erhoben. Gepriesen sei Allah über all das, was sie behaupten! Der Kenner des Verborgenen und des Offenbaren! Erhaben ist Er darum über das, was sie anbeten." (23:89–93)
Der Hauptpunkt, in dem sich der Koran gegen die christliche Lehre stellt (von der Göttlichkeit Jesu einmal abgesehen), ist die Aussage des Korans, daß Jesus nicht am Kreuz gestorben ist: "Und wegen ihrer (der Juden) Rede:"Wir haben den Messias, Jesus, den Sohn der Maria, den "Gesandten" Allahs getötet"; während sie ihn doch weder erschlugen, noch den Kreuzestod erleiden ließen, sondern er erschien ihnen nur gleich (einem Gekreuzigten); und jene, die in dieser Sache uneins sind, sind wahrlich im Zweifel darüber; sie haben keine (bestimmte) Kunde davon, sondern folgen bloß einer Vermutung; und sie haben darüber keine Gewißheit. Vielmehr hat ihm Allah einen Ehrenplatz bei Sich eingeräumt, und Allah ist allmächtig, allweise. Es ist keiner unter dem Volk der Schrift, der nicht vor seinem Tod daran (an den Kreuzestod) glauben wird; und am Tage der Auferstehung wird er (Jesus) ein Zeuge wider sie sein." (4:158–160)
Die Vorstellung der Muslime, was in der Tat mit Jesus geschehen ist, gehen auseinander. Die orthodoxen Muslime glauben, ein anderer, jemand der Jesus zum Verwechseln ähnlich sah, sei von Gott geschaffen und an Stelle von Jesus gekreuzigt worden; Jesus hingegen sei lebendig in den Himmel aufgefahren, wo er bis zu seiner Wiederkunft (die der Prophet Mohammed prophezeit hat) weilen würde.
Andere sagen (z.B. die Ahmadi-Muslime), daß Jesus zwar

gekreuzigt worden sei, indes sei er am Kreuz nicht gestorben, sondern nur bewußtlos geworden. Er sei dann vom Kreuz genommen worden und in einem Grab gesundgepflegt worden, habe sich dann seinen Jüngern gezeigt und sei schließlich zu den 10 Stämmen Israels, die zur Zeit Jesu nicht in Palästina lebten, ausgewandert und so bis nach Kaschmir gelangt, wo er im Alter von 120 Jahren eines natürlichen Todes gestorben sei. Daß Jesus eines natürlichen Todes auf der Erde gestorben ist, nehmen mittlerweile sehr viele islamische Gelehrte an. Der Koran sagt dazu:
"Und wenn Allah sprechen wird: "O Jesus, Sohn der Maria, hast du zu den Menschen gesprochen: "Nehmet mich und meine Mutter als zwei Götter neben Allah (d.h. betet mich und Maria an)?", wird er antworten: "Heilig bist Du. Nie konnte ich das sagen, wozu ich kein Recht hatte. Hätte ich es gesagt, Du würdest es sicherlich wissen. Du weißt, was in meiner Seele ist, aber ich weiß nicht, was Du im Sinn trägst. Du allein bist der Wisser der verborgenen Dinge. Nichts anderes sprach ich zu ihnen, als was Du mich geheißen hast: "Betet Allah an, meinen Herrn und euren Herrn." Und ich war ihr Zeuge, solange ich unter ihnen weilte, doch seit Du mich sterben ließest, bist Du der Wächter über sie gewesen; und Du bist aller Dinge Zeuge. Wenn Du sie strafst, sie sind Deine Diener, und wenn Du ihnen verzeihst, Du bist wahrlich der Allmächtige, der Allweise." (5:117–119).
In mehr als 30 Versen hat der Koran den Glauben an die körperliche Himmelfahrt Jesu widerlegt. Auch in den Hadith finden wir entsprechende Aussagen. Über die Zeit, die Jesus nach seiner Kreuzigung verbrachte, sagt der Koran: "Und Wir machten den Sohn der Maria und seine Mutter zu einem Zeichen und gaben ihnen Zuflucht auf einem Hügel mit einer grünen Talmulde und dem fließenden Wasser von Quellen." (23:51)

Diese Beschreibung trifft auf Kaschmir zu, wo auch ein Grab gefunden wurde (in Srinagar, an der Khanyar-Straße), in dem ein Prophet namens Yuz Asaf liegen soll. Yuz Asaf wird mit "Jesus, der Versammler" übersetzt. In diesem Zusammenhang ist es wichtig zu erwähnen, daß der Prophet Mohammed lehrte, daß Jesus eines Tages wieder auf die Erde kommen würde. Die orthodoxen Muslime haben diese Prophezeiung wörtlich aufgefaßt. Sie sind der Annahme, daß der historische Jesus Christus lebendig im Himmel weilt und am Ende der Zeit vom Himmel herabsteigen wird, um als Imam (Führer der Muslime) dem Islam zum Sieg auf der ganzen Welt zu verhelfen. Dies würde durch eine Vielzahl von Kämpfen und Schlachten geschehen, die Jesus gemeinsam mit dem Mahdi ausfechten würde, wobei als Hauptgegner die Gestalt des Dajal genannt wird.

Ein genaueres Studium des Korans und der Hadith belegt aber, daß von einer körperlichen Herabkunft Jesu nicht die Rede sein kann. In der zuverlässigen Hadithsammlung Buchari lesen wir über das Zweite Erscheinen von Jesus:

"Abu Huraira berichtet, daß der Prophet sagte: "Bei Dem, in Dessen Hand meine Seele liegt, die Zeit ist sicherlich nahebei, daß der Sohn der Maria unter euch erscheinen wird (er wird kommen und bei euch bleiben); er wird Richter sein; er wird gerecht sein, er wird das Kreuz brechen und das Schwein töten; und er wird den Krieg beenden; und Reichtum wird anwachsen, so daß keiner ihn annehmen wird; und eine einzige Sadschdah (Niederwerfung) wird besser sein als die ganze Welt und was darin enthalten ist." Der Prophet gebrauchte hier für das Herabkommen Jesu das Wort "Nazala" , das jedoch niemals "stieg körperlich herab" bedeuten kann. Der Koran verwendet dieses Wort beispielsweise für das Kommen des Propheten Mohammed: "Allah hat euch fürwahr eine Ermahnung hernieder gesandt – einen Gesandten, der

euch die deutlichen Zeichen Allahs vorträgt." (65:11–12)
An anderen Versen heißt es:
"Dann, nach dem Kummer, sandte Er Frieden zu euch hernieder..." (3:155)
Oder:
“Wahrlich, Wir schickten Unsere Gesandten mit klaren Beweisen und sandten mit ihnen das Buch und das Maß herab, auf daß die Menschen Gerechtigkeit üben möchten."(57:26)
Es gibt eine Reihe weiterer Verse, in denen ebenfalls "Nazala" für herabsteigen, herniederkommen gebraucht wird, jeweils aber in einem geistigen und nicht in einem körperlichen Sinne.
Die Wiederkunft von Jesus kann demzufolge, nehmen wir das Wort des Propheten ernst und sehen wir zudem, daß dem Koran zufolge Jesus auf der Erde gestorben ist (was eine Vielzahl von Gelehrten des Islams mittlerweile glaubt), niemals das Herabsteigen eines historischen Jesus aus den Himmeln sein. Wir müssen die Prophezeiungen über die Wiederkunft Jesu also anders deuten. In der Aussage Jesu über das Wiederkommen des Propheten Elias (Matth. 11:13–14) erfahren wir, daß das Zweite Erscheinen eines Propheten jeweils meint, daß ein anderer Mensch, der ebenfalls den Rang eines Propheten hat, mit den Aufgaben dessen "herabkommt", den er repräsentiert.
Buchari nennt Jesus in einem Hadith bei seiner Wiederkunft "nabi", d.h. Prophet. Zudem heißt es in den Hadith, daß der Wiederkommende Jesus aus der "Mitte der Muslime" sein würde, er würde Imam der Muslime sein (Buchari). Die Wiederkunft Jesu würde also ein Muslim sein, der den Rang eines Propheten einnimmt. Die Orthodoxie des Islams steht da vor einem schier unlösbaren Widerspruch. Denn sie glaubt, daß der Prophet Mohammed der letzte der Propheten gewesen ist. Man bezieht sich dabei auf Ahadith und einen Vers des Korans, in dem der Prophet Mohammed "Khatam-nabiyyeen"

genannt wird (33:41) was sie mit "letzter der Propheten" übersetzen. Exakt und dem arabischen Sprachgebrauch folgend, muß "Khatam-nabiyyeen" aber mit "Siegel der Propheten" übersetzt werden, d.h. Mohammed ist derjenige, durch den alle Propheten bestätigt werden, ohne sein Siegel ist Prophetentum nicht möglich. Es kann dem Koran zufolge nicht die Rede davon sein, daß der erhabene spirituelle Rang eines Propheten Anhängern des Propheten Mohammed nicht möglich sei (4:70). Zudem nennt Buchari den wiedererscheinenden Jesus ebenfalls "nabi", d.h. Prophet.

Der Widerspruch der Orthodoxen kann nur dadurch gelöst werden, daß wir verstehen, daß Mohammed mit der Aussage, daß er der letzte Prophet sei, nur gemeint haben kann, daß er der letzte "gesetzesgebende Prophet" gewesen ist, denn er sagte zum Beispiel auch, daß sein Sohn Ibrahim, wenn er überlebt hätte, ebenfalls ein Prophet geworden wäre (Ibn Majah).

An dieser Frage – ob es nach Mohammed noch Propheten geben könne – entzünden sich auch die Auseinandersetzungen der Orthodoxie mit der Ahmadiyya-Muslim-Gemeinde, deren Begründer in Anspruch nahm, die Wiederkunft von Jesus zu repräsentieren und demzufolge auch ein Prophet, wenngleich ein "Schattenprophet", also kein gesetzesgebender Prophet, zu sein. Hazrat Ahmad, der Begründer der Ahmadiyya, berichtete so u.a., daß er von Gott die folgende Offenbarung erhalten habe, mit der ihm mitgeteilt wurde, daß er die Wiederkunft von Jesus repräsentiert:

"In deiner Person sind die Prophezeiungen der früheren Propheten erfüllt worden. Du bist gekleidet in die Gewänder aller Propheten (d.h. du bist begabt mit ihren Kräften und ihrem Geist). Aller Preis gebührt Allah, Der dich zum Messias, Sohn der Maria, gemacht hat. Niemand kann Ihn befragen, warum Er es so eingerichtet hat, aber die Menschen werden befragt werden ob ihres Versäumnisses, sich Seinem Ratschluß zu unterwerfen. Du bist der Meister und der Messias, dessen Zeit und Arbeit nicht vergeblich verbracht werden wird. Es ist den Menschen nicht ratsam, dem Propheten entgegenzuwirken, der gleich dem Propheten der Brahmanen ist. Du bist der gesegnete Krischna, der Heger der Kühe, und dein Lob wird in der Gita verkündet."

Während die Ahmadi-Muslime, d.h. die Gefolgsleute von Hazrat Ahmad also glauben, den wahren Islam zu verkörpern, weil sie den vom Propheten Mohammed prophezeiten Messias und Mahdi anerkannt haben, warten die anderen Muslime noch auf die körperliche Herabkunft von Jesus.

Erwähnt sei hier noch, daß die vorhin zitierte Prophezeiung in der Hadith-Sammlung Buchari nicht wörtlich verstanden werden darf. Der Reichtum, von dem darin die Rede ist, ist nicht materieller, sondern geistiger Reichtum. Daß der Krieg beendet werden würde, meint, daß die Auseinandersetzung mit den Nichtmuslimen mit wirklichem Erfolg nur auf intellektueller Ebene geschehen kann. Das Töten des Schweines meint, daß unsittlicher Lebenswandel beendet wird, wenn man dem Messias folgt. Das Brechen des Kreuzes besagt, daß durch den islamischen Messias die christlichen Lehrmeinungen widerlegt werden. Im übrigen verweise ich hier auf mein Buch "Prophezeiungen des Islams", *Knaur-Verlag.*

Wer ist der Mahdi?

Der Prophet Mohammed hatte für die Endzeit das Erscheinen eines "Imam Mahdi" angekündigt, d.h. eines rechtgeleiteten Führers der Muslime. Besonders im schiitischen Islam spielt diese erwartete Persönlichkeit eine große Rolle. Ihm zufolge lebt der letzte Imam (Führer) der Schiiten seit hunderten von Jahren im Verborgenen. In der Endzeit würde er auftauchen und dem Islam zum Sieg über die Ungläubigen verhelfen. Karl May hat mit seinem Roman "Der Mahdi" diese schicksalshafte Gestalt eines charismatischen muslimischen Führers in Deutschland bekannt gemacht. Er bezog sich wohl vor allem auf den blutigen Mahdi des Sudan, der im 19. Jahrhundert einen Aufstand gegen die Briten anzettelte, nach anfänglichen Erfolgen und einem ausschweifenden Leben aber vernichtet wurde.

Erst vor wenigen Jahren machte ein ebenfalls gewaltsamer Mahdi in Mekka von sich reden. Er hielt mit seinen bewaffneten Anhängern die Kaaba besetzt, und erst mit Hilfe von französischen Fallschirmjägern gelang es der saudischen Regierung, ihn niederzuschlagen.

Folgen wir den Prophezeiungen, die der Prophet Mohammed über den Mahdi gemacht hat, sehen wir zunächst, daß er identisch ist mit der Persönlichkeit, die als "Wiederkunft von Jesus" bezeichnet wird (Hadith-Sammlung Ibn Majah).

Es handelt sich bei dem Mahdi also um einen Aspekt der Stärke in einen Muslim, der am Ende der Zeit erscheinen würde, um dem Islam zum Sieg zu verhelfen, dessen weiterer Aspekt der der Erlösung, "Messias" oder "Isa ibn Maryam" (Jesus Sohn der Maria) genannt wird.

In den Hadith finden sich sehr viele Prophezeiungen über das Erscheinen dieses Führers. Die meisten Muslime interpretieren sie wortwörtlich und erwarten demzufolge einen gewalt-

tätigen Mahdi und Messias, der die Ungläubigen mit der Waffe in der Hand bekämpfen würde. Für die Ankunft des Messias bzw. des Mahdis sind in den Hadith viele Zeichen genannt. Er würde "das Kreuz brechen" und das "Schwein töten". Zu seiner Zeit würde die Sonne im Westen aufgehen, es würde zu genau definierten Tagen eine Sonnen- bzw. eine Mondfinsternis im Monat Ramadhan geben, der Messias käme vom Himmel herab, gestützt von zwei Engeln, er hätte gelbe Gewänder an und würde auf einem weißen Minarett östlich von Damaskus niedergehen, indes könne er nicht zum Boden gelangen, bis die Muslime eine Leiter anstellen würden. Dann würde er den Kampf gegen die Ungläubigen aufnehmen und jeden töten, der die Annahme des Islams verweigert.
Zu seiner Zeit erschiene auch der Dajal (Anti-Christ), der eine abscheuliche Figur wäre, auf dem rechten Auge blind, das linke Auge von ungeheurer Scharfsichtigkeit, auf seiner Stirn stünden die Buchstaben KFR (für Kufr = Unglauben), er hätte einen Esel, der so lang sei, daß zwischen seinem Kopf und seinem Schwanz Kilometer seien, man könne in seinen Inneren sitzen etcpp.
Auch die Sufis, die islamischen Mystiker, haben immer wieder Prophezeiungen über den Mahdi und den Messias gemacht. Kurzum, die islamische Welt wartet sehnsüchtig auf diese Persönlichkeit des Mahdis, der in einer Entscheidungsschlacht gemeinsam mit dem wiedergekommenen Jesus den Dajal bekämpfen und vernichten würde, so daß schließlich die gesamte Welt unter der Vorherrschaft des Islams stünde.
Der Fanatismus vieler sog. islamischer Terrorgruppen ist im Zusammenhang mit dieser Erwartungshaltung zu sehen. Schließlich meint man, daß die Zeit für den Mahdi reif sei und daß die Zeichen (Kriege, Naturkatastrophen, Geschlechtskrankheiten etc.) alle eingetroffen seien. Jenen Gruppierungen, die die erwähnten Prophezeiungen wortwörtlich nehmen,

stehen andere Muslime entgegen. Vor allem die Ahmadiyya Muslim Jamaat erklärt, daß die Prophezeiungen metaphorisch zu verstehen seien. Ihr Begründer, Hazrat Mirza Ghulam Ahmad, nahm in Anspruch, der Mahdi und die Wiederkunft des Messias zu repräsentieren. Er lebte von 1835 bis 1908 und erklärte, daß Allah ihm mitgeteilt habe, daß Jesus eines natürlichen Todes gestorben sei und daß deswegen die Wiederkunft von Jesus nicht durch den historischen Jesus geschehen würde.

Die Wiederkunft eines Propheten sei so zu verstehen, wie Jesus Christus die Wiederkunft des Propheten Elias erklärte, auf die die Juden warteten und die vor dem Erscheinen des Messias geschehen solle. Auf diese Prophezeiung angesprochen, sagte Jesus:

"Aber von den Tagen Johannes des Täufers bis hierher leidet das Himmelreich Gewalt, und die Gewalt tun, die reißen es an sich. Denn alle Propheten und das Gesetz haben geweissagt bis auf Johannes, und (so ihr's wollt annehmen) er ist Elia, der da soll zukünftig sein." (Matthäus 11: 12–14)

Hierdurch wird klar, daß im Göttlichen Heilsplan die Wiederkunft eines Propheten nicht durch sein persönliches Erscheinen eintrifft, sondern durch einen anderen Propheten, der mit ähnlichen Aufgaben und ähnlicher Kraft kommt, wie der Prophet, den er repräsentiert.

Hazrat Mirza Ghulam Ahmad verkündete dies und teilte mit, daß Gott ihm gesagt habe, daß in seiner Gestalt die Prophezeiungen über den Mahdi und Messias erfüllt seien. Er erklärte auch die Prophezeiungen der Hadith, etwa, daß das "Brechen des Kreuzes" nicht eine physische Handlung sei, sondern bedeute, daß die Lehren vom Sühneopfer Jesu als Irrtum entlarvt würden. Das "Töten des Schweines" bedeutet ihm zufolge, daß der Messias gegen sittlichen Verfall mit Erfolg eine moralische Kampagne starten würde. Das Aufgehen der Sonne im Westen bedeute, daß der Islam sich auch im Westen stark

verbreiten würde. Mit Dajal seien die materialistischen Kräfte des Kapitalismus und Kommunismus gemeint. Im übrigen traf die Prophezeiung über die Sonnen- und Mondfinsternis, die in der Bibel (u.a. Markus 13:24 und Matthäus 24:29), im Koran (75:8–10) sowie ausführlich in einem Hadith bei Darqutni erwähnt wird, wie vorausgesagt am 21. März 1894 und am 6. April 1894 in der östlichen Hemisphäre, am 11. März 1895 und am 26. März 1895 in der westlichen Hemisphäre ein.
Hazrat Ahmad gründete 1889 die Ahmadiyya-Muslim-Gemeinde als Reformbewegung des Islams, die heute unter der Leitung eines Kalifen in 142 Ländern der Erde verbreitet ist und viele Millionen Anhänger hat. Hazrat Ahmad ist der einzige unter denen, die behaupteten, der Mahdi zu sein, der – auch durch die Erfüllung der Hadith etc. – auf die Dauer Erfolg hatte.

Was ist der Heilige Krieg?

Der Begriff "Heiliger Krieg" stammt nicht aus dem Islam, weder der Koran, noch die Ahadith, noch andere Quellen kennen eine Zusammensetzung von "heilig" und "Krieg". Offensichtlich kommt diese Bezeichnung aus dem Christentum, vermutlich aus der Zeit der Kreuzzüge.
Das Wort des Islams, das im Westen mit "Heiliger Krieg" übersetzt wird, lautet "Jihad". Wörtlich übersetzt bedeutet "Jihad": sich mühen, auf dem Pfade Gottes streben, Anstrengungen unternehmen.
Gemeinhin wird es für identisch mit einer gewaltsamen Ausbreitung des Islams gehalten.
In der Tat aber lehrt der Koran absolute Glaubens- und Gewissensfreiheit. So heißt es u.a. in Sure 2:257:

"Es soll kein Zwang sein im Glauben. Gewiß, Wahrheit ist nunmehr deutlich unterscheidbar von Irrtum; wer also sich von dem Verführer nicht leiten läßt und an Allah glaubt, der hat sicherlich eine starke Handhabe ergriffen, die kein Brechen kennt; und Allah ist allhörend, allwissend."
Und an anderer Stelle, in Sure 18 Vers 30:
"Und sprich: "Die Wahrheit ist es von eurem Herrn: Darum laß den gläubig sein, der will,und den ungläubig sein, der will."
An vielen anderen Stellen im Koran wird betont, daß der Prophet und die Muslime kein Recht haben, andere mit Gewalt zum Glauben zu bringen. In der Tat wird auch von westlichen Orientalisten anerkannt, daß es in der Geschichte des Islams keine Zwangsbekehrungen gegeben hat. Krieg als Mittel der Politik diente der Selbstverteidigung und der Aufrechterhaltung der Glaubensfreiheit:
"Erlaubnis (sich zu verteidigen) ist denen gegeben, die bekämpft werden, weil ihnen Unrecht geschah – und Allah hat fürwahr die Macht, ihnen zu helfen –, jenen, die schuldlos aus ihren Häusern vertrieben wurden, nur weil sie sprachen: "Unser Herr ist Allah". Und würde Allah nicht die einen Menschen durch die anderen im Zaum halten, so wären gewiß Klöster und Kirchen und Synagogen und Moscheen niedergerissen worden, worin der Name Allahs oft genannt wird. Allah wird sicherlich dem beistehen, der Ihm beisteht. Allah ist fürwahr allmächtig, gewaltig." (22:40–41) Dennoch sorgen sowohl Muslime, die meinen, mit Gewalt an ihr Ziel kommen zu dürfen, als auch westliche Interpreten des Korans für Schlagzeilen. Sie berufen sich dabei auf Passagen aus dem Koran, in denen davon die Rede ist, daß die Muslime kämpfen sollen.
Indes müssen diese Verse im Zusammenhang mit den Geboten gesehen werden, die hinsichtlich der Glaubensfreiheit und der Kriegsführung aufgestellt wurden. Betrachten wir die Verse, die zum Kampf auffordern, im Licht der anderen Verse, jener,

die für Toleranz eintreten, erkennen wir, daß es sich dabei um einen Aufruf handelt, in Zeiten, da die Muslime zum Verteidigungskrieg gezwungen werden, nicht aus Feigheit zurückzustehen. Auf keinen Fall dürfen sie so interpretiert werden, als seien die Christen und andere Nichtmuslime zu allen Zeiten Freiwild, als sei der "Jihad" eine Aufforderung, mit Gewalt die Welt zum Islam zu bekehren.

Die Praxis des Propheten Mohammed steht dem ebenfalls entgegen. In einem Hadith lesen wir, daß während einer Kampfeshandlung ein Muslim einen Heiden mit dem Tode bedrohte. Der Heide äußerte daraufhin das Glaubensbekenntnis des Islam. Der Muslim tötete ihn dennoch. Als er dem Propheten Mohammed davon berichtete, war jener sehr ärgerlich über dessen Vorgehen. Als der Muslim sich entschuldigte und sagte, der Heide habe das Glaubensbekenntnis nur geäußert, um dadurch dem Tod zu entgehen, entgegnete der Prophet, daß es dem Muslim nicht möglich sei, in das Herz des anderen zu schauen. Wenn jemand das Glaubensbekenntnis äußert, muß ihm zunächst geglaubt werden.

Kurzum, wer im Namen des Islams heutzutage Terrorakte begeht und den Frieden im Land bricht, obwohl Glaubensfreiheit herrscht, macht sich einer Verunglimpfung und Verachtung des Islams schuldig, da die Verse, die vom Kampf sprechen, nicht aus dem Zusammenhang herausgerissen werden dürfen.

Der Prophet Mohammed hat einmal sehr deutlich erklärt, was "Jihad", also streben auf dem Wege Gottes, eigentlich ist.

Als er einmal von einer Expedition gegen Feinde zurückkam, sagte er: wir kommen aus dem kleinen Jihad und gehen in den großen Jihad. Gemeint ist damit, daß der eigentlich Jihad, der sogenannte große Jihad (Jihad Akbar), der Kampf gegen die eigenen niederen Leidenschaften ist. Unter dem kleinen Jihad (Jihad Saghir) versteht man den Einsatz des Körpers, den

Kampf mit der Waffe gegen jene, die den Islam ausrotten wollen (so sie selbst zur Waffe greifen). Der sogenannte mittlere Jihad (Jihad Kabir) ist die Verbreitung des Islams mit dem Wort. Dazu heißt es im Koran:
"So gehorche nicht den Ungläubigen, sondern eifere mit ihm (dem Koran) wider sie in großem Eifer ("jihad kabir")." (53:52). Und an anderer Stelle heißt es: "Rufe auf zum Weg deines Herrn mit Weisheit und schöner Ermahnung und streite mit ihnen auf die beste Art. Wahrlich, dein Herr weiß am besten, wer von Seinem Wege abgeirrt ist; und Er kennt am besten jene, die rechtgeleitet sind. Und wenn ihr (die Unterdrücker) zu strafen (wünscht), dann bestraft sie in dem Maße, wie euch Unrecht zugefügt wurde; wollt ihr aber Geduld zeigen, dann ist das wahrlich das Beste für die Geduldigen." (16:126–127).
Im Wesentlichen aber soll der Muslim versuchen, seine Feinde durch Liebe und Gutes Tun zu gewinnen:
"Gut und Böse sind nicht gleich. Wehre (das Böse) ab mit dem, was das Beste ist. Und siehe, der, zwischen dem und dir Feindschaft war, wird wie ein warmer Freund werden. Aber dies wird nur denen gewährt, die standhaft sind; und keinem wird es gewährt als dem Besitzer großen Seelenadels." (41:35–36)

Was sind die Fünf Pfeiler des Islams?

Unter den "Fünf Pfeilern" des Islams versteht man die fünf prinzipiellen Formen des Gottesdienstes der Muslime:

1.) Das Bezeugen des Glaubensbekenntnisees, der "Kalima". Die Kalima lautet "La ilaha ilallah, Muhammadur rasulullah", d.h. "Niemand ist anbetungswürdig außer Gott (oder: es gibt keinen Gott außer Allah), Mohammed ist der Gesandte Allahs (Gottes)."
Indes kann man nicht davon ausgehen, daß eine rein verbale Deklarierung dem ersten Pfeiler genüge tut. Die Umsetzung des Glaubensbekenntnisses in die Praxis ist erforderlich. Sie bedeutet, daß der Muslim sich zu seinem Glauben bekennt, Gott in Form und Wort und Tat anbetet und dem Propheten Mohammed nachfolgt. Der Koran sagt:
"Sprich (o Prophet Mohammed): "Liebt ihr Allah, so folget mir, (dann) wird Allah euch lieben und euch eure Fehler verzeihen; denn Allah ist allverzeihend, barmherzig." Sprich:"Gehorchet Allah und dem Gesandten"; doch wenn sie sich abkehren, dann (bedenke), daß Allah die Ungläubigen nicht liebt." (3:32–33).

2.) Die "Salaat" (das Ritualgebet). Darunter versteht man das fünf mal täglich zu verrichtende Gehet, das vor Sonnenaufgang, nach dem Sonnenhöchststand, Nachmittags, nach Sonnenuntergang und Abends in der vorgeschriebenen Art und Weise gebetet werden soll. Die "Salaat" (auch "Namaz" genannt) besteht aus – je nach Zeit – unterschiedlich vielen Rakaats (d.h. Runden). Eine Runde (Rakaat) sieht folgendermaßen aus: Der Muslim stellt sich mit dem Gesicht in Richtung Kaaba (Mekka; diese Richtung wird "Qibla" genannt), erhebt seine Hände bis zu den Ohren, so, als ob er die weltlichen

Angelegenheiten hinter sich werfen würde, und spricht dabei: "Allah o akbar", d.h. "Allah ist der Größte". Dann faltet er die Hände vor der Brust und spricht ein vorgeschriebenes Einleitungsgebet. Daran anschließend rezitiert er die 1. Sure des Korans, die "Sura Al-Fateha", d.h. die "Eröffnende". Sie lautet auf Deutsch:
"Im Namen Allahs, des Gnädigsten, des Immer Barmherzigen. Aller Preis gebührt Allah, dem Herrn der Welten. Dem Gnädigsten, dem Immer Barmherzigen. Dem Meister des Gerichtstages. Dir allein dienen wir und zu Dir allein flehen wir um Hilfe. Führe uns auf den geraden Weg. Den Weg derer, denen Du Gnade erwiesen hast, die nicht Mißfallen erregt haben und die nicht irregegangen sind."
Daran anschließend folgt eine beliebige Anzahl von Versen aus dem Koran, die der Muslim sich selbst auswählen kann. Danach verbeugt er sich, so daß seine Handflächen die Knie berühren. In dieser Haltung spricht er: "Gepriesen sei mein Herr der Größte"; dann richtet er sich wieder auf, wobei er ein Gebet spricht, in dem er bezeugt, daß Allah Gebete erhört; dann wirft er sich nieder, so daß seine Stirn, seine Nase, seine Handflächen, seine Knie und seine Fußspitzen den Boden berühren. Diese Haltung, die Haltung tiefster Selbstdemütigung, wird "Sadschda" genannt. In dieser Haltung spricht er (mindestens drei mal): "Gepriesen sei mein Herr der Höchste"; dann setzt er sich, so daß sein Körper auf dem rechten Schenkel ruht, während seine Hände auf den Knien ruhen. In dieser Haltung spricht er ein Gebet, daß Allah derjenige ist, der erhöht und leitet; danach wirft er sich wieder nieder; danach steht er auf. Diese Bewegungsabfolge wird "Rakaat" genannt. Das Morgengebet besteht aus zwei freiwilligen und zwei Pflicht-Rakaats. Das Mittagsgebet aus vier freiwilligen, vier Pflicht- und weiteren zwei freiwilligen Rakaats. Das Nachmittagsgebet besteht aus vier Rakaats. Das Sonnenuntergangsgebet besteht

aus drei Pflicht- und nachfolgend zwei freiwilligen Rakaats. Das Abendgebet besteht aus vier Pflicht-Rakaats, zwei freiwilligen und den drei Witr (d.h. Ungerade)-Rakaats.
Die einzelnen Gebetsteile, die vorgeschrieben sind, werden auf Arabisch rezitiert, da das Gebet dem Propheten Mohammed auf Arabisch offenbart wurde. Während einzelner Haltungen, etwa dem Verbeugen oder der Niederwerfung, oder am Ende des Gebetes, wenn man wieder sitzt und die Kalima sowie ein Gebet für den Propheten Mohammed (das sogenannte Daruud) gesprochen hat, kann man in welcher Sprache auch immer beliebig lange private Gebete an Gott richten. Die Pflicht-Rakaats heißen "Farz", die freiwilligen Rakaats werden "Sunna" genannt.
Die Farz-Gebete sollen nach Möglichkeit hinter einem Imam (Gebetsleiter) verrichtet werden. Männer und Frauen stehen getrennt. Die Sunna-Gebete werden einzeln verrichtet. Da, wo es möglich ist, sollen die Männer zum Ritualgebet in der Moschee sich versammeln. Die Frauen dürfen auch in der Moschee beten, aber für sie ist es nicht Pflicht. Wegen ihrer vielfältigen Beschäftigungen im Hause, oder weil sie kleine Kinder beaufsichtigen müssen, dürfen sie auch zu Hause beten. Während der Menstruationszeit und 40 Tage lang nach der Geburt eines Kindes brauchen sie nicht das Ritualgebet zu verrichten.
Das Morgen- (Fadschr), sowie das Sonnenuntergangs- (Maghrib) und das Abendgebet (Ischa) werden vom Imam durch laute Rezitation der Koran-Verse gebetet, die übrigen Teile (mit Ausnahme des "Allah o Akbar", das nach jeder Bewegungseinheit laut vom Imam gesagt wird) werden im Stillen gebetet. Die Sunna-Gebete werden grundsätzlich leise gebetet. Das Mittags- und das Nachmittagsgebet werden stets leise verrichtet.

Neben dem Ritualgebet kennt der Islam weitere Formen des Gebets. Zum einen das sogenannte "Dua", d.h. das Bittgebet, etwa, wenn man in ein Fahrzeug steigt, oder wenn man aus dem Hause geht, vor dem Essen usw. Der Prophet Mohammed hat eine Fülle von Dua-Gebeten für jede nur denkbare Gelegenheit übermittelt, die von Muslimen beachtet und meist in der Form, die der Prophet genannt hatte, ebenfalls gebetet werden. Es gibt keinen Ort und keine Gelegenheit, bei denen nicht gebetet werden dürfte. Selbst während der Toilette oder des Beischlafs.

Als dritte Form kennt der Islam das sogenannte Dhikr, d.h. das Sich Gottes Erinnern. Diese Praxis sieht vor, daß ein bestimmtes Gebet oder eine bestimmte Lobpreisung, etwa "Alhamdolillah" (aller Preis gebührt Allah) sehr oft wiederholt wird.

Der gläubige Muslim wird immer in einem Zustand des Gebetes sein. Der Koran sagt über sie:

"In der Schöpfung der Himmel und der Erde und im Wechsel von Nacht und Tag sind in der Tat Zeichen für die Verständigen, die Allahs gedenken im Stehen und Sitzen und wenn sie auf der Seite liegen und nachsinnen über die Schöpfung der Himmel und der Erde: "Unser Herr, Du hast dies nicht umsonst erschaffen; heilig bist Du; errette uns denn vor der Strafe des Feuers. Unser Herr, wen Du ins Feuer stoßest, den hast Du gewiß in Schande gestürzt. Und die Frevler sollen keine Helfer finden. Unser Herr, wir hörten einen Rufer, der zum Glauben aufruft "Glaubet an euren Herrn!" und wir haben geglaubt. Unser Herr, vergib uns darum unsere Vergehen und nimm hinweg von uns unsere Übel und zähle uns im Tode zu den Rechtschaffenen. Unser Herr, gib uns , was Du uns verheißen durch Deine Gesandten; und stürze uns nicht in Schande am Tage der Auferstehung. Wahrlich, Du brichst das Versprechen nicht." (3:191–195)

Am Freitag, dem islamischen Feiertag, findet für die ganze Gemeinde das sogenannte Juma-Gebet statt, d.h. der Gottesdienst, bei dem durch den Imam eine Predigt gehalten wird. Das Juma findet etwa kurz nach der Mittagszeit statt, es ersetzt das Mittagsgebet. Nach der Predigt, die über irgendein wichtiges Thema gehalten werden kann, spricht der Imam auf Arabisch einen Predigt-Teil, den der Prophet Mohammed überliefert hat, daran anschließend leitet der Imam zwei Rakaats. Die Predigt kann in irgendeiner Sprache stattfinden. Es heißt, jemand, der sich Muslim nennt, aber das Ritualgebet nicht verrichtet, macht sich selbst zum Ungläubigen. Die "Salaat" ist das Hauptkriterium fiir das Muslim-Sein. Wer zwar die Kalima spricht, aber nicht das Gehet verrichtet, gibt nur ein Lippenbekenntnis von sich.

3.) Das Fasten im Monat Ramadhan ("Saum" oder "Roza" genannt). Im Monat Ramadhan, dem 9. Monat des islamischen Kalenders, zu fasten, ist die dritte Pflicht eines Muslims, der dritte Pfeiler des Islams. Gefastet wird von morgens bis zum Sonnenuntergang. Wahrend dieser Zeit darf ein Muslim nicht essen, nicht trinken, nicht rauchen und keinen Geschlechtsverkehr haben. Da der islamische Kalender ein Mondkalender ist, im Vergleich zum Sonnenjahr 10 Tage kürzer, wandern die einzelnen Monate durch die Jahreszeiten (im Verlauf der Jahre), so daß das Fasten nicht immer zur selben Jahreszeit stattfindet. Der Koran sagt über das Fasten:

“O die ihr glaubt! Fasten ist euch vorgeschrieben, wie es denen von euch vorgeschrieben war, auf daß ihr euch schützt – eine bestimmte Anzahl von Tagen. Wer von euch aber krank oder auf Reisen ist, (der faste) an ebenso vielen anderen Tagen; und für jene, die es schwerlich bestehen würden, ist eine Ablösung: Speisung eines Armen. Und wer mit freiwilligem Gehorsam ein gutes Werk vollbringt, das ist noch besser für ihn. Und Fasten ist gut für euch, wenn ihr es begreift." (2:184–185)

4.) Der vierte Pfeiler des Islams ist die Zakat, d.h. das Almosengeben. Die Zakat ist eine Art Steuer, die auf das unangetastet gebliebene Kapital fällig wird, das während eines Jahres nicht benutzt wurde. Der Prozentsatz beträgt pro Jahr etwa 10 % von landwirtschaftlichen Produkten und 2,5 % von Handelsgewinn und Kapital. Mit den Einkünften aus der Zakat bestreitet der Staat die notwendigen Ausgaben fiir das Allgemeinwohl. Zudem besagt dieser vierte Pfeiler, daß Almosengeben dem Muslimen eine Pflicht ist. Es gilt als sehr verdienstvoll. So sagt der Koran:
"Nie könnt ihr zur vollkommenen Rechtschaffenheit gelangen, solange ihr nicht spendet, von dem, was ihr liebt; und was immer ihr spendet, wahrlich, Allah weiß es wohl." (3:93)
Der Koran ermahnt häufig die Gläubigen, daß sie spenden sollen. Der Sinn der Zakaat ist auch, daß das Geld im Umlauf bleibt und nicht zum unnützen Kapital verkümmert. Durch solche Maßnahmen soll die Wirtschaft angekurbelt werden, Investitionen werden durch das Prinzip der Zakat gefördert. Der Koran sagt:
"Eure Reichtümer und eure Kinder sind nur eine Versuchung, doch bei Allah ist großer Lohn. So fürchtet Allah, soviel ihr nur könnt, und höret und gehorchet und spendet: es wird für euch selbst besser sein. Und wer vor seiner eigenen Habsucht bewahrt ist – das sind die Erfolgreichen. Wenn ihr Allah ein stattliches Darlehen gewährt, so wird Er es euch um ein Vielfaches vermehren und wird euch vergeben. Denn Allah ist erkenntlich, langmütig, Wisser des Verborgenen und des Sichtbaren, der Allmächtige, der Allweise." (64:16–19).
Almosen-Geben wird auch "Sadqa" genannt. Unter Sadqa fällt gemäß einem Hadith des Propheten Mohammed auch ein Lächeln. Der Koran sagt:
"Die ihr Gut hingeben für Allahs Sache, sie gleichen einem Samenkorn, das sieben Ähren treibt, hundert Körner in jeder

Ähre. Allah vermehrt (es) weiter, wem Er will; und Allah ist huldreich, allwissend. Die ihr Gut hingeben für Allahs Sache und dann ihrer Gabe nicht Vorhaltung und Anspruch folgen lassen, sie haben ihren Lohn bei ihrem Herrn; und keine Furcht soll über sie kommen, noch sollen sie trauern." (2:262–263).

5.) Der fünfte Pfeiler ist die Wallfahrt nach Mekka, Hadsch genannt. Jeder Muslim, der körperlich und finanziell dazu in der Lage ist, soll einmal in seinem Leben nach Mekka zur Kaaba, dem ersten Haus Gottes, wallfahren. Für die Pilgerfahrt nach Mekka ist eine besondere Zeit festgesetzt, die zugleich an das Opfer Abrahams erinnert, als er in einem Traumgesicht sah, daß er seinen Sohn Ismael schlachten würde, um Gottes Wohlgefallen zu erlangen. Allah bedeutete ihm dann, daß dieser Traum nur symbolisch gemeint war und daß er anstelle seines Sohnes ein Tier schlachten solle. Damit soll ein Zeichen für die Bemühung gesetzt werden, seine eigenen schlechten Eigenschaften und Neigungen zu "schlachten". In Erinnerung daran und als Symbol für das "Töten" niederer Begierden schlachten so die Muslime meist am Endtag der Hadsch, dem Fest "Eid-ul-Adha" ein Tier.
Wer die Pilgerfahrt zu einem anderen Zeitpunkt als dem der Hadsch (die zehn Wochen nach dem Ende der Fastenzeit stattfindet) vollzieht, begibt sich auf die sog. "kleine Wallfahrt", die "Umra" genannt wird.
Die "Hadsch" ist nicht nur ein überwältigendes Erleben der Seele, die zur Vereinigung mit Gott nach Mekka auszieht, sie ist auch ein soziales Ereignis von höchstem Rang, da sich zu ihrer Gelegenheit Millionen von Muslimen aus aller Welt an einem Ort versammeln und so Gelegenheit haben, die unterschiedlichen Aspekte der Völker und Rassen kennenzulernen.

Gibt es ein Bilderverbot im Islam?

Die Vorstellung, daß im Islam das Abbilden menschlicher Figuren verboten sei, ist und war im orthodoxen Islam weit verbreitet. Indes gibt es im Koran keine Aussage darüber, ob Malen generell verboten ist. Die Anhänger des Bilderverbots stützen sich demzufolge auch nicht auf den Koran, sondern auf einige Hadith, in denen der Prophet Mohammed gesagt hatte, daß diejenigen, die Menschen gemalt hätten, am Jüngsten Tag eine sehr strenge Strafe zu erwarten hätten, da sie versucht hätten, die Schöpfungseigenschaft Gottes zu imitieren.
Andererseits aber haben wir Hadith, die besagen, daß der Prophet Mohammed in seinem Haushalt Kissen etc., auf denen kleinere Figuren abgebildet waren, gehabt hat.

Konkret ging es ihm offensichtlich darum, den Fehler des Christentums zu vermeiden, das erlaubt hatte, Gestalten herzustellen, die dann jedoch zum Gegenstand der Anbetung geworden sind. Das Verbot, Menschenbilder herzustellen, beruht daher einzig und allein darauf, nichts zu schaffen, das zum Götzendienst, zum "Schirk" (Gleichsetzen mit Gott) führen könnte. Denn im Islam ist allein Allah anbetungswürdig. Und es ist für den Muslim unerträglich, daß Menschen zu Bildern beten.

Demzufolge gab und gibt es im Islam auch gegenständliche Malerei, während aber die Moscheen von figürlichen Abbildungen weitgehend freigehalten wurden. Denn am Ort der Anbetung soll nichts das Auge des Verehrenden ablenken, er soll nicht dazu verführt werden, sein Gebet statt an den unsichtbaren Allah auf einen konkreten Gegenstand zu richten.

Der Koran berichtet aber sehr wohl, daß Propheten der Vergangenheit auch die schönen Künste gefördert haben. So lesen wir:
"Und Salomo (machten Wir) den Wind (dienstbar); sein Morgenweg dauerte einen Monat, und sein Abendweg dauerte einen Monat. Und Wir ließen eine Quelle von geschmolzenem Erz für ihn fließen. Und von den Dschinn waren etwelche, die unter ihm arbeiteten auf seines Herrn Geheiß, und sollte einer von ihnen sich wegwenden von Unserem Gebot, so würden Wir Ihn die Strafe des flammenden Feuers kosten lassen. Sie machten für ihn, was er begehrte: Bethäuser und Bildsäulen, Becken wie Teiche und eingebaute Kochbottiche: "Wirket, ihr, vom Hause Davids, in Dankbarkeit." Und nur wenige von Meinen Dienern sind dankbar." (34:13–14)

In Sure 59:25 wird Allah in Seiner Eigenschaft als "Bildner" und "Gestalter" angesprochen. Da es Aufgabe des Menschen ist, sich die Eigenschaften Gottes auf menschliche Weise zu eigen zu machen, kann daraus auch das Gebot abgeleitet werden, daß der Mensch seine künstlerischen Fähigkeiten nutzt. In der Tat hat sich im Islam, neben der Kunst der Arabeske, in späteren Jahren eine sehr hohe Malkunst entwickelt. Hingegen wurde der Prophet Mohammed stets mit geweißtem Gesicht dargestellt.
Gegen das Abbilden von Naturzeugnissen und auch gegen Puppen hatte der orthodoxe Islam jedoch niemals etwas eingewendet.
Ein hoher Gelehrter bemerkte einmal zur Frage des Bilderverbots, daß wir ja schließlich auch mit den Augen malten.
Zusammenfassend kann also gesagt werden, daß das Herstellen von Bildern, die der Anbetung dienen können, strikt verboten ist, daß aber andere Gemälde im Islam durchaus erlaubt sind.

Die Vorstellung, daß auch Fotografien verboten sind, da mit einem Foto die Seele des Abgelichteten beschädigt oder gefangen würde, die bisweilen in rückständigen islamischen Gebieten vorherrscht, ist abergläubisch und findet nirgendwo in den islamischen Quellen eine Begründung.

Warum ist Schweinefleisch im Islam verboten?

Ähnlich wie im Judentum gilt das Schwein im Islam als ein Tier, dessen Verzehr nicht gestattet ist, es sei denn, sein Genuß ist unumgänglich, um jemanden vor dem Hungerstod etc. zu bewahren. Der Koran sagt:
"Verboten ist euch das von selbst Verendete sowie Blut und Schweinefleisch und das, worüber ein anderer Name angerufen ward als Allahs; das Erdrosselte; das zu Tode Geschlagene; das zu Tode Gestürzte oder Gestoßene und das, was reißende Tiere angefressen haben, außer dem, was ihr geschlachtet habt; und das, was auf einem Altar (als Götzenopfer) geschlachtet worden ist; auch daß ihr euer Geschick durch Lospfeile zu erkunden sucht. Das ist Ungehorsam. Heute sind die Ungläubigen an eurem Glauben verzweifelt, also fürchtet nicht sie, sondern fürchtet Mich. Heute habe Ich eure Glaubenslehre für euch vollendet und Meine Gnade an euch erfüllt und euch den Islam zum Bekenntnis erwählt. Wer aber durch Hunger getrieben wird, ohne sündhafte Absicht – dann ist Allah allverzeihend, barmherzig." (5:4)
Dies war der vorletzte Teil aus dem Koran, der dem Propheten Mohammed offenbart wurde, er starb nur 62 Tage danach.
An anderer Stelle im Koran finden wir als Begründung dafür, warum das Essen von Schweinefleisch verboten ist,

die Aussage, daß das Schwein "unrein" ist (6:146).
Dieses Verbot gründet sich nicht allein auf die Möglichkeit, daß das Schweinefleisch durch Trichinen verseucht sein kann, was in den heißen Ländern, in denen Islam sich zuerst verbreitete, oft der Fall ist. Hingegen liegt dem Verbot eine Ernährungsphilosophie zugrunde, die davon ausgeht, daß jedes Nahrungsmittel auf eine gewisse Weise bestimmte Moralverhalten im Menschen stärke oder schwäche. Konkret, daß durch die Aufnahme von Nahrung das moralische Verhalten des Menschen beeinflußt wird. Das Schwein gilt als Tier, das schamlos ist. Es ist ein Allesfresser, frißt auch das Fleisch von Artgenossen, es hat zudem Neigungen zu einem ausschweifenden Sexualleben und zur Homosexualität.
Westliche Wissenschaftler haben die "Unreinheit" des Schweinefleisches in dem Sinne bestätigt, daß sie herausgefunden haben, daß das Schweinefleisch vom Ernährungsstandpunkt aus gesehen die niedrigste Qualität von allen Fleischsorten hat.
Das Schwein gilt zudem in allen Teilen der Welt als "faules" Tier, sein Name wird als Schimpfwort benutzt, man spricht von Schweinereien und vom schweinischen Charakter. All das macht deutlich, daß das Verbot des Verzehrs von Schweinefleisch philosophische und ernährungstechnische Ursachen hat.

Warum ist im Islam Alkohol verboten?

In vorislamischen Zeiten waren Trinkgelage bei den Arabern sehr häufige Ereignisse, Trinken galt als gesellschaftlich ehrenvolle Tätigkeit. Dem Propheten wurde zunächst offenbart,

daß Alkohol schlechte Wirkungen hat und daß demzufolge sein Genuß nicht förderlich für die Erlangung eines hohen Charakters sei. In Sure 2:220 heißt es:
"Sie fragen dich über Wein und Glücksspiel. Sprich: "In beiden ist großes Übel und auch Nutzen für die Menschen; doch ihr Übel ist größer als ihr Nutzen."
Das Wort, das der Koran für "Wein" benutzt, heißt "Khamr" und steht für alle Mittel, die berauschend wirken, also auch für Drogen wie Haschisch, Opium, Heroin etc.
Die anfängliche Einschränkung des Genusses machte später einem prinzipiellen Verbot des Alkohols und der Drogen Platz. In den späterhin offenbarten Versen 5:91–92 heißt es:
"O die ihr glaubt! Wein und Glücksspiel und Götzenbilder und Lospfeile sind ein Greuel, ein Werk Satans. So meidet sie allesamt, auf daß ihr Erfolg habt. Satan will durch Wein und Glücksspiel nur Feindschaft und Haß zwischen euch erregen, um euch so vom Gedanken an Allah und vom Gebet abzuhalten. Doch werdet ihr euch abhalten lassen?"
Es ist berichtet, daß an dem Tag, als das Verbot des Alkohols offenbart wurde, in den Straßen Medinas der Wein in Strömen floß, da die Gläubigen das Verbot sofort in die Tat umsetzen und den vorhandenen Wein unschädlich machen. Warum Alkohol und Drogen im Islam verboten sind, liegt auf der Hand. Ihr Effekt ist, von einer möglichen kleinen Aufmunterung abgesehen, in der Regel für den einzelnen wie für die Gesellschaft höchst verderbenbringend. Die Probleme, die der Westen mit diesen berauschenden Mitteln hat, sind allseits bekannt. Wenn es auch der Fall sein mag, daß vereinzelt Menschen leben, die mit diesen Rauschmitteln umgehen können, ohne ihrem schädlichen Einfluß zu unterliegen oder gar von ihnen abhängig, d.h. süchtig zu werden, so sind solche Menschen doch vom Islam gehalten, auf ihr Vergnügen um der Gesamtheit der Gesellschaft willen zu verzichten.

Ist die Strafe für Diebstahl im Islam Handabhacken?

Für Eigentumsdelikte gebot der Koran drakonische Strafen. Der Islam geht hierbei davon aus, daß der islamische Staat die Grundbedürfnisse der Menschen zu erfüllen hat, so daß kein Mensch aus Not stehlen muß. Über die Forderung nach einem Wohlfahrtsstaat sagt der Koran:
"Es ist für dich (gesorgt), daß du darin weder Hunger fühlen noch nackend sein sollst. Und daß du darin nicht dürsten noch der Sonnenhitze ausgesetzt sein sollst." (20:119–120)
Nahrung, Bekleidung, Behausung und medizinische Versorgung sind vom islamischen Staat unentgeltlich fiir alle seine Bürger bereitzustellen. In der Hochzeit des Islams war demzufolge – und auch aufgrund der harten, zu erwartenden Strafe – Diebstahl äußerst selten; auch in den heutigen islamischen Staaten, in denen die nachfolgend zitierte Strafe noch wörtlich praktiziert wird, ist Diebstahl ein sehr seltenes Delikt. Der Koran sagt:
"Der Dieb und die Diebin – schneidet ihnen die Hände ab, als Vergeltung für das, was sie begangen, und als abschreckende Strafe von Allah. Und Allah ist allmächtig, allweise. Wer aber nach seiner Sünde bereut und sich bessert, gewiß, ihm wird Sich Allah gnädig zukehren, denn Allah ist allvergebend, barmherzig." (5: 39–40)
In der Praxis wurde diese harte Strafe aber nur bei notorischen Dieben angewandt. Die islamische Rechtssprechung hat zum Beispiel darüber räsonniert, ab welcher Höhe eines Gelddiebstahls diese Strafe Anwendung finden sollte. Auch wurde für den Diebstahl einer Frucht etwa, oder Diebstahl während einer Reise, dieses Strafmaß nicht angewendet. Grund dafür,

auf die wörtliche Auslegung dieses Verses zu verzichten und stattdessen eine Gefängnisstrafe einzuführen, bietet der arabische Terminus, der für "Handabhacken" steht. Er lautet, wörtlich übersetzt: "jemandem die Kraft zu nehmen, etwas Bestimmtes zu tun." Legen wir den zitierten Vers also metaphorisch aus, im Sinne von "jemanden davor zurückhalten, etwas zu machen", dann könnte ein islamischer Richter ohne weiteres auch eine Gefängnisstrafe verhängen. Den Vers buchstäblich nehmen, hieße dann, die maximale Strafe zu verhängen, während eine leichtere Strafe ebenfalls möglich ist, was in der Justiz auch dementsprechend gehandhabt wird.

Was ist ein Imam?

Der Imam ist gemeinhin der Leiter des gemeinschaftlich verrichteten Ritualgebets, der "Salaat". Der Imam wird zudem das Juma-Gebet, den Freitagsgottesdienst, halten. Im weiteren Sinne ist ein Imam auch der Führer einer islamischen Gruppe. Ein Kalif kann auch Imam genannt werden. Der Prophet Mohammed sagte, wer den Imam der Zeit nicht anerkennt, stirbt einen Tod des Unglaubens. In diesem Sinne ist der Imam identisch mit dem Mudschaddid (d.h. Reformer), von dem der Prophet sagte, daß Allah zu Beginn eines jeden Jahrhunderts jemanden erwecken würde, der die islamische Gemeinschaft ("umma") auf dem geraden Weg leiten würde.
Der Imam für das Ritualgebet wird in der Regel von den Gläubigen, die sich zum Gebet, meist in der Moschee, versammelt haben, bestimmt. Es kann da zu einer Tradition kommen, d.h. daß stillschweigend ein herausragender Muslim, der durch seinen Charakter und seine Kenntnisse der Religion allgemein

anerkannt ist, jeweils das Gebet leitet. Aber oft ist es auch so, daß die Gläubigen kurz vor dem Gebet einen aus ihren Reihen bitten, das Gebet anzuführen. Diese Person wird Imam genannt.
Der Islam kennt indes eine regelrechte Priesterschaft nicht. D.h. es gibt in der Regel – außer bei den Schiiten – keine Weihezeremonie, durch die jemand zum Imam bestimmt wird. Mittlerweile aber kommt es jedoch vermehrt zu einer ausführlichen Ausbildung zu Fachkräften, die an Universitäten und Schulen ("Medressen") das Rüstzeug zur Praktizierung religiöser Riten erhalten. Grundsätzlich aber lehnt der Islam Berufspriester ab. Diejenigen, die in der Handhabung der Rituale geübt sind, werden auch Imam genannt. In der Türkei "Hodscha", im persisch-pakistanischen Raum Mulla oder Maulana. All dies sind eher Ehrentitel. Dennoch sind heutzutage an den Moscheen oft derart ausgebildete Muslime tätig, die oftmals vom Staat bezahlt werden. Auch ein Ayatollah ist ein Imam.
In Pakistan etwa gibt es rund 40.000 Mullas, die ihr Gehalt vom Staat beziehen, darunter etwa 10.000 Analphabeten, die eben nur die Liturgie beherrschen, also etwa das Totengebet, das Juma-Gebet etc. Man kann sich vorstellen, daß der Klerus bemüht ist, seine Pfründe zu erhalten, was dem ursprünglichen islamischen Prinzip, daß die Religion nicht zum Beruf gemacht wird und mit der Religion kein Geld verdient werden soll, widerspricht.

Was ist ein Kalif ?

Unter einem Kalif (Khalif) versteht die islamische Welt einen Nachfolger des Propheten Mohammed, der das spirituelle Oberhaupt der Gläubigen ist ("Amir-ul-Mominin"). Der Koran enthält in Sure 24 Vers 56 das Versprechen Allahs, daß Er für die Muslime das Kalifat ("Khilafat") errichten würde: "Verheißenen hat Allah denen unter euch, die glauben und gute Werke tun, daß Er sie gewißlich zu Nachfolgern (Khalifa) auf Erden machen wird, wie Er jene, die vor ihnen waren, zu Nachfolgern machte; und daß Er gewißlich für sie ihre Religion befestigen wird, die Er für sie auserwählt hat; und daß Er gewißlich ihren (Stand), nach ihrer Furcht, in Frieden und Sicherheit verwandeln wird: Sie werden Mich verehren, (und) sie werden Mir nichts zur Seite stellen. Wer aber hernach undankbar ist, das werden die Empörer sein."

Folglich wurde nach dem Tode des Propheten Mohammed von den Gefährten ("Sahabis") ein Nachfolger ("Kalif") des Propheten gewählt, der zugleich weltlicher Führer des jungen islamischen Staates war; gemäß des Verses 59 der Sure 4:
"Allah gebietet euch, daß ihr die Treuhandschaft jenen übergebt, die ihrer würdig sind; und wenn ihr zwischen Menschen richtet, daß ihr richtet nach Gerechtigkeit. Fürwahr, herrlich ist, wozu Allah euch ermahnt. Allah ist allhörend, allsehend."
Die Muslime schulden dem gewählten Kalifen Gehorsam, so wie sie dem Propheten Gehorsam schuldeten:
"O die ihr glaubt, gehorchet Allah und gehorchet dem Gesandten und denen, die Befehlsgewalt unter euch haben." (4:60).
Die islamische Welt kennt vor allem die vier sogenannten rechtgeleiteten Kalifen, die nach dem Tode des Propheten gewählt wurden: zuerst Abu Bakr, danach Omar ("Umar"),

danach Osman ("Usman"), danach Ali. Es ist nicht bekannt, daß irgendeiner der Gefährten bei der Wahl des ersten Kalifen, Abu Bakr, der Meinung gewesen ist, es solle kein Kalif gewählt werden. Unter der Herrschaft von Ali kam es dennoch zu einem Zwiespalt, als eine Schar der Muslime beanspruchte, daß nur ein Erbe (Verwandter) des Propheten Oberhaupt der Muslime werden könne. Diese Schar spaltete sich vom Hauptkörper der Muslime ab und wurde "Schiiten" (Partei Alis) genannt. Ali war ein Verwandter des Propheten.
Nach dem Tode Alis kam es zu gewalttätigen Auseinandersetzungen um die Herrschaft im Islam, Moawiya erklärte sich selbst zum Kalifen und siegte. Durch ihn, der das Gebot des Korans mißachtete, indem er sich selbst zum Kalifen ernannte, fand die 29jährige Zeit der vier rechtgeleiteten Kalifen ein Ende. Moawiya änderte das Kalifat in eine Erbherrschaft um. Weil Hussein, ein Sohn Alis, sich weigerte, den Sohn Moawiyas, Yezid, als Kalifen anzuerkennen, bekämpfte Yezid ihn und es kam zur denkwürdigen Schlacht bei Kerbela (am 10. Oktober 680), die von der schiitischen Welt noch heute als großes Trauerfest begangen wird.
Die Schiiten gingen ihren eigenen Weg und benannten einen Imam, der sie leitete. Der letzte Imam, Hasan al-Mahdi, verschwand 940 und lebt, nach dem Glauben der Schiiten, seitdem im Verborgenen, um am Ende der Zeit als "Mahdi" wiederzukommen und den Islam zum Sieg zu führen. Im Sunnitentum (so benannt, weil seine Anhänger die "Sunna" (Praxis) des Propheten befolgten, im Gegensatz zu den "Schiiten", der Partei, die für eine Erbfolge eintritt) gab es für viele Jahrhunderte Kalifen unterschiedlicher Dynastien. Es waren von ihrem Selbstverständnis her gleichzeitig religiöse und weltliche Oberhäupter der Gläubigen. Indes kann nicht mehr, bei den meisten von ihnen, tatsächlich von spiritueller Leitung gesprochen werden.

Das "Sultanat" (ein anderer Name für Kalifat) wurde schließlich 1923 in der Türkei abgeschafft.
Der Prophet Mohammed hatte prophezeit:
"Es wird das Prophetentum geben unter euch, solange Allah es wünscht, dann wird Allah es fortnehmen, dann wird es ein Kalifat geben auf der Grundlage des Prophetentums, und zwar so lange, wie Allah es wünscht; dann wird Allah es fortnehmen; dann wird es das Königstum geben, das ungerecht ist, solange Allah es wünscht, dann wird Allah es fortnehmen; dann wird es ein aufgezwungenes Königtum geben, solange Allah es wünscht, dann wird Allah es fortnehmen; dann wird es wiederum ein Kalifentum geben nach dem Vorbild des Prophetentums. Nachdem er dies gesagt hatte, schwieg der Prophet!" (Musnad Ahmad bin Hanbal). Dieses erneute Kalifentum ("Khalifat") begründet zu haben, beansprucht die Ahmadiyya-Muslim-Gemeinde, in der es nach dem Tode ihres Stifters, Hazrat Ahmad, gewählte Kalifen gibt. Derzeit amtiert der Vierte Kalif nach dem Erscheinen des Verheißenen Messias (wie Hazrat Ahmad genannt wurde), Hazrat Khalifatul Masih IV, Mirza Tahir Ahmad.

Das Kalifentum ist undenkbar ohne die "Schura", die beratende Versammlung, die aus hervorragenden Mitgliedern der Muslime besteht, die den Propheten bzw. Kalifen beraten, ohne daß der Prophet bzw. Kalif indes gezwungen wäre, ihren Ratschlag anzunehmen. In dem Sinne ist die Schura vom Parlament einer Demokratie unterschieden. Der Koran sagt dazu:
"Es geschieht um Allahs Barmherzigkeit willen, daß du zu ihnen milde bist; und wärest du schroff, hartherzig gewesen, sie wären gewiß rings um dich zerstoben. So verzeih ihnen und erbitte Vergebung für sie; und ziehe sie zu Rate in Sachen der Verwaltung; wenn du aber dich entschieden hast, dann setze

dein Vertrauen auf Allah, Allah liebt die Vertrauenden." (3:160) In jüngster Zeit sind innerhalb des sunnitischen Islams immer wieder Anstrengungen unternommen worden, das Kalifentum wieder zu formieren, und es kam dazu, daß Führer von Islamanhängern sich zu Kalifen ernannten. Einen Kalifen, den alle unterschiedlichen Strömungen des Islams akzeptieren würde, gibt es indes heute nicht.

Was sind Derwische bzw. Sufis?

Unter einem Derwisch bzw. Sufi versteht man grundsätzlich einen islamischen Mystiker. Der Begriff "Derwisch" lautet übersetzt "einer, der auf der Türschwelle zwischen Diesseits und Jenseits sitzt". Der Begriff "Sufi" stammt höchstwahrscheinlich aus der Frühzeit des Islams, als die Muslime reich geworden waren, und es, entgegen der Sunna ("Praxis") des Propheten unter den männlichen Muslimen Sitte geworden war, Seide zu tragen (Seide und Gold hatte der Prophet für männliche Muslime verboten). Als Gegensatz dazu gab es Muslime, die sich von den weltlichen Belangen fern hielten und sich ganz Gott widmeten. Sie trugen keine seidene Kleidung, sondern Kleidung aus Wolle ("suf"), weswegen sie Sufis genannt wurden.
In der Folge gab es unter den Mystikern Gründungen von Schulen, die von einem Sheikh oder Pir angeführt wurden, also einer Person, die sich durch Frömmigkeit und Weisheit auszeichnete und in der Lage schien, die Muslime zur Erleuchtung ("Fana") zu leiten.

Die Sufis befanden sich ob ihrer Gottesliebe oft im Streit mit den "Ulema", den "Gottesgelehrten" oder Theologen, die auf eine wortwörtliche Durchsetzung islamischer Prinzipien bedacht waren, wahrend die Sufis oft den Weg des allgemeinen Islams verließen und eine großzügige, metaphorische Auslegung des Korans forderten und praktizierten. Die Sufis und Derwische gründeten Orden, wenngleich ein Klosterleben im christlichen Sinne ihnen fremd war, denn der Koran hatte Mönchstum verboten:
"Dann ließen Wir Unsere Gesandten ihren Spuren folgen; und Wir ließen Jesus, den Sohn der Maria, (ihnen) folgen, und Wir gaben ihm das Evangelium. Und in den Herzen derer, die ihm folgten, legten Wir Güte und Barmherzigkeit. Das Mönchstum jedoch, das sie sich erfanden – das schrieben Wir ihnen nicht vor – um das Trachten nach Allahs Wohlgefallen; doch sie befolgten es nicht auf richtige Art. Dennoch gaben Wir denen unter ihnen, die gläubig waren, ihren Lohn, aber viele von ihnen waren ruchlos." (57:28)

In den Sufi-Orden wurden Übungen zur Schärfung des Verstandes abgehalten, zudem fand die Praxis des "Dhikr" (Gedenken Allahs durch ständiges Wiederholen eines Namens Gottes oder einer Anrufung – etwa "subhanallah" {heilig ist Gott} – oder eines bestimmten Gebetes) breiten Raum, so daß bisweilen das Dhikr – das ganze Nächte hindurch geübt wurde, in Gemeinschaft – die grundlegenden Gottesdienste, etwa die "Salaat" (Pflichtgebet), verdrängten. Zu den bekanntesten Sufi- und Derwisch-Orden, die es heute immer noch gibt, gehören die Tariqa ("Pfad") der Qadiri, der Chischti, der Naqschbandi und der Mevlevi (jeweils nach den Namen der Begründer des Ordens benannt). Indes ist die heutige Auffassung der Sufis oft mit dem Islam nur noch entfernt einig. Ursprünglich aber waren die Sufis und Derwische nichts anderes als besonders hingebungsvolle Muslime, die von Gott durch Introspektion, durch Visionen und Gebetserhörungen ausgezeichnet worden waren.

Was ist ein Mufti?

Unter einem "Mufti" versteht der Islam einen in den Fiqh (wörtlich: "Wissen und Verstehen einer Sache) bewanderten, zum Richter ernannten Muslim. In der islamischen Terminologie ist Fiqh die Kunde vom Auslegen der juristischen Gesetze, die im Koran und den Hadith enthalten sind. Dazu gehört auch der "Ijtehad" (Ausübung der Urteilssprechung) und "Qijas" (Analogieschluß), so daß der Mufti logische Beweisführung und Urteilskraft aufgrund seiner Kenntnis von der “Scharia" (islamisches Gesetz, das aus dem Koran und den Hadith abgeleitet ist) bezeugt und anwendet.
Der Mufti ist also ein religiöser Richter. Es gibt im Islam vier grundsätzliche Rechtsschulen, auf die sich je ein Mufti berufen kann. Diese Rechtsschulen haben zum Teil unterschiedliche Auslegungen dargeboten. Sie beschäftigen sich mit dem, was "halal" (erlaubt) bzw. "haram" (verboten) ist. Die Begründer dieser vier Rechtsschulen hießen: Imam Hanifa, Imam Malik, Imam Shafii, Imam Hanbal.

Hat die Frau im Islam eine Seele?

Durch Karl May und andere ist im Westen die Vorstellung entstanden, die Muslima, d.h. die Frau im Islam hätte keine Seele.
Unmißverständlich erklärt aber der Koran, daß selbstverständlich auch Frauen sich des höheren Lebens, zu dem nur eine Seele befähigt, erfreuen:
"Wer Böses tut, dem soll nur mit Gleichem vergolten werden; wer aber Gutes tut – sei es Mann oder Frau – und gläubig ist, diese werden in den Garten eintreten; darin werden sie versorgt werden mit Unterhalt ohne zu rechnen." (40:41)
Mit "Garten" ist das Paradies gemeint, also jene Stätte, an der die Seele, ohne unter Beschwernissen des Körpers zu leiden, leben wird. Dieses Leben beginnt schon in dieser Welt deutlich zu werden:
"Und bringe frohe Botschaft denen, die glauben und gute Werke tun, daß Gärten für sie sind, durch die Ströme fließen. Wann immer ihnen von den Früchten daraus gegeben wird, werden sie sprechen: "Das ist, was uns zuvor gegeben wurde", und (Gaben) gleicher Art sollen ihnen gebracht werden." (2:26).
Das Jenseits gilt als Ort, an dem nur die Seele gelangen kann, ob sie einem Mann oder einer Frau gehört:
"Wer aber gute Werke tut, sei es Mann oder Frau, und gläubig ist; sie sollen in den Himmel gelangen, und sie sollen auch nicht so viel Unrecht erleiden wie die kleine Rille auf der Rückseite eines Dattelkerns." (4:125)
Die Seele ist nicht männlich oder weiblich. Über ihre Entstehung sagt Allah:
"Das ist der Kenner des Verborgenen und des Sichtbaren, der Allmächtige, der Barmherzige, Der alles vollkommen gemacht

hat, was Er schuf. Und Er begann die Schöpfung des Menschen aus Ton. Dann bildete Er seine Nachkommenschaft aus dem Auszug einer verächtlichen Flüssigkeit. Dann formte Er ihn und hauchte ihm von Seinem Geist ein. Und Er hat euch Ohren und Augen und Herzen gegeben. Aber wenig Dank wißt ihr!" (32:7–10)
Die Seele ist ewig:
"Der Schöpfer der Himmel und der Erde! Wenn Er ein Ding beschließt, so spricht Er nur zu ihm:"Sei!", und es ist." (2:118)
Und:
"Allah nimmt die Seelen (der Menschen) hin zur Zeit ihres Absterbens und (auch) derer, die nicht gestorben sind, während ihres Schlafs. Dann hält Er die zurück, über die Er den Tod verhängt hat, und schickt die andere (wieder) bis zu einer bestimmten Frist. Hierin sind wahrlich Zeichen für Leute, die nachdenken." (39:43)
Indes erklärt der Koran, daß die Menschen über die Natur der Seele nur wenig wissen oder in Erfahrung bringen können:
"Und sie fragen dich über die Seele. Sprich: 'Die Seele entsteht auf den Befehl meines Herrn; und euch ist von Wissen nur wenig gegeben'." (17:86)

Der Koran spricht von unterschiedlichen Stadien, die die Seelen, ob sie in einer Frau oder in einem Mann beheimatet sind, durchlaufen. Zunächst kann sie im Zustand der Wildheit sein. So sagte der Prophet Yusuf (Josef):
"Und ich erachte mich selbst nicht frei von Schwäche; denn die Seele gebietet oft Böses, die allein ausgenommen, deren mein Herr Sich erbarmt. Fürwahr, mein Herr ist allverzeihend, barmherzig." (12:54)
Die nächste Stufe ist die, auf der das Gewissen wach wird:
"Nein! Ich rufe zum Zeugen die sich selbst anklagende Seele." (75:3)

Ist die Seele des Menschen rein und lauter geworden, ist sie im Zustand des Friedens:
"Du, o beruhigte Seele, kehre zurück zu deinem Herrn, befriedigt in (Seiner) Zufriedenheit! So tritt denn ein unter Meine Diener, und tritt ein in Meinen Garten." (89:28–31)
Die Vervollkommnung der Seele kann indes nur geschehen, sei es die Seele einer Frau oder die Seele eines Mannes, wenn sie den physischen Körper verlassen hat, weil dieser Körper zu beschränkt ist, um vollkommenes Ebenbild der göttlichen Eigenschaften zu werden. Die wahre Schau des Sinns des Lebens und damit die wahre Erkenntnis des Göttlichen Wesens ist erst im Jenseits möglich, das Frau und Mann gleichermaßen zugänglich ist:
"Glaubt ihr (Mann und Frau) denn, Wir hätten euch in Sinnlosigkeit geschaffen, und daß ihr nicht zu Uns zurückgebracht würdet? Doch erhaben ist Allah, der wahre König. Es gibt keinen Gott außer Ihm, dem Herrn des herrlichen Throns." (23:116–117).
Als Beispiele von Frauen, die ihre Seelen vervollkommnet hatten, stellt der Koran die Frau von Pharao und die Mutter von Jesus vor:
"Und Allah legt denen, die glauben, das Beispiel von Pharaos Frau vor, da sie sprach: "Mein Herr! baue mir ein Haus bei Dir im Garten und befreie mich von Pharao und seinem Werk und befreie mich vom Volk der Frevler!" Und der Maria, der Tochter Imrans, die ihre Keuschheit bewahrte – drum hauchten Wir ihm von Unserem Geist ein –, und sie glaubte an die Worte ihres Herrn und an Seine Schriften und war der Gehorsamen eine." (66:12–13)

Werden Frauen im Islam benachteiligt?

Der Koran geht von einer unterschiedlichen Natur und damit von unterschiedlichen Hauptaufgaben von Mann und Frau aus:
"Und bei der Erschaffung von Mann und Frau, fürwahr, eure Aufgabe ist in der Tat verschieden." (92:4–5)
Mann und Frau bilden aber füreinander eine Ergänzung:
"Sie (die Frauen) sind euch (Männern) ein Gewand, und ihr seid ihnen ein Gewand". (2:188)

Beide Geschlechter sind aufgerufen, all ihre Kräfte zu entfalten und sich darum zu kümmern, daß die in ihnen liegenden Eigenschaften auf beste Art und Weise genutzt werden. Dadurch werden sie in die Lage gelangen, ihrer Bestimmung getreu zu leben und sich zu vervollkommnen:
"Wer recht handelt, ob Mann oder Frau, und gläubig ist, dem werden Wir gewißlich ein reines Leben gewähren; und Wir werden gewißlich solchen ihren Lohn bemessen nach dem besten ihrer Werke." (16:98).
Mann wie Frau sollen aber vermeiden, ihre eigenen Grenzen, die ihre Natur gesetzt hat, zu überschreiten und sich nicht anmaßen, in die Sphäre des anderen einzudringen:
"Und begehrt nicht das, womit Allah die einen von euch vor den anderen ausgezeichnet hat. Die Männer sollen ihren Anteil erhalten nach ihrem Verdienst, und die Frauen sollen ihren Anteil erhalten nach ihrem Verdienst. Und bittet Allah um Seine Huld. Wahrlich, Allah hat vollkommene Kenntnis von allen Dingen." (4:33)

Beide, Frau wie Mann, haben ihre geschlechtsspezifischen Pflichten und Rechte, keiner wird vor dem anderen bevorzugt

und gegenüber dem anderen benachteiligt:
"Und wie die Frauen Pflichten haben, so haben sie auch Rechte, nach dem Brauch!" (2:229)
Doch der Koran führt aus, daß Allah die Männer mit besonderen Aufgaben betraut hat, die besondere Verpflichtungen und Verantwortungen mit sich bringen und dadurch mit spezifischen Rechten ausgestattet sind, die sie in die Lage versetzen, diesen Aufgaben gerecht zu werden. So heißt es: "doch haben die Männer einen gewissen Vorrang vor ihnen." (2:229)
Dies wird ausgeführt in Sure 4:35:
"Die Männer sind die Verantwortlichen über die Frauen, weil Allah die einen vor den anderen ausgezeichnet hat und weil sie von ihrem Vermögen hingeben. Darum sind tugendhafte Frauen die Gehorsamen und die (ihrer Gatten) Geheimnisse mit Allahs Hilfe wahren."

Diese Auszeichnung – stärkerer Körperbau zum Beispiel – berechtigt den Mann aber nicht, sich gegenüber der Frau aufzuspielen. Es geht in diesem Vers nur darum, daß eine Verteilung der Einflußsphären und der Verantwortlichkeiten festgelegt wird. Der Mann ist laut Islam dazu verpflichtet, für seine Familie zu sorgen, er darf von der Frau keine Zuwendung finanzieller Art fordern. Wenn seine Frau selbst Geld verdient, steht es ihr völlig frei, mit diesem Verdienst zu machen, was sie will; es besteht keine, auch keine moralische, Verpflichtung vom Gesetz her, daß sie aus ihrem Vermögen gibt und zum Erhalt der Familie beiträgt. Der Mann indes wird als Familienoberhaupt eingesetzt und ist in strittigen Fragen sozusagen das letzte Wort. Das berechtigt ihn nicht, sich paschahaft oder patriarchalisch-tyrannenhaft zu gebärden. Der Prophet verglich die Frau mit Glas und forderte auf, sie dementsprechend zart zu behandeln. Beiden, Frau wie Mann, steht das Paradies offen, das heißt, sie sind spirituell beide in der Lage, die

höchsten Ebenen des Glaubens und der Gottesnähe zu erreichen:
"Wer Böses tut, dem soll nur mit Gleichem vergolten werden; wer aber Gutes tut – sei es Mann oder Frau – und gläubig ist, diese werden in den Garten eintreten; darin werden sie versorgt werden mit Unterhalt ohne zu rechnen." (40:41)
Der Koran weist an vielen Stellen auf die geistige Gleichberechtigung der Frau hin. Er macht keinen Unterschied zwischen den Geschlechtern. Es heißt:
"Ich (Allah) lasse das Werk des Wirkenden unter euch, ob Mann oder Frau, nicht verloren gehen. Die einen von euch sind von den anderen. Die daher ausgewandert sind und vertrieben wurden von ihrem Heimstätten und verfolgt wurden für Meine Sache und gekämpft haben und getötet wurden, Ich werde wahrlich von ihnen hinwegnehmen ihre Übel und sie in Garten führen, durch die Ströme fließen: ein Lohn von Allah, und bei Allah ist der schönste Lohn." (3:196)
Allah ist nicht ungerecht. Den Frauen wird nicht aufgebürdet, was sie nicht tragen können (2:287), von ihnen wird nicht verlangt, daß sie sich über die Grenzen, die ihre Natur festsetzt, hinaus begeben:
"Wer aber gute Werke tut, sei es Mann oder Frau, und gläubig ist: sie sollen in den Himmel gelangen, und sie sollen auch nicht so viel Unrecht erleiden wie die kleine Rille auf der Rückseite eines Dattelkernes." (4:125)

Kurzum: Frauen werden im Islam nicht benachteiligt. Sie müssen durch ihre Ehemänner und die Gesellschaft die Möglichkeit erhalten, all ihre Talente zu entfalten, sie sind – wie es in einem Hadith bezüglich Männer und Frauen heißt – aufgefordert, nach Wissen zu streben. Es ist keinesfalls so, daß sie zu Kindern und in die Küche verbannt werden oder , wie es schändlicherweise in einem afghanischen Sprichwort heißt –

das Haus nur zweimal verlassen, wenn sie verheiratet werden und wenn sie auf den Friedhof gebracht werden. Sicherlich ist die Realität, die der Koran fordert und die in der Frühzeit des Islams und während seiner goldenen Jahre, zumal in Spanien unter der Herrschaft der Mauren – üblich war, mit der Wirklichkeit, die in den sogenannten islamischen Ländern Brauch geworden ist, nicht mehr einig. Traurigerweise werden die Lehren des Islams dort nicht mehr so ernstgenommen, wie es notwendig wäre. Dennoch ist auch dort die Macht der Ehefrau sehr groß. Nur gewinnt der Westen, zumal aufgrund des Verschleierungsgebots, den Eindruck, Frauen hätten dortzulande keine Freiheit. Indes geht es dem Islam nicht um die Freiheit, wilden Trieben nachzugeben. Die Problematik ist eher die, daß Männer sich Dinge herausnehmen, die ihnen nicht zustehen, so daß Frauen, die sich an die Gebote handeln, gegenüber den aggressiven und Schranken sprengenden Verhaltensweisen der Männer auf gewisse Weise intolerant und keineswegs gemäß den Anforderungen, die der Prophet von den Männern hinsichtlich der Behandlung der Frauen verlangte, behandelt werden. Der Koran indes macht ganz klar, daß Mann und Frau eine gemeinsame Verbindung haben, die Gebote des Korans sind nicht ausschließlich für Männer noch hauptsächlich für Frauen gemacht. In der Regel spricht der Koran die "Menschen" allgemein an. Jedoch führt er auch explizit aus, daß eine hohe Moral und eine aufstrebende Spiritualität und die damit verbundenen Schönheiten – eine Angelegenheit beider Geschlechter sind:
"Wahrlich, die muslimischen Männer und die muslimischen Frauen, die gläubigen Männer und die gläubigen Frauen, die gehorsamen Männer und die gehorsamen Frauen, die wahrhaftigen Männer und die wahrhaftigen Frauen, die standhaften Männer und die standhaften Frauen, die demütigen Männer und die demütigen Frauen, die Männer, die Almosen geben,

und die Frauen, die Almosen geben, die Männer, die fasten, und die Frauen, die fasten, die Männer, die ihre Keuschheit wahren, und die Frauen, die ihre Keuschheit wahren, die Männer, die Allahs häufig gedenken, und die Frauen, die gedenken – Allah hat ihnen Vergebung und herrlichen Lohn bereitet." (33:36)
Besondere Aufmerksamkeit verdient in diesem Zusammenhang die Frage, ob Jungen vor Mädchen bevorzugt werden. Es ist eine allgemeine Auffassung, daß Muslime die Geburt eines Jungen feiern, während die Geburt eines Mädchens als Schande gelte. In der Tat waren vor dem Islam die Araber hinsichtlich neugeborener Mädchen äußerst grausam. Im Koran wird daran erinnert, wenn es heißt:
"Und wenn nach dem lebendig begrabenen Mädchen gefragt wird: 'Für welches Verbrechen ward es getötet?'." (81:9–10)
Die Araber pflegten nämlich neugeborene Mädchen lebendig zu verscharren. Der Prophet Mohammed hat im Gegensatz dazu immer wieder betont, daß keiner einen Grund hat, über die Geburt eines Sohnes erfreut, über die Geburt einer Tochter niedergeschlagen zu sein. Er hat dies erweitert, indem er sagte, daß jemand, der ein Mädchen nach besten Kräften aufwachsen laßt und ihr die beste mögliche Erziehung angedeihen läßt, mit ihm, dem Propheten, im Paradies sein wird, und zwar ihm so nahe, wie der Mittelfinger dem Zeigefinger.In diesem Hadith sagte er explizit, daß es darauf ankommt, keinen Unterschied hinsichtlich der Behandlung von Söhnen und Töchtern zu machen. Und doch ist es in der Tradition vieler Menschen verankert, daß sie lieber Söhne als Töchter haben. Der Koran nimmt auf diese Unsitte Bezug und sagt:
"Und doch, wenn ihrer einem Kunde gegeben wird von dem (d.h. der Geburt einer Tochter), was er dem Gnadenreichen zuschreibt, so wird sein Gesicht schwarz und er erstickt vor Gram." (43:18).

Interessant ist, daß Allah hier von Sich als dem "Gnadenreichen" spricht, jenem Aspekt Gottes, der auf das Weibliche hinweist (Gnade ist auch im Arabischen weiblich). Allah hat kein Geschlecht. Im Koran spricht Gott (Gott ist ein Gattungsbegriff, kein Name) von Sich entweder mit dem neutralen Namen "Allah", oder von "Wir" – was auch geschlechtsneutral ist –, oder von "Ich" (ebenfalls geschlechtsneutral), oder von "Er", um einen Aspekt der Stärke zu betonen, oder von "Gnadenreichem", was den weiblichen Aspekt betont. Es kann also nicht die Rede davon sein, daß der Gott des Islams männlich ist. Zu dieser Vorstellung kann es nur kommen, weil die Sprache "Gott" mit dem männlichen Artikel versieht, während im Koran Gott Sich stets Allah nennt, also ohne einen Artikel.
Als angeblichen Beweis dafür, daß die Frau im Islam hinsichtlich der Rechte, die muslimische Männer besitzen, ungerecht behandelt wird, wird oft angeführt, daß – wie man glaubt – ein männlicher Zeuge soviel Gewicht besitze wie zwei weibliche Zeugen. Es mag sein, daß in Regionen, wo der Koran nicht beachtet wird, eine solche Unsitte eingetreten ist, aber wenn wir den Koran genau lesen, stellen wir fest, daß in dem als Beleg angeführten Zitat aus dem Koran davon nicht die Rede sein kann:
"Und ruft zwei unter euren Männern zu Zeugen auf; und wenn zwei Männer nicht (verfügbar) sind, dann einen Mann und zwei Frauen, die euch als Zeugen passend erscheinen, so daß, wenn eine der beiden irren sollte, die andere ihrem Gedächtnis zu Hilfe kommen kann." (2:283)
In der Aussage geht es nicht um das Gewicht, das der Aussage eines Mannes oder einer Frau angemessen wird, sondern um den Tatbestand der Verwahrung und Bewahrung von Beweismaterial. Keinesfalls kann aus dem Koran abgeleitet werden, daß zwei Zeuginnen soviel Wert haben wie ein männlicher Zeuge. Grundsätzlich sieht der Islam vor, daß Frauen vor

Belastungen geschützt werden sollen. Eine Muslimin hat kein großes Interesse, in der Öffentlichkeit aufzutreten. Das hat nichts mit "Verbannung zu Haus und Herd" zu tun, sie wird natürlich im üblichen Rahmen das Haus verlassen und das tun, was für sie richtig ist. Aber bei geschäftlichen Transaktionen oder vor Gericht soll ihr in der Regel nicht zugemutet werden, ihre natürliche Zurückgezogenheit zu verlieren.

Als weiterer Punkt der Ungerechtigkeit des Islams ist bisweilen angeführt worden, daß eine vergewaltigte Frau erst vier Tatzeugen herbeibringen müsse, ehe ihre Aussage Gültigkeit hat. Diese Vorstellung entspricht nicht dem Koran. Der Koran sagt in Sure 24 Verse 3–10, in denen die Frage des Ehebruchs behandelt wird, daß für den Fall, daß vier Zeugen für die Behauptung eines Ehebruchs nicht beigebracht werden können, fünf Eide im Namen Allahs für die gerichtliche Annahme einer Aussage genügen.

Welch große Ehre der Islam der Frau verleiht, wird aus einem Hadith deutlich. Der Prophet Mohammed sagte:"Das Paradies liegt unter den Füßen der Mutter." Da jede Frau potentiell eine Mutter sein kann, gilt dieses Hadith für alle Frauen. Es besagt, daß der Mann durch den Dienst an der Frau seine Seligkeit findet. Es ist somit deutlich, daß die Frau im Islam gegenüber dem Mann keine Benachteiligung erfahren darf. Sie ist dem Mann eine gleichberechtigte Partnerin, die das klare Recht hat, all ihre Eigenschaften und Talente zu vervollkommnen.

Müssen muslimische Frauen einen Schleier tragen?

Es wird immer wieder, auch von islamischer Seite, behauptet, der Schleier wäre eine Tradition aus Persien, die erst später, nach dem Urislam, in die islamische Sitte Einfluß gefunden hätte. Grundsätzlich heißt es zu dieser Frage im Koran:
"Und sprich zu den gläubigen Frauen, daß sie ihre Blicke zu Boden schlagen und ihre Keuschheit wahren sollen, und daß sie ihre Reize nicht zur Schau tragen sollen, bis auf das, was davon sichtbar sein muß, und daß sie ihre Tücher über ihren Busen ziehen sollen und ihre Reize vor niemandem enthüllen als vor ihren Gatten, oder ihren Vätern, oder den Vätern ihrer Gatten, oder ihren Brüdern, oder den Söhnen ihrer Gatten, oder ihren Brüdern, oder den Söhnen ihrer Brüder, oder den Söhnen ihrer Schwestern, oder ihren Frauen, oder denen, die ihre Rechte besitzt, oder solchen von den männlichen Dienern, die keinen Geschlechtstrieb haben, und den Kindern, die von der Blöße der Frauen nichts wissen. Und sie sollen ihre Füße nicht zusammenschlagen, so daß nicht bekannt wird, was sie von ihrer Zierat verbergen. Und bekehrt euch zu Allah insgesamt, o ihr Gläubigen, auf daß ihr erfolgreich seid." (24:33)

Deutlich wird aus diesem Vers, daß mit Ausnahme der engsten Verwandten die Muslimin Männern nicht unverhüllt entgegentreten soll. Mit "Reize nicht zur Schau tragen" ist gemeint, daß die äußeren Geschlechtsmerkmale, die auf die Angehörigen des anderen Geschlechts anziehend wirken, nicht gezeigt werden sollen. Ohne in die Frage einzusteigen, welcher Art diese Reize sein können, ist allgemein die Auffassung, daß zu

diesen Reizen auch die Haare gehören, die sexuell besonders stimulieren. Diese Auffassung vertritt auch ein Koran-Vers, der explizit für die Gattinnen des Propheten gemeint war, und im allgemeinen auf jede Muslimin anwendbar ist:
"O Prophet! Sprich zu deinen Frauen und deinen Töchtern und zu den Frauen der Gläubigen, sie sollen ihre Tücher tief über sich ziehen. Das ist besser, damit sie erkannt und nicht belästigt werden. Und Allah ist allverzeihend, barmherzig."(33:60)
Mit den "Tüchern" ist ein Gewand gemeint, daß den Körper umhüllt und die reizvollen Konturen des Körpers verschwinden läßt. Das Haar wird von diesem Gewand eingeschlossen. Die unterschiedlichen Auffassungen über den Grad der "Verschleierung" sind oft Anlaß für Auseinandersetzungen gewesen. Es gibt konservative Auffassungen, die für einen Gesichtsschleier eintreten; die sogenannte "Burqa" verhüllt, bis auf die obere Partie des Gesichtes , den gesamten Körper. Andere meinen, daß, zumal in westlichen Ländern, ein Kopftuch genüge. Es ist somit sicherlich jeder Muslimin anheimgestellt, in welchem Maße sie dieses Gebot erfüllt, zudem kann, darf und soll es keinen konkreten Zwang geben, da der Islam allgemeine Glaubensfreiheit zu seinem hohen Gut macht (2:257). Andererseits sind die Ausführungen des Korans, zumal sie durch entsprechende Hadith gestärkt werden, eindeutig in der Forderung, daß eine Muslimin sich so kleiden soll, daß sie für die Männerwelt keinen Anlaß zur Stimulierung gibt.

Es ist oft dazu seitens westlicher Kritiker gesagt worden, daß gerade der Schleier dazu beiträgt, daß sexuelle Spannungen entstehen. Wenn wir indes in islamischen Ländern, wo die Verschleierung noch üblich ist, die Situation beobachten, so stellen wir meist fest, daß keine sexuell aufgeladene Stimmung herrscht. Kurzum, der Schleier wird dort – und auch von den im Westen zum Islam konvertierten Frauen – als Mittel geach-

tet, sich der Aufdringlichkeit der Männer zu entziehen und deutlich zu machen, daß kein Interesse an einem Flirt etc. besteht.
Von der Lehre des Islams her läßt sich aufgrund der gezeigten Zitate nicht sagen, daß der Schleier eine spätere Hinzufügung zur islamischen Lebensweise ist. Es ist eindeutig belegt, daß die frühen Musliminnen ebenfalls einen Schleier, ein verhüllendes Gewand trugen.

Wie heiraten Muslime?

Da der Islam durch das System der "Pardah" (die Trennung von Geschlechtern in der Öffentlichkeit) und durch das Fehlen von Gelegenheiten, sich auf der Straße kennenzulernen (durch den Schleier etc.) wenig Möglichkeiten gibt, daß junge Männer und junge Frauen sich kennenlernen, ist es für den westlichen Beobachter ein großes Rätsel, wie im Islam geheiratet werden kann. In der Tat gibt es im Islam die sogenannte "Liebesheirat" selten. Natürlich kommt es vor, daß innerhalb der näheren oder entfernteren Verwandtschaft junge Leute einander begegnen, die sich ineinander verlieben und dann heiraten. Der Koran legt fest, innerhalb welcher Verwandtschaftsgrade eine Heirat erlaubt bzw. verboten ist:
"Und heiratet nicht solche Frauen, die eure Väter geheiratet hatten, außer das sei bereits geschehen (d.h. vor diesem Verbot). Es war schändlich, zornerregend –, ein übler Brauch! Verboten sind euch eure Mütter und eure Töchter und eure Schwestern, eures Vaters Schwestern und eurer Mütter Schwestern, die Bruderstöchter und die Schwestertöchter, eure Nährmütter, die euch gesäugt, und eure Milchschwestern,

und die Mütter eurer Frauen und eure Stieftöchter – die in eurem Schutz sind – von euren Frauen, denen ihr schon beigewohnt; doch wenn ihr ihnen noch nicht beigewohnt habt, dann soll's euch keine Sünde sein. Ferner die Frauen eurer Söhne, die von euren Lenden sind; auch daß ihr zwei Schwestern gleichzeitig habt, außer das sei bereits geschehen; wahrlich, Allah ist allverzeihend, barmherzig. Und (verboten sind euch) verheiratete Frauen, ausgenommen solche, die eure Rechte besitzt. Eine Verordnung Allahs für euch. Und erlaubt sind euch alle anderen, daß ihr sie sucht mit den Mitteln eures Vermögens, nur in richtiger Ehe und nicht in Unzucht. Und für die Freuden, die ihr von ihnen empfangt, gebt ihnen eine Morgengabe, wie festgesetzt, und es soll keine Sünde für euch liegen in irgend etwas, worüber ihr euch gegenseitig einigt nach der Festsetzung (der Morgengabe). Wahrlich, Allah ist allwissend, allweise." (4:23-25)
Mit dem Ausdruck "die eure Rechte besitzt" sind in Kriegszeiten jene Frauen gemeint, die den Muslimen in Obhut gegeben wurden.

In der Regel aber werden im Islam Heiraten arrangiert. Im heiratsfähigen Alter (es variiert in den morgenländischen Gefilden, da dort die Jugendlichen schon oft sehr früh geschlechtsreif werden) beginnen die Familien sich im Verwandtenkreis, bei Freunden, innerhalb der Gemeinde etc. nach Kandidat/innen umzusehen. Es werden Gespräche geführt, inwieweit der Partner von seiner Religiösität, seinem Wissensstand und seiner Bildung, vom sozialen Rang etc. zu einer Partnerin paßt und umgekehrt. In den einzelnen Gemeinden gibt es des öfteren Heiratsbüros, an die sich die Suchenden wenden. Meint man, eine passende Person gefunden zu haben, werden Fotos ausgetauscht oder Treffen arrangiert, bei denen die Partner sich sehen können. Das eigentliche

Suchen aber findet durch Gebete statt. Der Prophet Mohammed hat den Muslimen ein spezielles Gebet anvertraut, das sogenannte Istikhara-Gebet, das für mindestens 14 Tage ziemlich unermüdlich gebetet wird, vor allem nachts. Zum Istikhara werden nicht nur die möglichen zukünftigen Eheleute aufgerufen, sondern auch die engsten Verwandten, auch als fromm geltende Freunde etc. Erhofft wird durch das Istikhara, daß Allah durch einen Traum oder eine Vision ein Zeichen gibt, ob die Ausgewählten auch wirklich zusammen passen. Für westliche Ohren mag es seltsam klingen, daß man sich in Fragen einer geplanten Ehe nicht auf die eigene Vorstellung und die eigenen Gefühle verläßt, sondern ein Zeichen des Himmels sucht. Unter frommen Muslimen ist die Praxis des Istikhara aber in der Tat üblich, und sie zeitigt Erfolge.
Ist man in den beiden Familien überein gekommen, eine Ehe zu arrangieren, was nicht ohne die ausdrückliche Zustimmung von Braut und Bräutigam geht, so zumindest hatte es der Prophet gelehrt – wird die "Nikah" anberaumt, die Eheschließung in der Moschee, bei der seitens der beiden Familien öffentlich die Zustimmung zur Heirat erklärt werden muß. Nach einer Predigt durch den Imam findet dann die sogenannte Rukhschtana statt, die Heimführung der Braut durch den Bräutigam.

Oft aber vergehen zwischen der Nikah und der Rukhschtana viele Monate oder sogar Jahre. Bei der Nikah muß der Bräutigam öffentlich erklären, welche Höhe die "Mahr" (Morgengabe) beträgt. Dieser Betrag – eine Summe Geld, die auf etwa 6 Monatsgehälter des Bräutigams festgelegt ist – muß der Ehefrau ausbezahlt werden und steht ihr zur freien Verfügung. Diese Sitte ist durch den Koran eingerichtet worden, um der Ehefrau, die ja innerhalb der Ehe nicht mehr die Möglichkeit genießt, wie als Einzelne, Geld zu verdienen, eine finanzielle

Unabhängigkeit zu garantieren. Natürlich kann eine Ehefrau auch arbeiten gehen, aber in der Regel wird sie sich vorrangig zunächst um ihre Kinder kümmern. Sie kann mit ihrer Morgengabe tun und lassen, was sie will, Geschäfte führen, es anlegen, es für private Dinge ausgeben etc. Dem Ehemann obliegt es, die Familie zu ernähren. Selbst, wenn die Ehefrau auch arbeiten geht, ist sie seitens des islamischen Rechts nicht verpflichtet, etwas von ihrem Vermögen an die Familie abzugeben. Aus dieser Regel erklärt sich, daß die Erbschaftsgesetze des Islams, wie sie der Koran festlegt, den männlichen Erben mehr zugestehen als den weiblichen. Diese vermeintliche Ungerechtigkeit ist, im Lichte der Tatsache besehen, daß der Ehemann für seine Familie aufkommen muß, die Frau hingegen keine derartige Verpflichtung hat, als ausgleichende Maßnahme verständlich.

Kann man sich im Islam auch scheiden lassen ?

Der Koran sieht die Möglichkeit einer Scheidung für Mann und Frau vor. Völlig unsinnig ist die Annahme, laut Islam genüge es einem Mann, dreimal "ich verstoße dich" zu sagen, um eine Scheidung rechtskräftig zu machen. Der Koran legt ausführlichst dar, wie die Scheidung im einzelnen zu handhaben ist. Der entscheidende Punkt dabei wird in folgendem Vers festgelegt:
"Befürchtet ihr ein Zerwürfnis zwischen ihnen, dann bestimmt einen Schiedsrichter aus seiner Sippe und einen Schiedsrichter aus ihrer Sippe. Wenn diese dann eine Aussöhnung herbeiführen wollen, so wird Allah zwischen ihnen (den Ehepartnern) vergleichen. Siehe, Allah ist allwissend, allkundig." (4:36)

Von allen im Islam erlaubten Dingen ist die Scheidung dasjenige, was in den Augen Allahs am wenigsten gern gesehen wird, sagte der Prophet.
Dennoch kann es vorkommen, daß Ehepartner nicht zueinanderfinden. So hatte der Prophet der Scheidungsklage einer Muslimin zugestimmt, die mit der Begründung kam, daß sie ihren Mann nicht liebe.
Eine Scheidungsabsicht wird durch den Ehemann oder einen von der Frau damit beauftragten Richter abgegeben. In der Folge muß diese Erklärung öffentlich dreimal wiederholt werden. Zwischen jeder Erklärung muß ein Monat liegen, also eine Zeit von Menstruation zu Menstruation. Innerhalb dieses Zeitraums darf kein Geschlechtsverkehr zwischen den Eheleuten stattfinden, sonst wird die Scheidungsabsicht annulliert. Die Zeit soll hingegen im Sinne des oben zitierten Verses dazu genutzt werden, die Ursachen für die Entfremdung oder das Zerwürfnis oder den Scheidungsgrund festzustellen, wobei alle Anstrengungen unternommen werden sollen, die Probleme auszuräumen. Falls es dennoch zu einer Scheidung kommt, bei der der Mann der Angeklagte ist, ist der Geschiedene verpflichtet, seiner ehemaligen Frau und den Kindern Unterhalt zu zahlen:
"Und (auch) für die geschiedenen Frauen soll eine Versorgung vorgesehen werden nach Billigkeit – eine Pflicht den Gottesfürchtigen." (2:242)
Die Regeln der Scheidung und der möglichen Wiederverheiratung, zum Beispiel auch mit dem Partner, von dem man sich einst scheiden ließ, werden in aller Ausführlichkeit im Koran dargestellt (siehe 2:228–234 und 65:2–8).
Alles in allem läßt sich also sagen, daß Scheidung im Islam möglich ist, indes erst nach kompliziertem Verfahren. Die Scheidungsrate innerhalb muslimischer Ehen ist, vor allem wegen der Unerwünschtheit und der Vermittlungsversuche

durch Anverwandte, die im Falle einer Scheidungsabsicht tätig werden, sehr gering. Allah sagt im Koran:
"Und wenn sie sich trennen, so wird Allah beide aus Seiner Fülle unabhängig machen; denn Allah ist huldreich, allweise." (4:131).
Von Allah empfohlen aber ist die Versöhnung:
"Und wenn eine Frau von ihrem Ehemann rohe Behandlung oder Gleichgültigkeit befürchtet, so soll es keine Sünde für sie beide sein, wenn sie sich auf geziemende Art miteinander versöhnen; denn Versöhnung ist das Beste. Die Menschen sind der Gier zugänglich. Tut ihr jedoch Gutes und seid gottesfürchtig, dann ist Allah kundig eures Tuns." (4:129)

Was ist Pardah?

Mit "Pardah" bezeichnet der Islam das Prinzip der Trennung von Mann und Frau in der Öffentlichkeit, d.h., daß die beiden Geschlechter sich gegenüber dem je anderen zurückhaltend und in gewissem Sinne scheu und nicht aufdringlich oder aggressiv benehmen sollen. Der Islam trifft Vorkehrungen, um die Werte und Tugenden der Ehe und der Keuschheit zu schützen:
"Sprich zu den gläubigen Männern, daß sie ihre Blicke zu Boden schlagen und ihre Keuschheit wahren sollen. Das ist reiner für sie. Allah ist recht wohl kundig dessen, was sie tun. Und sprich zu den gläubigen Frauen, daß sie ihre Blicke zu Boden schlagen und ihre Keuschheit wahren sollen und daß sie ihre Reize nicht zur Schau tragen sollen, bis auf das, was davon sichtbar sein muß, und daß sie ihre Tücher über ihre Busen ziehen sollen und ihre Reize vor niemandem enthüllen

als vor ihren Gatten, oder ihren Vätern, oder den Vätern ihrer Gatten, oder ihren Söhnen, oder den Söhnen ihrer Gatten, oder ihren Brüdern, oder den Söhnen ihrer Brüder, oder den Söhnen ihrer Schwestern, oder ihren Frauen, oder denen, die ihre Rechte besitzt, oder solchen von ihren männlichen Dienern, die keinen Geschlechtstrieb haben, und den Kindern, die von der Blöße der Frauen nichts wissen. Und sie sollen ihre Füße nicht zusammenschlagen, so daß bekannt wird, was sie von ihrem Zierat verbergen. Und bekehret euch zu Allah insgesamt, o ihr Gläubigen, auf daß ihr erfolgreich seiet." (24:31–32)
Die Idee ist, daß Sexualität etwas ist, das in die Ehe gehört. Der Islam ist nicht prüde, Keuschheit und Prüderie dürfen nicht miteinander verwechselt werden. Gewarnt wird daher vor Ausschweifungen, die die Gesundheit des einzelnen und seine intellektuellen und spirituellen, sowie natürlich die moralischen Fähigkeiten und Möglichkeiten beeinträchtigen. Um dem vorzubeugen, hat der Islam das Gesetz erlassen, daß Männer und Frauen außerhalb der engen Verwandtschaftsgrade nicht allzu freizügig miteinander umgehen. Beide, Männer wie Frauen, werden ermahnt, sich nicht auf Flirts einzulassen, sondern ihrem Partner gegenüber treu zu sein:
"Sie (die Ehefrauen) sind euch (Ehemännern) ein Gewand, und ihr seid ihnen ein Gewand." (2:188)
Dies im Auge behaltend, will der Islam erreichen, daß alles unterlassen wird, was die Harmonie der Ehe gefährden könnte:
"Verfolge nicht das, wovon du keine Kenntnis hast. Wahrlich, das Ohr und das Auge und das Herz – sie alle sollen zur Rechenschaft gezogen werden." (17:37)
Die Ehepartner werden angehalten, ständig für das Glück ihrer Beziehung zu beten:
"Unser Herr, gewähre uns an unseren Frauen (und Ehepartnern) und Kindern Augentrost und mache uns zu einem Vorbild für die Rechtschaffenen." (25:75)

Besonders zu achten ist darauf, daß weder Mann noch Frau mit dem Gedanken spielen, fremdzugehen und den Partner zu betrügen:
"Und nahet nicht dem Ehebruch; siehe, das ist eine Schändlichkeit und ein übler Weg." (17:33)
"Pardah" ist also der Weg der Muslime, männlich wie weiblich, sich nicht Versuchungen auszusetzen und geeignete Maßnahmen zu ergreifen, um auch das öffentliche Leben von Krummheiten im Umgang der Geschlechter miteinander freizuhalten. Schließlich hat Gott Mann und Frau füreinander geschaffen und eine Freizügigkeit, die zu Treulosigkeit und Betrug führt, abgelehnt:
"Unter Seinen Zeichen ist dies, daß Er Gattinnen (und Gatten) für euch schuf aus euch selbst, auf daß ihr Frieden an ihnen fändet und Er hat Liebe und Zärtlichkeit zwischen euch gesetzt." (30:22)
Deswegen ist der Weg des Propheten, den der Koran vorschreibt, die Ehe. Der Koran sagt, daß Mönchstum nicht die Art ist, die Gott den Muslimen erlaubt hat.(57:28).

Außerehelicher Geschlechtsverkehr und vorehelicher Geschlechtsverkehr ist streng verboten und wird in der sozialen Gemeinschaft der Muslime drastisch mit körperlichen Strafen belegt:
"Und diejenigen, die keine (Gelegenheit) zur Ehe finden, sollen sich keusch halten, bis Allah sie aus Seiner Fülle reich macht." (24:34)
Die Strafe für Unzucht und Ehebruch ist Züchtigung, nicht die Steinigung, wie orthodoxe Geistliche in Mißachtung des koranischen Gebotes fordern:
"Frau und Mann, die des Ehebruchs schuldig sind, geißelt beide mit einhundert Streichen. Und laßt nicht Mitleid mit den beiden euch überwältigen vor dem Gesetze Allahs, so ihr an

Allah und an den Jüngsten Tag glaubt. Und eine Anzahl der Gläubigen soll ihrer Strafe beiwohnen. Ein Ehebrecher wohnt nur einer Ehebrecherin oder einer Götzendienerin bei, und eine Ehebrecherin wohnt nur einem Ehebrecher oder Götzendiener bei; den Gläubigen ist das verwehrt." (24:3–4).

Um Verleumdungen Vorschub zu leisten, ist zum Nachweis des Ehebruchs allerdings die Zeugenschaft von vier Zeugen notwendig, Verleumder hingegen werden hart bestraft (Sure 24:5–10).

Alles in allem läßt sich sagen, daß das System der "Pardah" ein reizfreies, sexuell nicht aufladendes Klima in der Gesellschaft herstellen soll. Deswegen gilt in der Öffentlichkeit die Trennung von Mann und Frau, etwa in den öffentlichen Verkehrsmitteln, in Restaurants, Universitäten, Schulen etc., wobei jeweils Vorsorge getroffen wird, daß Familien natürlich zusammenbleiben können.

Darf ein Mann seine Frau dem Islam zufolge schlagen?

Der Prophet Mohammed hat kategorisch erklärt, daß er seine Frauen nicht schlage und daß er eine solche Verhaltensweise auch von den wahrhaft rechtschaffenen Muslimen erwarte. Dennoch war es bei den Arabern Sitte, in extremen Situationen eine Frau körperlich zu bestrafen. Der Prophet gab einerseits sein gutes Beispiel, andererseits war es nicht möglich, diese Tradition der körperlichen Bestrafung total auszurotten. Diejenigen, die glaubten, daß in extremen Situationen eine Ehe zu retten sei, wenn man seine Ehefrau körperlich bestrafe, wurden angewiesen, nicht die feinen Körperteile zu züchtigen. Im Grunde geht der Koran auf diese Situation ein, indem er erklärt:
"Und jene (Ehefrauen), von denen ihr Widerspenstigkeit befürchtet, ermahnt sie, laßt sie allein in den Betten und straft sie. Wenn sie euch dann gehorchen, so suchet keine Ausrede gegen sie; Allah ist hoch erhaben, groß." (4:35)

In einer etwas ausführlicheren Übersetzung lautet dieser Vers, der so oft zu Ärgernis und Fehlverhalten geführt hat: Wenn die Ehegattin ständig widerspenstig ist, so daß der Friede und die Harmonie der Familie bedroht sind (der Ehemann sich aber nicht scheiden lassen will), sollte der Mann sie ermahnen. Sollte sich die Ermahnung als wirkungslos erweisen, darf er sich vorübergehend vom Ehebett zurückziehen. Als letzte Zuflucht darf er auf eine leichte Züchtigung zurückgreifen.
Diese Form der negativen Zärtlichkeit – nicht etwa Prügeln o.ä. – zeigt womöglich einer Frau, daß sie ihrem Mann gegenüber Grenzen erkennen muß, will sie im Ehebund bleiben. Das

Gesetz des Korans erkennt die Schwäche des Menschen an. Der Koran versucht, alle nur denkbaren Riegel vor einen solchen letzten Schritt zu setzen. Trotz allen diesen Maßnahmen ist es, dem Wort des Propheten Mohammed folgend, nicht wünschenswert, es zu dieser Form des Versuchs, seiner Frau klarzumachen, daß ihr Verhalten zum Ruin der Familie führt, kommen zu lassen.

Dürfen Frauen den Gottesdienst leiten?

Die Leitung der Salaat (Ritualgebet) oder des Juma-Gottesdienstes (Freitagsgebet) etc. setzt voraus, daß jemand in der Regel kontinuierlich in der Lage ist, diesen religiösen Dienst der Gemeinde zu erweisen. Frauen indes sind vom Verrichten der Salaat und vom Besuch des Juma ausgenommen, wenn sie ihre Menstruation haben bzw. wenn sie sich in der Zeit der Reinigung nach einer Geburt eines Kindes befinden. Zudem ist ihnen als Erleichterung gestattet, im Falle einer Schwangerschaft ihr Gebet sitzend zu verrichten. Diese Ausnahmeregelungen stellen keine Bestrafung dar, sondern sie geschehen aus Rücksicht auf das weibliche Wohlbefinden. Schon aus dem Grunde also, daß eine Frau nicht in der Lage wäre, kontinuierlich das Gebet zu leiten, ließe sich ableiten, daß Frauen in der Regel nicht Imam sein können. Schwerwiegender als das ist aber, daß die Ritualgebete im Islam körperlicher und geistlicher Natur zugleich sind. Würden Männer hinter einer Frau beten, käme es zu Positionen, die viele Männer davon abhalten würden, sich auf Allah zu konzentrieren, weil sie von der Schönheit oder dem Charme der Frau, die das Gebet leitet, berückt würden. Um dieser Verwirrung vorzubeugen, die etwa auch durch eine angenehme Stimme einer Frau hervorgerufen werden könnte, ist es einer Frau nur gestattet, vor Frauen den Gottesdienst zu leiten.

Sind Verhütungsmittel im Islam erlaubt?

Der Prophet Mohammed wurde einmal von seinen Gefährten gefragt, ob sie den coitus interruptus praktizieren dürften. Er verbot es nicht, sagte aber, daß Gott ein Kind schaffen könnte, wie es Ihm beliebt. Es läßt sich also nicht sagen, daß Verhütungsmittel im Islam verboten sind. Indes sagt der Koran:
"Sprich (o Prophet): "Kommt her, ich will vortragen, was euer Herr euch verboten hat: Ihr sollt Ihm nichts zur Seite stellen, und Güte (erzeigen) den Eltern; und ihr sollt eure Kinder nicht töten aus Armut, Wir sorgen ja für euch und für sie. Ihr sollt euch nicht den Schändlichkeiten nähern, seien sie offen oder verborgen; und ihr sollt nicht das Leben töten, das Allah unverletzlich gemacht hat, es sei denn nach Recht. Das ist es, was Er euch geboten hat, auf daß ihr begreifen möget." (6:152)
Noch stärker ermahnt der Koran dazu, sich die Verhütung nicht zur Gewohnheit werden zu lassen, etwa, weil man ein unabhängiges Leben genießen will. Kinder gelten als Segen Allahs:
"Tötet eure Kinder nicht aus Furcht vor Armut; Wir sorgen für sie und für euch. Fürwahr, sie zu töten ist eine große Sünde." (17:32)

Diese beiden Verse beziehen sich auch auf Abtreibung. Der Koran schreibt aber vor, daß zwischen den Geburten etwa 2 1/2 Jahre liegen. So heißt es, daß Mütter ihre Kinder diesen

Zeitraum über stillen sollen; das ist auch ein gewisser Schutz vor Schwangerschaft (31:15 und 46:16).
Bei der Frage der Verhütung muß aber vor allem der Konstitution der Ehefrau Rechnung getragen werden:
"Und gehet gütig mit ihnen (den Ehefrauen) um. Wenn ihr eine Abneigung gegen sie empfindet, wer weiß, vielleicht empfindet ihr Abneigung gegen etwas, worein Allah aber viel Gutes gelegt hat." (4:20)

Ist Abtreibung im Islam erlaubt?

Der Koran sagt eindeutig, daß das Töten von Kindern verboten ist, wobei es keinen Unterschied macht, ob sie geboren wurden oder noch nicht geboren sind:
"Tötet eure Kinder nicht aus Furcht vor Armut; Wir sorgen für sie und für euch. Fürwahr, sie zu töten ist eine große Sünde." (17:32).
Abtreibung zählt somit zu den "Schändlichkeiten", denen der Muslim sich "nicht nähern" soll, "seien sie offen oder verborgen" – wie es in einem Koranvers (6:152) heißt, in dem ebenfalls, vor dieser Ermahnung, das"Töten" von Kindern verboten wird.
Die islamische Rechtsprechung ist sich aber weitgehend einig darin, daß Abtreibung in Fällen, wo das Leben der Mutter bedroht ist, erlaubt ist; prinzipiell aber gilt, daß ungeborenes Leben genauso geschützt ist wie geborenes Leben.
Zudem ermahnt der Koran beide Elternteile, für das Wohl der Kinder zu beten: "Laß mir meine Nachkommenschaft rechtschaffen sein." (46:16)

Und:
'Unser Herr, gewähre uns an unseren Ehepartner und Kindern Augentrost,und mache uns zu einem Vorbild für die Rechtschaffenen." (25:75)
In strittigen Situationen kann ein Mufti (Richter) über eine Abtreibung entscheiden.

Was sind die Rechte der Frau im Islam?

Der Koran sagt, daß Frauen Rechte haben, wie sie Pflichten haben (2:229), wobei er hinzusetzt "nach dem Brauch", was besagt, daß Gesellschaften und Klassen innerhalb von Gesellschaften diese Rechte mitbestimmen können. Explizit aber gibt der Koran der Frau das Recht auf Erbschaft:
"Und einem jeden haben Wir Erben bestimmt für das, was Eltern und Verwandte hinterlassen und jene, mit denen eure Eide einen Bund bekräftigt haben. So gebt ihnen denn ihr Teil. Siehe: Allah hat aller Dinge acht." (4:34) In den Versen 12 und 13, sowie dem Vers 177 der Sure 4 (die bezeichnenderweise Al-Nisa, also "Die Frau" heißt) wurden die Erbschaftsregeln detailliert dargelegt, wobei Mädchen und Frauen als Erbinnen namentlich genannt werden.
Die Frau im Islam hat natürlich ein Recht auf eigenes Eigentum:
"Und begehrt nicht das, womit Allah die einen von euch vor den anderen ausgezeichnet hat. Die Männer sollen ihren Anteil erhalten nach ihrem Verdienst und die Frauen sollen ihren Anteil erhalten nach ihrem Verdienst. Wahrlich, Allah hat vollkommene Kenntnis von allen Dingen." (4:33)
Eine Frau kann wählen und gewählt werden:
"Allah gebietet euch, daß ihr die Treuhandschaft jenen über-

gebt, die ihrer würdig sind; und wenn ihr zwischen Menschen richtet, daß ihr richtet nach Gerechtigkeit. Fürwahr, herrlich ist, wozu Allah euch ermahnt. Allah ist allhörend, allsehend." (4:59)

Nach einem Hadith kann niemand eine Frau dazu zwingen, eine Ehe einzugehen. Ihr obliegt, auch im Falle einer Scheidung, das Recht auf Erziehung ihrer Kinder, bis zu dem Alter zumindest, wo sie frei zu wählen imstande sind, bei welchem der Elternteile sie leben wollen.

Die Frauen haben nach der Sunna (Praxis des Propheten) das Recht auf Scheidung. Sie dürfen Geschäfte tätigen, Verträge abschließen und Testamente aufsetzen. Im Islam hat es auch Frauen gegeben, die in Kriegen gekämpft haben. Was die intellektuellen und moralischen und spirituellen Fähigkeiten betrifft, so ist die Frau dem Mann unbedingt gleichberechtigt. denn Allah sagt im Koran: "Ich lasse das Werk des Wirkenden unter euch, ob Mann oder Weib, nicht verloren gehen. Die einen von euch sind von den anderen." (3:196)
Und:
'Wer aber gute Werke tut, sei es Mann oder Weib, und gläubig ist: sie sollen in den Himmel gelangen, und sie sollen auch nicht so viel Unrecht erleiden wie die kleine Rille auf der Rückseite eines Dattelkernes." (4:125)
Und:
"Wer recht handelt, ob Mann oder Weib, und gläubig ist, dem werden Wir gewißlich ein reines Leben gewähren; und Wir werden gewißlich solchen ihren Lohn bemessen nach dem besten ihrer Werke." (16:98)
Abgesehen von diesen sowie einigen anderen Versen, in denen die Frau und der Mann gleichberechtigt nebeneinander aufgeführt werden, richtet der Koran, was seine Gebote und

frohen Botschaften betrifft, an Mann wie Frau gleichermaßen. Konkret heißt es, daß die Menschen nach Wissen streben sollen. Der Prophet hat diese Aufforderung des Korans (20:115) in einem Hadith dahingehend erläutert, daß er das Streben nach Wissen für Mann und Frau, indem er beide Geschlechter direkt benannte, verbindlich machte.
Frauen haben also das Recht, in allen Wissensgebieten ausgebildet zu werden, die ihren jeweiligen Talenten und Fähigkeiten entsprechen. Selbstverständlich dürfen sie das erworbene Wissen auch weitergeben, also Lehrtätigkeit ausüben. Die Frau des Propheten Mohammed, Aischa, war das beste Beispiel dafür, daß eine Frau Männern, die zum Teil sehr viel älter waren als sie, Wissen weitergegeben hat. Die Dichterinnenschulen aus dem maurischen Spanien sind berühmt. Was die moralischen und spirituellen Anforderungen an die Frau betrifft, so hat sie gleichermaßen das Recht wie die Pflicht, sich den Anforderungen des Korans gemäß zu verhalten. Allah sagt im Koran:
"Wir haben den Koran leicht gemacht, danach zu handeln. Ist also einer, der ermahnt sein mag?"(54:41)
Und in Sure 55, Verse 1–5 weist Allah daraufhin, daß Männer wie Frauen die selben Voraussetzungen haben, sich zu vervollkommnen, um die höchsten Stufen des Menschseins zu erreichen:
"Im Namen Allahs, des Gnädigen, des Barmherzigen. Er ist der Gnadenreiche, Der den Koran gelehrt hat. Er hat den Menschen erschaffen. Er hat ihm klare Rede gegeben."
Indes sagt Allah auch ganz klar, daß Männer und Frauen unterschiedliche Aufgaben haben (92:5) und daß Männer nicht versuchen sollen, Frauen in ihren Bereichen nachzueifern, noch daß Frauen bemüht sein sollen, es den Männern nachzumachen oder ihre spezifischen Belange zu erstreben ((4:33). Alles in allem aber spricht der Koran meist allgemein

vom Menschen und seinen Rechten und Pflichten und nicht über die Rechte oder Pflichten von Männern oder Frauen: "Und bei der Seele und ihrer Vollendung – Er gewährte ihr den Sinn für das, was für sie unrecht ist und was für sie recht ist. Wahrlich, wer sie lauterer werden läßt, der wird Erfolg haben; und wer sie in Verderben hinabsinken läßt, der wird zuschanden." (91:8–11).

Muß eine muslimische Frau ihrem Ehemann in der Öffentlichkeit drei Schritte hinterherlaufen?

Immer wieder wird in den Medien behauptet, der Koran gebiete, daß eine Muslima in der Öffentlichkeit drei Schritte hinter ihrem Mann gehen müsse. Weder im Koran noch in den Hadith finden wir irgendeinen Hinweis auf ein solches Verhalten. Es muß sich bei dieser Unsitte um eine türkische Tradition handeln, die indes mit dem Islam nichts gemeinsam hat. Ehemann und Ehefrau sollen einander respektieren. Diese Vorstellung ist nicht zu vereinbaren mit einer solchen Demütigung, wie sie in dieser bisweilen beobachteten Handlungsweise zum Ausdruck kommt.

Darf ein Muslim einen Angehörigen einer anderen Religion heiraten?

In der Regel ist es erwünschenswert, daß ein Muslim innerhalb seiner Religion heiratet, weil dann Kinder, die aus einer solchen Ehe stammen, im Glauben des Islams aufgezogen werden und weil eine Ehe von religiös Gleichgesonnenen keine Komplikationen hinsichtlich der Weltanschauung mit sich bringt. Der Koran gestattet aber ausdrücklich auch die Heirat von Muslimen mit Frauen aus anderen Religionen, zumal den sogenannten Buchreligionen, also Judentum und Christentum. Es heißt dazu in Sure 5 Vers 6:
"Heute sind euch alle guten Dinge erlaubt. Und die Speise derer, denen die Schrift gegeben wurde, ist euch erlaubt, wie auch eure Speise ihnen erlaubt ist. Und keusche Frauen der Gläubigen und keusche Frauen derer, denen vor euch die Schrift gegeben wurde, wenn ihr ihnen ihre Morgengabe gebt, nur in richtiger Ehe und nicht in Unzucht, noch daß ihr heimlich Buhlweiber nehmt. Und wer den Glauben verleugnet, dessen Werk ist sonder Zweifel zunichte geworden, und im Jenseits wird er unter den Verlierenden sein".
Nicht erlaubt ist die Heirat mit Frauen, die heidnisch sind:
"Und heiratet nicht Götzendienerinnen, ehe sie gläubig geworden; selbst eine gläubige Sklavin ist besser als eine Götzendienerin, so sehr diese euch gefallen mag. Und verheiratet (keine gläubigen Frauen) mit Götzendienern, ehe sie gläubig geworden; selbst ein gläubiger Sklave ist besser als ein Götzendiener, so sehr dieser euch gefallen mag. Jene rufen zum Feuer, Allah aber ruft zum Paradies und zur Vergebung durch sein Gebot. Und Er macht Seine Zeichen den Menschen klar, auf daß sie sich ermahnen lassen." (2:222)

Nicht erwünscht ist die Heirat von Musliminnen mit Andersgläubigen. Dies deswegen, weil befürchtet wird, daß der nichtmuslimische Ehemann die Kinder einer solchen Ehe nicht im Islam aufwachsen läßt.

Warum darf ein Muslim vier Frauen heiraten?

Vor dem Islam war bei den Arabern schrankenlose Polygamie die Regel. Von den alttestamentarischen Propheten und Gläubigen wissen wir aus der Bibel, daß auch sie eine unbegrenzte Anzahl von Frauen heiraten durften. Der Islam beschränkt die Zahl der Frauen, die ein Muslim heiraten darf, auf vier. Allerdings unterliegt die Mehrehe einem strengen Reglement. Zunächst stellt der Koran klar, daß die Heirat einer zweiten Frau etc. an bestimmte Bedingungen geknüpft ist. Wenn etwa nach einem Krieg die männliche Bevölkerung dezimiert ist und viele Witwen und Waisen ohne eine richtige Familie auskommen müssen, ist es dem Muslim eine Pflicht, diesen Unschuldigen eine neue Heimat zu bieten, indem er etwa Witwen heiratet. Dies ist die Ausgangslage für die Polygamie:
"Und wenn ihr fürchtet, ihr würdet nicht gerecht gegen die Waisen handeln, dann heiratet Frauen, die euch genehm dünken, zwei oder drei oder vier; und wenn ihr fürchtet, ihr könnt nicht billig handeln, dann (heiratet nur) eine oder was eure Rechte besitzt. Also könnt ihr das Unrecht eher vermeiden." (4:4)
Gleichzeitig weist Allah im Koran darauf hin, daß in einer Mehrehe alle Frauen gleichberechtigt behandelt werden müssen, was die Zeit und die Versorgung betrifft. Er sagt indes auch, daß es schier unmöglich ist, diese Bedingung für die

Mehrehe einzuhalten, was besagt, daß die Regel die Einehe sein sollte:
"Und ihr könnt kein Gleichgewicht zwischen (euren) Frauen halten, so sehr ihr es auch wünschen möget. Aber neigt euch nicht gänzlich (einer) zu, also daß ihr die andere gleichsam in der Schwebe lasset. Und wenn ihr es wiedergutmacht und recht handelt, dann ist Allah allverzeihend, barmherzig." (4:130)
Der Islam plädiert also in der Regel für die Monogamie. Er erkennt aber an, daß es Umstände geben kann, in denen Polygamie sinnvoll oder sogar notwendig ist. Keinesfalls öffnet die Möglichkeit der Mehrehe der Lüsternheit Tor und Tür. Aber in bestimmten Fällen, etwa bei einer schweren Krankheit der Frau, sollte der Ehemann die Möglichkeit erhalten, eine zweite Frau zu heiraten, um die Familie in Takt zu halten; er sollte sich deswegen nicht von seiner Frau scheiden lassen, sondern ihr eine Unterstützung ins Haus holen. Wie gesagt, hierbei handelt es sich um Sonderfälle. Die Tatsache, daß der Islam gebietet, im Falle einer Mehrheirat alle Frauen in der Ehe gleichberechtigt zu behandeln und zu versorgen, sorgt dafür, daß nur selten Muslime in der Lage sind, eine zweite Frau zu heiraten, wenn auch das Gesetz dazu die legale Möglichkeit bietet.

Warum darf eine Muslima nicht vier Männer heiraten?

Würde eine Frau mehrere Ehemänner haben, wäre es äußerst schwer, wenn nicht gar unmöglich, im Falle einer Schwangerschaft oder Geburt zu wissen, von welchem Ehemann das

Kind ist. Das ist der Hauptgrund, warum der Islam verbietet, daß eine Frau mehrere Männer heiratet. Hinzu kommt, daß der Mann von Natur aus Probleme damit hat, sich einem anderen unterzuordnen. Zudem wäre es auch schwierig, die sexuellen Bedürfnisse der Ehemänner zu befriedigen. Abgesehen davon gibt es keine gesellschaftliche Notwendigkeit einer Ehe einer Frau mit mehreren Männern.

Warum dürfen Frauen während der Menstruation nicht das Ritualgebet verrichten und nicht fasten?

Der Islam ist eine Religion, in der Regeln aufgestellt werden, die das Zusammenleben der Menschen auf harmonische Art ermöglichen. Wenn auch in Einzelfällen jemand das Gefühl haben mag, daß eine Regel von ihm nicht beachtet werden müßte, weil er oder sie in der Lage ist, ohne sie auszukommen, so wäre seine Ausnahme doch möglicherweise Anlaß für andere, es ihm nachzutun, was indes zu Komplikationen und allgemeinen Schwierigkeiten führen könnte. Dieses Problem ist am Beispiel des Alkoholgenusses leicht erklärbar. Es mag einige geben, die mit Alkohol umgehen können und keinen Schaden erleiden, wenn sie trinken. Wäre Alkohol aber allgemein erlaubt, wäre damit der Untergang von vielen verbunden. Deswegen muß der einzelne sich der Allgemeinheit unterordnen, zumal sein Verzicht kein allzu großes Opfer bedeutet.
Es mag somit Frauen geben, die von ihrer Menstruation nicht beeinträchtigt sind, daß sie ohne Mühe in der Lage wären, das Ritualgebet zu verrichten oder zu fasten. Für viele Frauen stellen Beten nach dem Ritual – was mit körperlichen Bewe-

gungen verbunden ist- und Fasten während ihrer Menstruationszeit Erschwernisse dar. Der Koran sagt, daß die monatliche Regel mit Unwohlsein verbunden ist:
"Und sie fragen dich wegen der monatlichen Reinigung. Sprich: "Das ist Unwohlsein, so haltet euch fern von Frauen während der Reinigung, und geht nicht ein zu ihnen, ehe sie sich gereinigt. Haben sie sich durch ein Bad gereinigt, so geht ein zu ihnen, wie Allah es euch geboten. Allah liebt die sich Bekehrenden und liebt die sich Reinhaltenden." (2:223)
Beten in der Form der Salat und Fasten sind geistliche Übungen, die volle Konzentration und gute Gesundheit voraussetzen. Beispielsweise heißt es im Koran:
"O die ihr glaubt, nahet nicht dem Gebet, wenn ihr nicht bei Sinnen seid, bis ihr versteht, was ihr sprecht, noch im Zustand der Unreinheit." (4:44)
Es würde für viele Frauen eine große Mühe darstellen, sich während der Zeit der Menstruation, wenn sie sich beeinträchtigt fühlen und eine Beschwernis empfinden, mit dem Ritualgebet zu beschäftigen oder die körperlich nicht einfach zu bewältigende Übung des Fastens zu bewältigen. Die Erlaubnis, während der Menstruation vom Ritualgebet und vom Fasten befreit zu sein, ist also eine Erleichterung für die Frau und nicht etwa eine Strafe wegen ihrer "Unreinheit". Der Prophet bat einmal eine seiner Frauen, die ihre Regel hatte, ihm einen Koran zu bringen. Sie sagte, daß sie wegen ihrer Tage dies nicht dürfe, da sie unrein sei. Er erwiderte, daß ihre Unreinheit nicht in ihren Händen liege.
Kurzum: Frauen dürfen während ihrer Menstruationszeit natürlich zu Gott beten – das sogenannte Dua oder Bittgebet, oder im Sinne des Dhikrs, des ständigen Erinnerns Allahs –, aber es ist ihnen nicht auferlegt, das Ritualgebet zu verrichten, weil Allah sie erleichtert und nicht beschwert sehen möchte. Beten und Fasten als geistige Übung sind zudem möglicher-

weise mit einer geistigen Beunruhigung verbunden, mit Aufgewühltheit oder starker geistiger Anstrengung.
Eine Frau braucht sich diesen Anforderungen während ihrer Menstruationszeit nicht auszusetzen, weil Allah für die Menschen den Koran leicht gemacht hat, danach zu handeln (54:41).

Kann eine Muslima Regierungsoberhaupt werden?

Gewisse orthodoxe und konservative Kreise wehren sich dagegen, daß – etwa in Pakistan oder der Türkei – Frauen an der Spitze der Regierung stehen oder standen. Der Koran hingegen macht hinsichtlich der Regierungsgewalt keine Einschränkung, indem er sie etwa nur den Männern vorbehielte.
Es heißt im Koran allgemein:
"Allah gebietet euch, daß ihr die Treuhandschaft jenen übergebt, die ihrer würdig sind; und wenn ihr zwischen Menschen richtet, daß ihr richtet nach Gerechtigkeit. Fürwahr, herrlich ist, wozu Allah euch ermahnt. Allah ist allhörend, allsehend." (4:59)
Kriterium für die Wahl ist somit nur die Eignung, die eine Frau ebenso besitzen kann wie ein Mann, denn Mann wie Frau sind in der Lage, die Eigenschaften Gottes in sich nach ihrer jeweiligen Art und ihrem jeweiligen Talent und ihrer jeweiligen Fähigkeit zu bilden (51:57)
Ist eine Frau gewählt, muß auch ihr Gehorsam geleistet werden:
"O die ihr glaubt, gehorchet Allah und gehorchet dem Gesand-

ten und denen, die Befehlsgewalt unter euch haben. Und wenn ihr in etwas uneins seid, so bringet es vor Allah und den Gesandten, so ihr an Allah glaubt und an den Jüngsten Tag. Das ist das Beste und am Ende auch das Empfehlenswerteste." (4:60)

Kurzum: Es gibt keinen Vers im Koran und keinen Hinweis in den Hadith, der einer Frau das Amt eines Regierungsoberhauptes verwehren könnte. Hingegen aber gibt der Koran sehr wohl das Beispiel der Königin von Saaba, die gläubig wurde. (27:23–45)

Werden Ehebrecherinnen im Islam gesteinigt?

Immer wieder kommt es in sogenannten islamischen Staaten vor, daß Ehebrecherinnen gesteinigt werden. Man beruft sich dabei auf die Scharia (das islamische Gesetz, wie es von einigen ausgelegt wird). Indes ist der Koran eindeutig, was die Strafe für Ehebruch betrifft. So heißt es in Sure 24 Vers 3:
"Weib und Mann, die des Ehebruchs schuldig sind, geißelt beide mit einhundert Streichen. Und laßt nicht Mitleid mit den beiden euch überwältigen vor dem Gesetze Allahs, so ihr an Allah und an den Jüngsten Tag glaubt. Und eine Anzahl der Gläubigen soll ihrer Strafe bewohnen."

Diese körperliche Strafe erscheint manchen im Westen als sehr hart und gar barbarisch, es muß aber berücksichtigt werden, daß eine körperliche Verfehlung mit einem Maß geantwortet wird, das ebenfalls körperlicher Natur ist und somit geeignet, daß die Straffälligen ihre Verfehlung und

Sünde tatsächlich spüren und somit dazu geführt werden, über ihren Weg, der zum Ruin von Familien führen kann, entsprechend nachdenken. Der Koran schiebt aber auch all jenen Verleumdungen und Anschuldigungen einen Riegel vor, die von der Behauptung ausgehen, daß jemand Ehebruch begangen hat. Damit die beschriebene Strafe fällig wird, müssen vier Zeugen herbeigebracht werden, die die Tat beobachtet haben. (24:5–11)

Diejenigen, die der Meinung sind, auf Ehebruch stünde als Bestrafung die Steinigung, gehen von Vorfällen aus, bei denen der Prophet Mohammed als Richter fungierte, sich dabei aber nicht auf eine Verordnung des Korans stützen konnte. In Fällen, die der Koran noch nicht behandelt hatte, richtete der Prophet nach dem Gesetz der Thora. Die Thora sieht für Ehebruch die Steinigung vor. Deshalb gibt es Vorkommnisse, die von der Steinigung von Ehebrechern berichten. Nachdem aber Allah den Vers 3 der Sure 24 offenbart hatte, gab es keinen Grund mehr, bei solch traurigen Anlässen nach der Thora zu verfahren, der Koran hatte ja eindeutig dazu Stellung genommen. Es ist deswegen völlig gegen das Gesetz des Korans gerichtet, wenn heutzutage Ehebruch noch mit Steinigung geahndet wird.

Darf eine Muslima nicht Auto fahren?

In Saudi-Arabien, einem Land, in dem angeblich islamisch regiert wird und islamische Gesetze herrschen, ist es den Frauen nicht erlaubt, ein Auto zu fahren. Es ist aber völlig gegen den Geist des Korans gerichtet, Musliminnen in ihrer Entfaltungsfreiheit zu beschränken. Wenn auch der Ort ihrer hauptsächlichen Tätigkeit, so sie keinem Beruf nachgeht, ihr Haus sein wird, so muß es ihr doch freistehen, für ihre persönlichen Belange und zur Erfüllung der häuslichen Bedürfnisse das Haus in einer angemessenen Form zu verlassen. Dazu gehört in unserer Zeit sicherlich auch die Benutzung eines Autos. Wenn gesagt wird, daß die befohlene Verschleierung die Frau am Autofahren hindere, so sei geantwortet, daß es in anderen Ländern selbst den verschleierten Frauen sehr wohl möglich ist, ohne Behinderung Auto zu fahren. Die Verschleierung ist ein Zeichen der Würde der Frau:
"O Prophet! Sprich zu deinen Frauen und zu deinen Töchtern und zu den Frauen der Gläubigen, sie sollen ihre Tücher tief über sich ziehen. Das ist besser, damit sie erkannt und nicht belästigt werden. Und Allah ist allverzeihend, barmherzig." (33:60)

Der Schleier darf aber von den Männern nicht zum Vorwand genommen werden, die Frauen an ihrer Bewegungsfreiheit einzuschränken. Es ist deswegen sehr wohl möglich und erlaubt, daß Frauen Autofahren.

Ist außerehelicher Geschlechtsverkehr erlaubt?

Der Koran macht ganz klar, daß sexuelle Beziehungen nur zwischen Ehepartnern stattfinden dürfen:
"Heute sind euch alle guten Dinge erlaubt. Und die Speise derer, denen die Schrift gegeben wurde, ist euch erlaubt, wie auch eure Speise ihnen erlaubt ist. Und keusche Frauen der Gläubigen und keusche Frauen derer, denen vor euch die Schrift gegeben wurde, wenn ihr ihnen ihre Morgengabe gebt, nur in richtiger Ehe und nicht in Unzucht, noch daß ihr heimlich Buhlweiber nehmet." (5:6) Weiterhin heißt es von denen, die unverheiratet sind:
"Und diejenigen, die keine (Gelegenheit) zur Ehe finden, sollen sich keusch halten, bis Allah sie aus Seiner Fülle reich macht " (24:34)
Der Prophet Mohammed empfahl Junggesellen, zu fasten, um ihrer Geschlechtlichkeit Herr zu werden. Mit starken Worten wendet sich der Koran gegen Versuche, die Grenzen aufzuheben, die sexuelle Betätigung innerhalb die Ehe legen:
"Jenen, die wünschen, daß Unsittlichkeit unter den Gläubigen sich verbreite, wird hinieden und im Jenseits schmerzliche Strafe. Allah weiß, und ihr wisset nicht." (24:20)

Was sagt der Islam über Homosexuelle und Lesbierinnen?

Der Islam geht davon aus, daß Mann und Frau füreinander geschaffen sind: "O ihr Menschen, fürchtet euren Herrn, Der

euch aus einem einzigen Wesen erschaffen hat; aus diesem erschuf Er ihm die Gefährtin, und aus beiden ließ Er viele Männer und Frauen sich vermehren." (4:2)
Und:
"Unter Seinen Zeichen ist dies, daß Er Gattinnen für euch erschuf aus euch selbst, auf daß ihr Frieden in ihnen findet, und Er hat Liebe und Zärtlichkeit zwischen euch gesetzt. Hierin sind wahrlich Zeichen für ein Volk, das nachdenkt." (30:22)
Wer seine Natur verdreht und aus falscher Begierde sich dem eigenen Geschlecht zuwendet, ist dafür mitverantwortlich, daß die Gesellschaft ihre natürlichen Fähigkeiten zur Weiterentwicklung und Vermehrung verliert. Der Islam wendet sich deswegen gegen ein gleichgeschlechtliches Verhalten und fordert deswegen die Autorität im Lande auf, gegen jene vorzugehen, die ein schlechtes Beispiel geben. Er hat indes im Koran keine genaue Form der Bestrafung dafür festgesetzt:
"Und wenn welche von euren Frauen Unziemliches begehen, dann ruft vier von euch als Zeugen gegen sie auf; bezeugen sie es, dann schließet sie in die Häuser ein, bis der Tod sie ereilt oder Allah ihnen einen Ausweg eröffnet (nämlich die Heirat). Und wenn zwei Männer unter euch solches begehen, dann bestrafet sie beide. Wenn sie dann bereuen und sich bessern, so laßt sie für sich; wahrlich, Allah ist allverzeihend, barmherzig." (4:26–27)

Es geht aus diesen Versen klar hervor, daß Homosexualität nicht, wie manchmal von Ulemas (Gottesgelehrten) gefordert, mit dem Tod geahndet werden darf, denn sonst wäre es wohl kaum möglich, daß jemand bereut und sich bessert. Der Koran führt auch den Fall des Volkes von Lot vor, das der Homosexualität zugeneigt war:
"Und (Wir entsandten) Lot, da sprach er zu seinem Volk: "Ihr begeht eine Schändlichkeit, die keiner von allen Menschen je

vor euch begangen hat. Naht ihr euch tatsächlich Männern (in Begierde) und raubet ihr auf der Landstraße? Und in euren Versammlungen begeht ihr Abscheuliches!" Jedoch die Antwort seines Volkes war nur, daß sie sprachen: "Bringe Allahs Strafe über uns, wenn du die Wahrheit redest." Er sprach: "Hilf mir, mein Herr, wider das ruchlose Volk." (29:29–31)
Homosexualität wird mithin als schamloses Verhalten aus Lust oder als krankhaftes Verhalten angesehen. Bisweilen neigt man auch dazu, biologische Gründe anzunehmen. Jedenfalls wehrt sich der Islam dagegen, daß Homosexualität praktiziert werden darf.
In diesem Zusammenhang sei darauf hingewiesen, daß es im Islam durchaus üblich und auch nicht verboten ist, daß Männer oder Frauen Hand in Hand gehen. Diese Form der Zärtlichkeit und des gegenseitigen Vertrauens hat aber nichts mit ausufernder Sexualität zu tun, es zeugt im Gegenteil von einem unkomplizierten Umgang.
Alles in allem gilt, was der Prophet Mohammed sagte: "Die Ehe ist unsere Lebensweise. Wer sich von unserem Weg abwendet, gehört nicht zu uns."

Warum feiern Muslime nicht Geburtstag?

Es war nicht Sunna (Praxis) des Propheten Mohammed, den Geburtstag zu feiern. Die Philosophie des Festes im Islam besagt, daß erst nach einer Anstrengung gefeiert wird, etwa nach dem Fastenmonat Ramadhan das Eid-ul-Fitr oder nach der Wallfahrt und im Angedenken von Abrahams Opfer das Eid-ul-Adha. Die bloße Tatsache, daß ein Jahr vergangen ist, berechtigt nicht zur Freude. Eine solche Feier ist vom Prinzip

her sinnlos und sinnentleert. In einigen islamischen Gemeinden ist es jedoch üblich, den Geburtstag Mohammeds mit Gebeten zu begehen. Gefeiert wird außerdem, wenn ein Kind den Koran ganz auf Arabisch durchgelesen hat, das sogenannte "Amin", weil nach der Anstrengung nun zu der geleisteten Tätigkeit "Amin" (= Amen) gesagt wird. Wenn auch Geburtstage in der Regel in islamischen Ländern nicht gefeiert oder begangen werden, so ist es doch im Umgang mit nichtmuslimischen Freunden erlaubt und auch gern gesehen, wenn man ihnen Grüße zum Geburtstag schickt und auch Grüße empfängt. Ebenso ist es keine Sünde für einen Muslim, Angehörigen anderer Religionen zu ihren Festen zu gratulieren. Im Prinzip aber hält sich der Islam an die Weisheit, die der Koran in Sure 94 Vers 6 erklärt:
"Also, wahrlich, kommt mit der Drangsal die Erleichterung."
Ein weiteres Fest im Islam ist das "Aqiqa". Man versteht darunter, daß für einen neugeborenen Jungen zwei Tiere, für ein neugeborenes Mädchen ein Tier geschlachtet d.h. geopfert wird. Es ist dies ein symbolischer Akt für die Opferung der "Wildheit" der neugeborenen Geschöpfes. Da männliche Kinder als aggressiver denn weibliche gelten, wird dem Rechnung getragen, indem für sie ein Tier mehr geopfert wird. Dies ist keine Bevorzugung, sondern eher ein Eingeständnis, daß der Mann seine Begierden als größeres Hindernis erfahren wird, zumal seine sexuelle Begierde. Nach der Heirat (Nikah), bei der nicht groß gefeiert wird, gibt es – etwa 2, 3 Tage später – das Fest der "Walima", eine Mahlzeit, zu der Freunde eingeladen werden, um die Neuigkeit von der Hochzeit weithin bekannt zu machen.

Warum essen Muslime nicht mit der linken Hand?

Es war Praxis des Propheten Mohammed, nur mit der rechten Hand zu essen und zu trinken. Die linke Hand hingegen wird für schmutzige Arbeiten benutzt, etwa zum Sauberwischen (meist mit Wasser) nach dem Stuhlgang. Den kleinen Kindern im Islam wird deswegen von Anfang an beigebracht, nur mit der rechten Hand zu essen. Das gilt nicht nur dann, wenn, wie es in orientalischen Ländern oft der Fall ist, tatsächlich buchstäblich mit der Hand gegessen wird, sondern auch dann, wenn Besteck benutzt wird. Es heißt in den Hadith, daß der Teufel mit der linken Hand ißt. Überhaupt hat der Prophet gesagt, daß man in der Regel mit der rechten Seite anfangen soll, also das Haar an der rechten Seite zuerst kämmen, den rechten Schuh zuerst anziehen etc. In die Moschee geht man mit dem rechten Fuß zuerst und man verläßt sie mit dem linken Fuß zuerst.

Dürfen Muslime sich nach der westlichen Mode kleiden?

Es wird bisweilen von orthodoxen Muslimen behauptet, es sei eine Sünde und daher verboten, einen Schlips und einen Anzug, wie im Westen üblich, zu tragen. In der Tat kleiden sich vor allem Menschen aus dem Abendland, die zum Islam übergetreten sind, oft auf die traditionelle Weise, wie sie in den orientalischen Ländern üblich ist. Westliche Kleidung wird als dekadent betrachtet. Hingegen gibt es im Koran keine

Bekleidungsvorschriften, ausgenommen die Gebote, sich so anzuziehen, daß es nicht aufreizend wirkt. Der Prophet Mohammed hatte gesagt: "Weisheit ist das verlorene Gut des Muslims, nehmt sie an, wo immer ihr sie findet." Es kann deswegen durchaus als weise gelten, in westlicher Umgebung sich in der Art anzuziehen, die üblich ist, um nicht durch exotische Kleidung unangenehm aufzufallen. Manche Muslime indes bestehen auf einer Kleidung, die ihre Zugehörigkeit zur orientalischen Tradition manifestiert. Auch dagegen ist nichts einzuwenden, es mag aber oft so sein, daß durch solches Verhalten erst einmal Schranken aufgebaut und Vorurteile wie Weltfremdheit etc. verstärkt werden. Es ist den Muslimen jedoch überlassen, sich so zu kleiden, wie es ihrem Geschmack entspricht. Wenn der Prophet Mohammed etwa bestimmte Farben (etwa weiß) bevorzugt hat, heißt das nicht, daß andere Farben zu tragen verboten ist, zumal der Prophet, wie in den Hadith berichtet wird, auch andere Farben trug. Verboten ist den muslimischen Männern hingegen Seide, auch das Tragen von Goldschmuck – beides ist den Frauen aber erlaubt. Personen, die begütert sind, sollen nach den Hadith ein Zeichen ihres Wohlstandes tragen, damit sie auch als Menschen erkannt werden, die in der Lage sind, Almosen zu geben. Luxuriöse Kleidung aber ist untersagt. Den Musliminnen ist es gestattet, in ihren Häusern sich elegant zu kleiden, um ihren Männern ein Augentrost (25:75) zu sein.

Der Koran sagt allgemein, daß durch die Kleidung die Reize der Menschen so verhüllt werden sollen, daß sie nicht Anstoß erregen oder daß sie dazu führen, daß Menschen durch sie sexuell animiert werden können:
"Kinder Adams, Wir gaben euch Kleidung, eure Scham zu bedecken, und zum Schmuck; doch das Kleid der Frömmigkeit – das ist das beste. Dies ist eins der Zeichen Allahs, auf daß sie

(dessen) eingedenk sein mögen. O Kinder Adams, laßt Satan euch nicht verführen, wie er eure Eltern aus dem Garten vertrieb, ihnen ihre Kleidung raubend, auf daß er ihnen ihre Scham zeigte. Wahrlich, er sieht euch, er und seine Schar, von wo ihr sie nicht seht. Denn siehe, Wir haben die Teufel zu Freunden derer gemacht, die nicht glauben." (7:27–28)

Deutlich wird hier aber, daß den Muslimen nicht vorgeschrieben ist, welche Art Kleidung sie benutzen, es ist der Grad ihrer Frömmigkeit, der ausschlaggebend ist.

Warum tragen Muslime Bart und Kopfbedeckung?

Gemäß der Sunna ist es für den männlichen Muslim Pflicht, einen Bart zu tragen. Er dient der Unterscheidung vom weiblichen Geschlecht. Genauso ist es üblich, daß Männer beim Gebet – aber auch in der Öffentlichkeit außerhalb der Moschee – eine Kopfbedeckung tragen.Dies zum einen als Zeichen des Respektes gegenüber Allah, d.h. daß sie in der Moschee vollständig, von Kopf bis Fuß, gekleidet sind, zum anderen zur Unterscheidung von anderen Religionsangehörigen, zum dritten als ihren Beitrag zur Pardah, d.h. daß sie ihren Haarschmuck nicht öffentlich zeigen.

Darf ein Muslim nur geschächtetes Fleisch essen?

Über das Essen hat der Koran des öfteren gesprochen. So heißt es generell:
"O Ihr Menschen, esset von dem, was erlaubt (und) gesund auf der Erde ist; und folget nicht den Fußstapfen Satans; wahrlich, er ist euch ein offenkundiger Feind." (2:169)
Verboten ist zum Beispiel Schweinefleisch, es ist unter Umständen aber erlaubt, falls sonst große Schwierigkeiten auf einen zukämen:
"O die ihr glaubt, esset von den guten Dingen, die Wir euch gegeben haben, und danket Allah, wenn Er es ist, Den ihr anbetet. Verwehrt hat Er euch nur das von selbst Verendete und Blut und Schweinefleisch und das, worüber ein anderer Name als Allahs angerufen worden ist. Wer aber durch Not getrieben wird – nicht ungehorsam und das Maß überschreitend –, für ihn soll es keine Sünde sein. Allah ist allvergebend, barmherzig." (2:173–174)

Hieraus geht hervor, daß normalerweise ein Tier, dessen Fleisch erlaubt ist, so getötet wird, daß beim Akt des Tötens Allahs Name angerufen wird. So heißt es in Sure 5 Vers 5:
"Sie fragen dich, was ihnen erlaubt sei. Sprich: "Alle guten Dinge sind euch erlaubt; und was ihr Tiere und Raubvögel gelehrt habt (für euch zu fangen), indem ihr (sie) zur Jagd abrichtet und sie lehret, was Allah euch gelehrt hat. Also esset von dem, was sie für euch fangen, und sprechet Allahs Namen darüber aus. Und fürchtet Allah, denn Allah ist schnell im Abrechnen."

In folgendem Vers werden die Muslime ermahnt, nur solches Fleisch zu essen, über das Allahs Name gesprochen wurde.

"Und esset nicht von dem, worüber Allahs Name nicht ausgesprochen ward, denn fürwahr, das ist Ungehorsam. Und gewiß werden die Teufel ihren Freunden eingeben, mit euch zu streiten. Und wenn ihr ihnen gehorcht, so werdet ihr Götzendiener sein." (6:122)

Es ist somit Sunna (Praxis), daß nur dasjenige Fleisch als "halal" (erlaubt) gilt, über das der Name Allahs angerufen wird. Der Akt des Schlachtens ist so vorgesehen, daß das Blut auslaufen kann (Schächten), da Blut als unrein und damit als "haram" (verboten) gilt. Viele Muslime denken, daß demzufolge nur das geschächtete Fleisch erlaubt ist. Indes besagt ein Hadith, daß einmal Fleisch vor den Propheten Mohammed gebracht wurde. Seine Gefährten zögerten, davon zu essen. Sie sagten, sie wüßten nicht, ob beim Schlachten der Name Allahs ausgesprochen worden sei. Der Prophet sagte daraufhin: "Sprecht den Namen (jetzt) darüber aus und eßt." (Bukhari)
Es kann deswegen als möglich angesehen werden, daß Muslime in Orten, wo korrekt geschlachtetes Fleisch nicht oder nur sehr schwer erhältlich ist, auch anderes, erlaubtes Fleisch kaufen und verzehren dürfen. Einen Hinweis darauf gibt auch der Vers der Sure 5: "Heute sind euch alle guten Dinge erlaubt. Und die Speise derer, denen die Schrift gegeben wurde, ist euch erlaubt, wie auch eure Speise ihnen erlaubt ist."(5:6)
In der Regel werden sich Muslime aber bemühen, auf islamische Art geschlachtetes Fleisch zu kaufen. In Deutschland gibt es hierzu Kontroversen, da die Gesundheitsbehörden oftmals das Schächten als Tötungsart nicht erlauben, weil es als grausam betrachtet wird. Indes ist die islamische Art zu schlachten keineswegs schmerzhaft für ein Tier, da vorgeschrieben ist, daß ein sehr scharfes Messer benutzt werden muß und das Töten schnell vonstatten gehen soll.
Tiere des Meeres sind im Grunde "halal", also erlaubt. Islami-

sche Vegetarier gibt es selten, da Gott das Fleisch von erlaubten Tieren den Menschen als reine und gesunde Speise empfohlen hat. Das Tier liefert eine andere Form von Energie als Nichttierisches.

Darf eine Muslima sich von einem männlichen Arzt behandeln lassen?

Manche Muslime denken, die Regeln der Pardah (Trennung von Mann und Frau außerhalb der Verwandtschaftsgrade) seien so strikt einzuhalten, daß nur eine Ärztin eine Muslima behandeln dürfe und nur ein männlicher Arzt einen Muslim. Indes ist es eher eine Frage der Kompetenz und der Notwendigkeit, die hier beachtet werden soll. Der Koran sagt zum Beispiel:
"Verloren fürwahr sind jene, die ihre Kinder töricht töten, aus Unwissenheit, und das für unerlaubt erklären, was Allah ihnen gegeben hat, Lüge wider Allah erfindend. Sie sind wahrlich irregeleitet und sind nicht rechtgeleitet." (6:141)

Es wäre töricht, auf eine Behandlung zu verzichten, nur weil in übertriebener Weise das Pardah-Gebot verletzt wird. Es ist stets eine Frage der Verhältnismäßigkeit der Mittel. Es kommt so darauf an, abzuwägen, was wichtiger ist: die Behandlung oder ein Kleidungsgebot. Wenn der Koran sogar das Essen von Unreinem gestattet, falls man in Not gerät, ist es keine Frage, daß eine Frau auch von einem männlichen Arzt behandelt werden kann, falls keine Ärztin in der Nähe ist oder der Arzt eine Autorität darstellt. Der Sinn der Pardah, deren Gebot verletzt zu sein scheint, wenn sich eine Frau vor einem männlichen Arzt unbedeckt zeigt, ist ja vielmehr, Unsittlichkeit abzuwenden, nicht, Gesundung zu behindern. Es gilt immer, das höhere Gesetz zu beachten. Aber natürlich wird sich eine Frau bei einer Ärztin wohler fühlen.

Darf eine Muslima Schwimmen und Sport treiben?

Der Prophet Mohammed hatte Männern wie Frauen Sport anempfohlen. Es wird zum Beispiel auch berichtet, daß er mit seiner Frau Aischa ein Wettrennen durchführte. Es steht also einer Frau, die Sport treiben will, nichts im Wege außer der Beachtung, daß sie sich vor fremden Männern nicht unbekleidet zeigen soll. Getrennte Sportanlagen sind deshalb im Islam vorgeschrieben, getrennte Strände etc., so daß Frauen unbehindert von Männerblicken sich frei entfalten können. Das mag in westlichen Ohren als übertrieben klingen, aber der Islam legt großen Wert darauf, daß die Privatsphäre geachtet bleibt und dazu zählt, daß keine Gelegenheit gegeben werden soll, daß man verführt oder sich verführen läßt. Für Mädchen gilt, daß sie sich erst ab der Pubertät voll bekleiden müssen. Wenn einige Muslime ihre kleinen Mädchen einhüllen, ist das sicherlich übertrieben und nicht gerechtfertigt. Es ist kein Hadith oder eine Vorschrift aus dem Koran bekannt, die das gebieten würde. Ab der Pubertät aber sollen Mädchen sich nicht so in gemischte Gesellschaft begeben, daß sie sich mehr oder weniger unbekleidet zeigen. Gemischter Sport-oder Schwimmunterricht ist ab diesem Alter dem Islam zufolge verboten. Das Oberverwaltungsgericht Bremen hat dem Rechnung getragen und Mädchen vom gemischten Sportunterricht befreit, da die Religionsfreiheit vor die Schulpflicht zu setzen sei.

Was ist der Ramadhan?

Der Ramadhan ist der neunte Monat im islamischen Kalender. Er ist laut Koran der Monat, in dem die Offenbarung des Korans begonnen hat, d.h. im Monat Ramadan erhielt der Prophet Mohammed zum ersten Mal durch den Erzengel Gabriel (den Heiligen Geist) Verse offenbart, die zum Koran gehören:
"Der Monat Ramadhan ist der, in welchem der Qur-ân herabgesandt ward: eine Weisung für die Menschheit, deutliche Beweise der Führung und (göttliche) Zeichen. Wer also da ist von euch in diesem Monat, der möge ihn durchfasten; ebenso viele andere Tage aber, wer krank oder auf Reisen ist. Allah wünscht euch erleichtert und wünscht euch nicht beschwert, und daß ihr die Zahl (der Tage) erfüllen und Allah preisen möchtet dafür, daß Er euch richtig geführt hat, und daß ihr dankbar sein möchtet." (2:186)
Der Ramadhan ist mithin der Fastenmonat. Er besteht, je nach der Realität der Mondkonstellation, aus 29 oder 30 Tagen, d.h. der islamische Kalender, zu dem der Ramadhan gerechnet wird, ist ein Mondkalender, so daß der Monat von Neumond zu Neumond geht. Je nach Sichtung des neuen Mondes – durch das bloße Auge, nicht nach astronomischen Tabellen – fängt der Ramadhan an und hört der Ramadhan auf.
Der Prophet Mohammed hatte erklärt, daß es im Ramadhan eine besondere Nacht gibt, die "Lailat ul Qadr" – Nacht des

Schicksals – genannt wird. Über sie sagt der Koran:
"Im Namen Allahs, des Gnädigen, des Barmherzigen. Wahrlich, Wir sandten ihn (den Qur-ân) hernieder in der Nacht Al-Qadr. Und was lehrt dich wissen, was die Nacht Al-Qadr ist? Die Nacht Al-Qadr ist besser als tausend Monde. In ihr steigen die Engel herab und der Geist nach dem Gebot ihres Herrn – mit jeder Sache. Friede währt bis zum Anbruch der Morgenröte."(97)
Unter den orthodoxen Muslimen ist der Glaube weit verbreitet, daß die Nacht Al-Qadr die Nacht des 27. Ramadhan sei. Deswegen verrichten sie in dieser Nacht sehr lange Gebete oder beten gar die ganze Nacht durch. Indes ist dies ein irrtümlicher Glaube. Tatsache ist, daß der Prophet Mohammed gesagt hatte, daß man die Nacht Al-Qadr innerhalb der Nächte der ungeraden Tage der letzten zehn Tage des Ramadhan suchen solle. Er berichtet auch, daß er diese Nacht Al-Qadr zu verschiedenen Nächten innerhalb der ungeraden Tage des Ramadhan erlebt hat. Es ist zudem so, daß es für jeden Menschen seine eigene Nacht Al-Qadr gibt und nicht eine kollektive Nacht für alle. Sonst hätte der Prophet die Muslime nicht individuell aufgefordert, die Nacht unter den angegebenen Nächten zu suchen.

Wie fasten Muslime?

Fasten bedeutet im Islam, sich des Essens, Trinkens, des Geschlechtsverkehrs und – in heutiger Zeit – auch des Rauchens zu enthalten. Die Fastenzeit dauert von etwa 90 Minuten vor Sonnenaufgang bis genau bis zum Sonnenuntergang. Manche Muslime bemessen die Fastenanfangszeit nach dem nau-

tischen Sonnenaufgang, der etwa 30 Minuten früher liegt, indes geht es um den im Land üblichen Sonnenaufgang. Vor diesem Sonnenaufgang (also nicht erst direkt bevor die Sonne sichtbar ist) soll der Fastende eine Mahlzeit zu sich nehmen, die Sehri genannt wird. Zudem soll er seine Fastenabsicht formulieren, die sog. "Niya". Nach Sonnenuntergang darf er essen, trinken usw., aber es ist darauf zu achten, daß dies im Rahmen des sonst auch üblichen bleibt. Bisweilen wird das Fasten völlig mißverstanden, so daß tagsüber geschlafen und nicht gearbeitet wird, während nachts gefeiert und mehr gegessen wird, als normal. Das widerspricht dem Geist des Fastens. Der Prophet Mohammed hatte gesagt, daß es viele gebe, für die Fasten nur Hungern und Dürsten ist, daß sie aber der Segnungen des Fastens, d.h. der spirituellen Höhen, beraubt seien. Er hat auch gesagt, daß für den, der während des Fastens lügt oder betrügt, sich also unmoralisch verhält, Gott nichts übrig habe, d.h. daß sein Fasten von Gott nicht angenommen würde. Der Koran steckt die Linie ab, indem er sagt: "Erlaubt ist euch, in der Nacht des Fastens zu euren Frauen einzugehen. Sie sind euch ein Gewand, und ihr seid ihnen ein Gewand. Allah weiß, daß ihr gegen euch selbst unrecht gehandelt habt, darum hat Er Sich gnädig zu euch gekehrt und euch Erleichterung vergönnt. So möget ihr nunmehr zu ihnen eingehen und trachten nach dem, was Allah euch bestimmte; und esset und trinket, bis der weiße Faden von dem schwarzen Faden der Morgenröte zu unterscheiden ist. Dann vollendet das Fasten bis zum Einbruch der Nacht; und geht nicht ein zu ihnen, solange ihr in den Moscheen zur Andacht verweilt (während der letzten 10 Tage des Fastenmonats). Das sind die Schranken Allahs, so nähert euch ihnen nicht. Also macht Allah Seine Gebote den Menschen deutlich, auf daß sie sicher werden gegen das Böse." (2:188)
Die Mahlzeit beim Fastenbrechen wird Iftar genannt. Der

Prophet sagte, man solle das Fasten mit einer Dattel oder einem Glas Wasser brechen. Unmittelbar nach dem Fastenbrechen soll das Maghrib-Gebet (Sonnenuntergangsgebet) verrichtet werden, anschließend wird man normal zu Abend essen, oftmals im Kreis von Freunden. Es gilt als verdienstvoll, andere zur Mahlzeit des Fastenbrechens einzuladen. Nach dem Ischa-Gebet (Nachtgebet) wird oft das sogenannte Travih-Gebet abgehalten, das aus 8 Rakaats (Gebetsrunden) besteht. In den Moscheen werden sie meist von Muslimen geleitet, die "Hafiz" sind, d.h. den ganzen Koran auswendig können. So wird der gesamte Koran während des Ramadhan in den Moscheen vorgetragen, der Koran ist hierfür in 30 Teile (Para) unterteilt. Besonders fromme Muslime bemühen sich, während der letzten zehn Tage zum sogenannten Ithikhaf in die Moschee zu gehen, d.h. sie verbringen die letzten zehn Tage ausschließlich in der Moschee, wo sie meditieren, beten und sich dem Studium des Korans und der Hadith etc. widmen. Zum Abschluß des Fastenmonats Ramadhan feiern die Muslime das kleine Eid (Fest), das sogenannte Eid-ul-Fitr. Vor dem Eid ist das Sadkatul Fitr zu bezahlen, das sind nach der Sunna derzeit ungefähr 5–7 DM pro Familienmitglied. Wer aus gesundheitlichen oder sonstigen Gründen nicht fasten darf oder kann, muß Fidya entrichten, d. h. pro Tag eine Summe, die er normalerweise für sich an Essen ausgeben würde.

Dürfen Nichtmuslime in eine Moschee?

Der Prophet Mohammed hatte gesagt: "Die ganze Erde ist für mich zu einer Moschee gemacht worden". Das Gebäude "Moschee" (Gotteshaus) dient in erster Linie der gemeinsamen

Verrichtung der Salaat, des Ritualgebets. Die Moschee ist aber auch ein Ort sozialer Geselligkeit, so daß in ihr Hochzeitsessen gehalten werden dürfen etc. Auch ist es oftmals üblich, daß man in Moscheen Übernachtungsmöglichkeiten findet. Nirgends heißt es, daß die Moschee nur den Muslimen vorbehalten ist, wenn auch in manchen islamischen Ländern die orthodoxen Imame Nichtmuslimen den Zutritt zu der Moschee verbieten. Im Gegenteil dazu hat der Prophet Mohammed einmal einer Delegation von Christen, die ihn besuchte, erlaubt, in der Moschee ihren Gottesdienst abzuhalten. Generell muß also die Moschee allen Gottgläubigen oder allen Menschen, die sich zur Kontemplation dort einfinden möchten, offengehalten werden.

Nicht erlaubt ist in der Moschee das Musizieren. Es finden sich in einer Moschee auch keine Bilder, die etwa angebetet werden könnten. Es gibt keinen Altar. Es gibt nur eine Kanzel, von der aus der Imam den Freitagsgottesdienst (Juma) leitet, d.h. von der aus er die Predigt spricht. Eine Moschee ist nach Mekka, der "Qibla" (Gebetsrichtung) ausgerichtet. Es findet sich an ihrer Frontseite eine kleine Nische (Mihrab), in der der Vorbeter (Imam) steht. Moscheen dürfen normalerweise nicht mit Schuhen betreten werden. Zum einen gelten Schuhe als Symbol für Welt. So heißt es im Koran: "Ist Moses' Geschichte nicht zu dir gedrungen? Als er ein Feuer sah, sprach er zu den Seinen: "Bleibet (hier), ich gewahre ein Feuer; vielleicht kann ich euch einen Brand davon bringen oder beim Feuer Weisung finden." Und wie er näher heran kam, ward er angerufen: "Moses! Siehe, Ich bin dein Herr. So ziehe deine Schuhe aus, denn du bist in dem heiligen Tale Tuwa." (20:10–13)

Zum anderen ist die Moschee sauber zu halten, da die Muslime sich dort niederwerfen. In der Regel werden deswegen in der

Moschee die Schuhe zum Gebet nicht anbehalten, wenngleich es auch erlaubt ist, in Schuhen zu beten.

Für die Form der Moschee gibt es keine allgemein gültige Weisung. Das Gebäude kann nach den Vorstellungen der Gemeinde und ihres Architekten errichtet werden. Hierzulande werden des öfteren auch Gebäude als Moschee verwendet, die nicht direkt als Moschee erbaut wurden. Ein Minarett ist bei einer Moschee nicht Pflicht, es dient indes dazu, daß von ihm aus der Muezzin (Rufer) den Azan (Gebetsruf) verkündet, der eine Zeit vor der eigentlichen Gebetszeit gerufen wird, um die Gläubigen der Umgebung darauf aufmerksam zu machen, daß Gebetszeit ist. In Ländern der Diaspora, wo in der unmittelbaren Umgebung der Moschee die Muslime nicht wohnen, sondern aus allen Teilen der Stadt zur Moschee kommen, ist der öffentliche Gebetsruf und damit ein Minarett nicht vonnöten. Indes wird der Azan laut Sunna vor jedem Ritualgebet gerufen, d.h. gegebenenfalls in der Moschee selbst.

Was ist ein Azan?

Der Azan (Adhan) ist der Ruf, mit dem der Muezzin die Gläubigen auffordert, in die Moschee zu kommen, bzw. mit dem innerhalb der Moschee bekanntgegeben wird, daß man sich nun zum Beten anschickt.

Als der Prophet Mohammed darüber nachdachte, wie die Muslime zum Gebet gerufen werden sollten, machten die Sahabis (Gefährten) verschiedene Vorschläge. Einige von ihnen berichteten dann, daß sie im Traum gesehen hatten,

daß zum Gebet tatsächlich gerufen wurde, d.h. keine Glocke o.ä. verwandt wurde. Der Azan lautet demzufolge:
"Allah o akbar, Allah o akbar, Aschado ala ilaha illallah, aschado ala ilaha illallah, aschado ana Muhammadur rasulullah, aschado ana Muhammadur rasulullah, hayya alas salat, hayya alas salat, hayya alal falah, hayya alal falah, Allah o akbar, Allah o akbar, la ilaha ilallah", zu deutsch: Gott ist der Größte, Gott ist der Größte, ich bezeuge, daß niemand anbetungswürdig ist außer Gott, ich bezeuge, daß niemand anbetungswürdig ist außer Gott, ich bezeuge, daß Mohammed der Gesandte Gottes ist, ich bezeuge, daß Mohammed der Gesandte Gottes ist, kommt her zum Gebet, kommt her zum Gebet, kommt her zum Erfolg, kommt her zum Erfolg, Gott ist der Größte, Gott ist der Größte, es gibt keinen Anbetungswürdigen außer Gott."
Beim Fajr-(Morgen)Gebet wird nach "kommt her zum Erfolg" gerufen:Assalato Khein run minan naoum", d.h. das Gebet ist besser als der Schlaf.
Vor dem Beginn der Salaat, d.h. unmittelbar bevor der Imam mit dem Vorbeten beginnt, wird ein verkürzter Azan, das sogenannte Takbir oder Iqamat laut vom Muezzin oder einem anderen Gläubigen gesprochen.

Was ist eine Wudhu?

Unter "Wudhu" versteht man die Waschung vor dem Gebet. Der Koran sagt dazu: "O die ihr glaubt! Wenn ihr zum Gebet hintretet, waschet euer Gesicht und eure Hände bis zu den Ellbogen und fährt euch über den Kopf und (waschet) eure Füße bis zu den Knöcheln. Und wenn ihr im Zustand der

Unreinheit (nach dem Geschlechtsverkehr) seid, reinigt euch durch ein Bad. Und wenn ihr krank oder auf einer Reise seid (und dabei unrein), oder wenn einer von euch vom Abtritt kommt, oder wenn ihr Frauen berührt habt, und ihr findet kein Wasser, so nehmt reinen Sand und reibt euch damit Gesicht und Hände. Allah will euch nicht in Schwierigkeiten bringen, sondern Er will euch nur reinigen und Seine Gnade an euch erfüllen, auf daß ihr dankbar seiet." (5:7)

In der Sunna wird die Wudhu genauer erklärt. In der Regel soll man sich zunächst dreimal die rechte Hand, dann dreimal die linke Hand waschen. Dann dreimal den Mund ausspülen. Dann das Gesicht dreimal, dreimal die Nase ausspülen, dreimal den rechten Arm, dreimal den linken Arm, dann dreimal den Kopf benetzen, dann die Ohren dreimal säubern, dann die Füße. Manche Rechtsgelehrte sagen, daß man sich immer die Füße waschen muß.Andere verfolgen eine Praxis des Propheten, daß dann, wenn man sich nach dem ersten Waschen morgens Strümpfe angezogen hat, es nur noch nötig ist, symbolisch über die Strümpfe zu streichen. Die körperlichen Waschungen werden in der Regel begleitet von speziellen Gebeten. Vor der Wudhu muß man "Im Namen Allahs, des Gnädigen, des Barmherzigen" oder das traditionelle Gebet vor der Wudhu sagen. Findet man kein Wasser oder kann aus bestimmten Gründen kein Wasser benutzen, genügt das sogenannte Tayamum, d.h. die symbolische Waschung, indem man Arme und Gesicht mit den Händen bestreicht, nachdem man mit ihnen Sand o.ä, berührt hat.
Ohne im rituellen Zustand der Reinheit zu sein, der durch die Wudhu, Tayamum oder ggf. die sogenannte Ghusl (Bad nach dem Geschlechtsakt oder der Periode) hervorgerufen wird, ist die Salat nicht erlaubt. Ein Dua-Gebet oder Dhikr kann man auch ohne Wudhu zu haben verrichten.

Wenn man im Koran liest, sollte man Wudhu haben, aber es ist nicht Pflicht. Manche Muslime beziehen sich auf einen Koran-Vers, der besagt:
"Keiner kann es (das heilige Buch des Koran) berühren, außer den Gereinigten". (56:80).
Es ist aber offensichtlich, daß Nichtmuslime den Koran auch ohne Wudhu berühren und deswegen nicht gleich sündigen.

Was ist Dhikr?

Unter Dhikr (Zikr) verstehen die Muslime eine fortwährende Anrufung Gottes, eigentlich ein fortgesetztes "Gedenken Allahs". Der Koran sagt dazu:
"Die Allahs gedenken im Stehen und Sitzen und wenn sie auf der Seite liegen und nachsinnen über die Schöpfung der Himmel und der Erde." (3:192)
Und:
"Und gedenke deines Herrn in deiner Seele in Demut und Furcht und ohne laute Worte des Morgens und des Abends; und sei nicht der Nachlässigen einer. Die deinem Herrn nahe sind, sie wenden sich nicht hoffärtig ab von Seinem Dienst, sondern sie lobpreisen Ihn und werfen sich vor Ihm nieder." (7:206–207) In Sufi-Kreisen ist auch gemeinsames lautes Dhikr üblich. Man trifft sich und wiederholt gemeinsam die Anrufung Gottes durch bestimmte Formeln wie "la ilaha ilallah" (niemand ist anbetungswürdig außer Gott oder es gibt keinen Gott außer Allah), oder "subhanallah" (heilig ist Gott) oder "alhamdolillah" (aller Preis gebührt Gott) oder "Allah o akbar" (Gott ist der Größte).
Der fromme Muslim wird sich bemühen, fortgesetzt im Zu-

stand des Gebets zu sein, wenn er spazierengeht oder einkaufen oder in einem Fahrzeug fährt etc. Es gibt zum Dhikr eine Vielzahl von Gebeten, die aus dem Koran stammen oder die der Prophet Mohammed gelehrt hat.
Der Koran ermahnt immer wieder, daß Kommunikation mit Gott (Gebet) die wesentlichste Tätigkeit zur Erlangung einer lauteren Seele und Reinheit in Geist und Gemüt ist. So heißt es über "Dhikr" (Gedenken Allahs):
"O die ihr glaubt! Gedenket Allahs in häufigem Gedenken und lobpreist Ihn morgens und abends. Er ist es, Der euch segnet , und Seine Engel beten für euch, daß Er euch aus den Finsternissen zum Licht führe. Und Er ist barmherzig gegen die Gläubigen." (33:42–44)

Wie beten Muslime auf Reisen?

Auf Reisen, aber auch dann, wenn er durch Regen oder wichtige Aufgaben gehindert ist, darf der Muslim einige Ritualgebete verkürzen. Der Koran sagt:
“Und wenn ihr durch das Land zieht, dann soll es keine Sünde für euch sein, wenn ihr das Gebet verkürzt, so ihr fürchtet, die Ungläubigen würden euch bedrängen. Wahrlich, die Ungläubigen sind euch ein offenkundiger Feind." (4:102)
Wenn dieser Vers sich auch vorwiegend auf Zeiten bezieht, in denen die Muslime von ihren Feinden angegriffen werden und sich verteidigen müssen, so besagt er doch auch, daß es Sunna (Praxis des Propheten) ist, dann, wenn man die gewohnte Umgebung vermißt und in widrigen Umständen ist, die Ritualgebete zu verkürzen. Somit fällt in solchen Situationen das Sunna-Gebet (freiwillige Gebet) ganz aus, und der

Farz-Teil (Pflichtteil) wird im Mittags- bzw. Nachmittags- bzw. Nachtgebet von 4 Rakaats auf 2 Rakaats verkürzt. Das Fajr- (Morgen), Maghrib- (Sonnenuntergangs) und Witr-Gebet (zum Abschluß des Tages) bleibt jedoch ohne Kürzung.

Um die entgangenen Gebete auszugleichen, wird indes ein Muslim auf Reisen oft versuchen, Nafl-Gebete (d.h. freiwillige Gebete, die aus 2 Rakaats bestehen) zu verrichten.
Auf Reisen ist es oft unmöglich, sich genau an die Qibla (Gebetsrichtung) zu halten und sich nach Mekka zu wenden. Im Flugzeug, Zug oder Auto kann dennoch auch gebetet werden. In solchen Fallen deutet man im Sitzen die Gebetsbewegungen nur an. Im Koran heißt es zur Wahl der Qibla einmal:
"Sprich: "Allahs ist der Osten und der Westen. Er leitet, wen Er will, auf den geraden Weg."" (2:143)

Was ist das Juma?

Unter "Juma" versteht man das Freitagsgebet, bei dem der Imam in der Moschee für die Gemeinde eine Predigt hält, in der er sich auf allgemeine Fragen der moralischen und spirituellen Entwicklung, aber auch über aktuelle Ereignisse äußern kann.
Der Koran sagt dazu:
"O die ihr glaubt, wenn der Ruf zum Gebet am Freitag erschallt, dann eilet zum Gedenken Allahs und lasset den Handel ruhen. Das ist besser für euch, wenn ihr es nur wüßtet. Und wenn das Gebet beendet ist, dann zerstreut euch im Land und trachtet nach Allahs Gnadenfülle und gedenket Allahs häufig, auf daß

ihr Erfolg habt. Doch wenn sie eine Ware sehen oder ein Spiel, dann brechen sie sogleich dazu auf und lassen dich (o Prophet) stehen. Sprich: "Was bei Allah ist, das ist besser als Spiel und Ware, und Allah ist der beste Versorger." (62:10-12)

Vor dem Juma wird wie zu den normalen Gebeten ein Azan gerufen. Das Juma findet zur Zeit des frühen Nachmittags statt, es ersetzt das Zuhr- (Mittags) Gebet dergestalt, daß anstelle von zwei Rakaats der sonst üblichen 4 eine Predigt gehalten wird, nach der Predigt ~ die in jeder Sprache gehalten werden kann, wird auf Arabisch das spezielle Gebet vom Imam gesprochen, das der Prophet zu beten pflegte, anschließend leitet der Imam zwei Rakaats, wobei er – im Gegensatz zum sonstigen Mittagsgebet – die Koranpassagen laut betet. Unmittelbar vor der Predigt ("Khutba") wird ein zweiter Azan gerufen. Vor dem eigentlichen Gebet der zwei Rakaats wird auch ein Takbir oder Iqamat gesagt, d.h. der verkürzte Adhan, der darauf hinweist, das nun das Gebet beginnt.

Nach dem Juma ist wieder normaler Alltag, d.h. es wird dem Beruf nachgegangen. In den Hadith heißt es, wer dreimal hintereinander nicht am Juma teilnimmt, kann sich seines Glaubens nicht mehr sicher sein. Die Teilnahme an Juma ist somit für die Männer Pflicht. Frauen dürfen am Juma teilnehmen. Selbst wenn sie in der Phase der Menstruation sind, dürfen sie der Predigt (Khutba) zuhören, indes dürfen sie dann nicht das Ritualgebet mitbeten. Kleine Kinder sollten nach Möglichkeit nicht zum Juma kommen, da sie den Ablauf der Predigt durch Geschrei stören könnten.

Was ist ein Hadschi?

Ein Hadschi (Hajji) ist jemand, der die große Pilgerfahrt (Hajj oder Hadsch) nach Mekka zu der vorgeschriebenen Wallfahrtszeit vollzogen hat. Es ist somit ein Ehrentitel. Der Name sagt indes nicht aus, ob die Hadsch des Pilgers auch von Allah angenommen wurde. Die Hadsch ist der fünfte Pfeiler des Islam und sie – als Gottesdienst – unterliegt wie jede gottesdienstliche Handlung der Annahme durch Gott. Die bloße Absolvierung der Riten ansich ist noch kein Verdienst und sagt nichts darüber aus, ob der Pilger tatsächlich die Segnungen erlangt, die auf der Hadsch möglich sind.

Warum dürfen Nichtmuslime nicht nach Mekka reisen?

Mekka ist der Ort der Kaaba. Die Kaaba – ein würfelförmiges Gebäude – gilt als das erste Gotteshaus der Menschen, das der Überlieferung nach von Adam (dem Propheten, nicht dem ersten Menschen – der Koran macht da einen Unterschied) errichtet worden und von Abraham zusammen mit seinem Sohn Ismail wieder aufgebaut worden war. In Mekka befindet sich auch die heilige Zem-Zem-Quelle, die der Überlieferung nach zu den Füßen von Abrahams Gattin Hagar zu sprudeln begann, als sie, von Abraham zurückgelassen, verzweifelt nach Wasser für ihren Sohn suchte.
Zur Kaaba pilgern die Muslime zum Zeichen, daß sie sich völlig Gott ergeben haben. Die Riten – und Gebete – die bei der

Hadsch zu beachten sind, sind eine eigene Abhandlung wert und bedürfen einer ausführlichen Beschreibung. Außerhalb der Hadsch-Zeit ist die Kaaba ebenfalls Zentrum von Pilgerfahrten. Solche Pilgerreisen werden Umra genannt.
Da Mekka somit ein Ort des Gebetes und der Erinnerung Gottes sein soll, muß vermieden werden, daß Touristen, die wenig oder kein Interesse daran haben, sich religiösen Erfahrungen zu widmen, dort die Pilger stören. Der Koran sagt dazu:
"O die ihr glaubt! wahrlich, die Götzendiener sind unrein. Drum sollen sie nach diesem Jahr sich der Heiligen Moschee (in Mekka) nicht nähern. Und falls ihr Armut befürchtet, so wird euch Allah gewiß aus Seiner Fülle reich machen, wenn Er will. Wahrlich, Allah ist allwissend, allweise." (9:28)

Orthodoxe Muslime leiten aus diesem Vers ab, daß es generell Nichtmuslimen verboten ist, nach Mekka zu pilgern. Andere Muslime sind der Auffassung, daß wer immer unter den Menschen tatsächlich aus religiösen Gründen nach Mekka pilgern möchte, daran nicht gehindert werden dürfte. In der Praxis derer, die über Mekka herrschen, hat es aber immer wieder Maßnahmen gegeben, selbst denen, die sich Muslime nennen und dementsprechend verhalten, die Pilgerfahrt zu verwehren oder zu erschweren, indem keine Visa erteilt werden etc. Das ist prinzipiell gegen den Geist der Kaaba, die Gotteshaus für alle Menschen ist. Der Koran sagt dazu:
"Und (bedenke) wie Wir für Abraham die Stätte des Hauses bestimmten (und sprachen): "Setze Mir nichts zur Seite, und halte Mein Haus rein für diejenigen, die den Umgang vollziehen und die stehen und sich beugen und niederfallen (im Gebet); und verkündige den Menschen die Pilgerfahrt: Sie werden zu dir kommen zu Fuß und auf jedem hageren Kamel, auf allen fernen Wegen, auf daß sie ihre Vorteile wahrnehmen und des Namens Allahs gedenken während der bestimmten

Tage für das, was Er ihnen gegeben hat an Vieh. Darum esset davon und speiset den Notleidenden, den Bedürftigen. Dann sollen sie ihrer persönlichen Reinigung obliegen und ihre Eide erfüllen und um das Altehrwürdige Haus (die Kaaba) wandeln."" (22:27–30)
Es ist in diesen Versen allgemein von den "Menschen" und nicht von Muslimen allein die Rede. Folglich wäre es angemessen, die Pilgerfahrt jedem zu ermöglichen, der sie um Allahs – oder Gottes – Willen vollziehen will.

Was ist der Schwarze Stein in der Kaaba?

Bei dem Schwarzen Stein in der Ummauerung der Kaaba handelt es sich wahrscheinlich um einen Meteoriten. Die Pilger sollen, der Praxis des Propheten folgend, sich darum bemühen, bei ihren Umkreisungen um die Kaaba einmal den Schwarzen Stein zu küssen. Es handelt sich bei diesem Ritus um einen mystischen Akt. Der Mahdi des Islams, Hazrat Mirza Ghulam Ahmad, sagte dazu, daß die Kaaba die Brust des Menschen symbolisiert, die von allen Götzen (des Egoismus) gereinigt werden muß, so, wie Mohammed einst das tatsächliche Gebäude von den dort von den Mekkanern aufgestellten 360 Götzenbildern befreite. Der Schwarze Stein symbolisiert das Herz des Menschen. Der Kuß des Schwarzen Steins würde demzufolge bedeuten, daß der Mensch zum Zeichen seiner erfolgten Selbstüberwindung sein Herz, das allein Gottes ist, heiligt.

Ist Beschneidung im Islam Pflicht?

Der Islam hält fest an dem im 1. Buch Moses 17:9–14 übermittelten Gebot der Beschneidung aller männlichen Nachkommen. Die Beschneidung gilt somit als Fortsetzung des Bundes, den Gott seinerzeit mit Abraham schloß. Eine Beschneidung von weiblichen Nachkommen ist nicht Sunna, d.h. Praxis des Islam. Da, wo sie dennoch durchgeführt wird, handelt es sich um lokale Traditionen, die mit dem Islam nicht vereinbar sind. Für Konvertiten ist es nützlich, sich beschneiden zu lassen, es gibt aber kein Gebot in dieser Richtung. Die Beschneidung der männlichen Nachkommen sollte möglichst schmerzlos erfolgen, sie wird heutzutage meist im Krankenhaus gleich nach der Geburt vollzogen. Extra Riten, wie sie bisweilen üblich sind, entbehren jeglicher Grundlage.

Was bedeutet Inscha-Allah?

"Inscha-Allah" heißt übersetzt: "So Gott will". Der Muslim ist gehalten, bei jeder Sache oder Angelegenheit, die in der Zukunft liegt oder die er zukünftig zu tun plant, als Zusatz "Inscha-Allah" zu sagen, da es von Gott allein abhängt, was die Zukunft bringt. Der Koran sagt dazu:
"Und sprich nie von einer Sache: "Ich werde es morgen tun", es sei denn: "So Allah will". Und gedenke deines Herrn, wenn du es vergessen hast, und sprich: "Ich hoffe, mein Herr wird mich noch näher als dies zum rechten Wege führen."" (18:24–25)

Was sagt der Islam über die Behandlung der Eltern?

Der Prophet Mohammed bewertete die Stellung der Mutter so hoch, daß er sagte: "Das Paradies liegt zu den Füßen der Mütter". Der Koran ist in dieser Hinsicht ebenfalls sehr deutlich und ermahnt:
"Dein Herr hat geboten: "Verehret keinen denn Ihn, und (erweiset) Güte den Eltern. Wenn eines von ihnen oder beide bei dir ein hohes Alter erreichen, sage nie "Pfui!" zu ihnen, und stoße sie nicht zurück, sondern sprich zu ihnen ein ehrerbietiges Wort. Und neige gütig gegen sie den Fittich der Demut und sprich: "Mein Herr, erbarme Dich ihrer, so wie sie mich als Kleines betreuten."" (17:24–25)
Und:
"Wir haben dem Menschen auf die Seele gebunden, seinen Eltern Gutes zu tun. Doch wenn sie dich bestimmen möchten, daß du Mir das zur Seite stellst, wovon du keine Kenntnis hast, so gehorche ihnen nicht. Zu Mir ist eure Heimkehr, dann will Ich euch verkünden, was ihr getan." (29:9)
Der Muslim ist also verpflichtet, in weltlichen Angelegenheiten seinen Eltern zu gehorchen. Wenn sie ihn aber von der Befolgung des Weges Gottes abhalten und dazu zwingen wollen, einen anderen Weg denn den von ihm gewählten des Islams zu gehen, ist es ihm nicht auferlegt, ihnen zu gehorchen, im Gegenteil, Gott befiehlt ihm, sich dann von den Eltern abzukehren, so, wie es Abraham tat, als sein Vater ihn vom Glauben an den einen Gott abhalten wollte:
"Erzähle, was in diesem Buch über Abraham steht. Er war ein Mann der Wahrheit, ein Prophet. Da er zu seinem Vater sprach: "O mein Vater, warum verehrst du das, was nicht hört

und nicht sieht und dir in nichts nützen kann? O mein Vater, zu mir ist in Wahrheit eine Erkenntnis gekommen, die nicht zu dir kam; so folge mir, ich will dich auf den rechten Pfad leiten. O mein Vater, diene nicht Satan, denn Satan ist ein Empörer wider den Allerbarmer. O mein Vater, siehe, ich fürchte, es möchte dich Strafe vom Allerbarmer treffen, und dann wirst du ein Freund Satans werden." Er antwortete: "Verlässest du meine Götter, o Abraham? Wenn du nicht aufhörst, so werde ich dich wahrlich steinigen. Verlasse mich auf lange Zeit." (Abraham) sprach: "Friede sei auf dir! Ich will von meinen Herrn Vergebung für dich erflehen; Er ist gnädig gegen mich. Und ich werde mich fernhalten von euch und von dem, was ihr statt Allah anruft; ich werde im Gebet zu meinem Herrn bestimmt nicht enttäuscht." (19:42–49)

An anderer Stelle wiederholt Allah:
"Und Wir haben dem Menschen für seine Eltern ans Herz gelegt – seine Mutter trug ihn in Schwäche über Schwäche, und seine Entwöhnung erfordert zwei Jahre –: "Sei dankbar Mir und deinen Eltern. Zu Mir ist die Heimkehr. Doch wenn sie mit dir eifern, damit du Mir das zur Seite setzest, wovon du keine Kenntnis hast, dann gehorche ihnen nicht. In weltlichen Dingen aber verkehre mit ihnen auf geziemende Weise. Doch folge dem Weg dessen, der sich zu Mir wendet. Dann werdet ihr zu Mir zurückkehren, und Ich werde euch verkünden, was ihr getan."" (31:15–16)
Alles in allem betont aber Gott, daß es für den Muslim keine Entschuldigung gibt, etwa seinen Eltern nicht zu dienen, gleich, ob sie auch Muslime sind oder nicht. Es heißt im Koran: "Wir haben dem Menschen Güte gegen seine Eltern zur Pflicht gemacht. Seine Mutter trug ihn mit Schmerzen, und mit Schmerzen gebar sie ihn. Und ihn zu tragen und ihn zu entwöhnen erfordert dreißig Monate, bis dann, wenn er seine

Vollkraft erlangt und vierzig Jahre erreicht hat, er spricht: "Mein Herr, sporne mich an, dankbar zu sein für Deine Gnade, die Du mir und meinen Eltern erwiesen hast, und Rechtes zu wirken, das Dir wohlgefallen mag. Und laß mir meine Nachkommenschaft rechtschaffen sein. Siehe, ich wende mich zu Dir; und ich bin einer der Gottergebenen."" (46:16)

Ist Tanzen im Islam erlaubt?

Das Gesetz der Pardah, demzufolge eine Frau in der Öffentlichkeit sich nicht so zeigen oder darstellen darf, daß sie zum Anlaß für Männer außerhalb der Verwandtschaftsgrade ist, zu ihr zu schauen, besagt, daß es im Islam undenkbar ist, daß Muslime etwa in einer Disco tanzen. Der Koran gibt einen Hinweis darauf, indem er sagt:
"Und sie (die Frauen) sollen ihre Füße nicht zusammenschlagen, so daß bekannt wird, was sie von ihrem Zierat verbergen." (24:32)
Zu Hause aber können Ehepaare tanzen, dem steht nichts entgegen. Tanzen als kulturelle Tätigkeit ist dem Islam aber fremd, wenn man von den sogenannten "Tanzenden Derwischen" absieht, der Bruderschaft der Mevlevi-Sufis, die sich auf den großen Mystiker Jalaluddin Rumi berufen, der, als er einmal in einer Stadt das Gehämmere der Kupferschmiede hörte, so in Ekstase geraten sein soll, daß er zu tanzen anfing. Dieser Tanz aber ist eher der Versuch einer spirituellen Übung. Er ist nicht zu vergleichen mit einem Gesellschaftstanz.

Was ist "halal" bzw. "haram"?

Das islamische Gesetz sagt über etwas, das erlaubt ist, es ist "halal". "Haram" bedeutet, daß etwas verboten ist (das Wort "Harem" stammt daher und besagt, daß der Teil des Hauses, der Harem genannt wird, fremden Männern nicht zugänglich ist und den Frauen vorbehalten bleibt). In der Skala dessen, was erlaubt bzw. verboten ist, gibt es auch das, was "tayyib" ist, also besonders empfohlen, besonders gut. Und das, was "Makhrub" ist, also unerwünscht, nicht gern gesehen. Rauchen gehört beispielsweise zu den Dingen, die "Makhrub" sind. Schweinefleisch, Alkohol, Drogen, Glücksspiel u.a.m. sind "haram", also verboten. Meerestiere, Gemüse, Korn, Obst sind "halal".

Wie wird man Muslim?

Der Prophet Mohammed sagte, jeder Mensch wird als Muslim, d.h. als Gottergebener geboren, es sind dann seine Eltern (und die Erziehung), die ihn zum Christen oder Juden etc. machen. Wer nicht im Islam aufgewachsen ist, sondern in einer anderen Religion, und dann formell zum Islam übertreten möchte, muß vor mindestens zwei Zeugen die Schahada, d.h. das Glaubensbekenntnis ("La ilaha ilallah, Muhammdur rasulullah" = "Niemand ist anbetungswürdig außer Gott, Mohammed ist der Gesandte Gottes") ablegen. Dadurch ist er formell in die "Umma", d.h. Gemeinschaft der Gläubigen aufgenommen.

Bisweilen ist in einzelnen islamischen Gemeinden ein Baiat (Treuegelöbnis) erforderlich, d.h. der zukünftige Muslim verspricht in die Hand des Imams, dem Glauben gemäß zu leben und dem Imam ("Khalifa", d.h. Kalif) in allem Guten gehorsam zu sein. Dies war die Praxis des Propheten Mohammed, der von neuen Muslimen das Baiat abnahm.
Ein formeller Übertritt zum Islam ist jedoch nichts wert, in den Augen Allahs, wenn man seinen Glauben nicht auch praktiziert. Dazu gehört das Einhalten der fünf Pfeiler des Islam, d.h. Bezeugen der Einheit Gottes in Wort und Tat, das Verrichten des fünfmal täglichen Ritualgebets, das Fasten im Monat Ramadhan, das Bezahlen der Zakat oder Armensteuer (Almosengeben) und nach Möglichkeit die Wallfahrt nach Mekka.
Allah sagt im Koran:
"O die ihr glaubt, warum sagt ihr, was ihr nicht tut? Höchst hassenswert ist es vor Allah, daß ihr sagt, was ihr nicht tut." (61:4–5).

Ist Gotteslästerung und Beleidigung des Propheten Mohammed strafbar?

In manchen Ländern, so in Pakistan, steht auf Beleidigung des Propheten Mohammed die Todesstrafe. Tatsache ist jedoch, daß es zu Lebzeiten des Propheten Mohammed durch ihn keine weltliche Maßnahme gab, um gegen die, die ihn beleidigten, vorzugehen. Bekannt geworden ist beispielsweise der Fall des als Führers der Heuchler in Medina bekanntgewordenen Abd Allah bin Ubayy, von dem der Koran berichtet, daß er den

Propheten beleidigte, indem er ihn den "Geringsten" und sich selbst den "Angesehensten" nannte:
"Sie sprechen: "Wenn wir nach Medina zurückkehren, dann wird der Angesehenste sicherlich den Geringsten daraus vertreiben", obwohl das Ansehen nur Allah und Seinem Gesandten und den Gläubigen gebührt; allein die Heuchler wissen es nicht." (63:9)
Der Prophet Mohammed ergriff selbst jedoch keine Maßnahme, um den Beleidigenden zu bestrafen. Im Koran wird der Prophet aufgefordert, mit derartigen Leuten (Heuchlern) folgendermaßen umzugehen:
"Diese sind es, von denen Allah wohl weiß, was in ihren Herzen ist. So wende dich ab von ihnen und ermahne sie und sprich ein eindringliches Wort zu ihnen über sie selbst." (4:64)
Es kann also nicht die Rede davon sein, daß gemäß des Korans oder der Sunna (Praxis des Propheten) jemand wegen Beleidigung des Propheten von einer Gerichtsbarkeit mit Strafe in dieser Welt belegt werden sollte.
Auch an anderer Stelle im Koran, in der darauf Bezug genommen wird, daß der Prophet beleidigt wurde, ist nicht die Rede davon, daß der Prophet oder die irdische Autorität gegen jene mit Strafen vorgehen sollten. Es heißt ganz konkret, daß für sie das "Feuer der Hölle" bestimmt ist, das indes nur von Allah Selbst verhängt werden kann:
"Und unter ihnen sind jene, die den Propheten kränken und sagen: "Er ist ein Ohr". Sprich: "Ein Ohr euch zum Guten: er glaubt an Allah und glaubt den Gläubigen und ist eine Barmherzigkeit denen unter euch, die gläubig sind." Und die den Gesandten Allahs kränken, denen wird schmerzliche Strafe. Sie schwören euch bei Allah, um euch zu gefallen; jedoch Allah und Sein Gesandter sind würdiger, so daß sie Ihm gefallen sollten, wenn sie Gläubige sind. Wissen sie denn nicht, daß für den, der Allah trotzt und Seinem Gesandten, das Feuer der

Hölle ist, darin er bleiben muß? Das ist die tiefste Demütigung." (9:61–63)
Dem Propheten und den Gläubigen wird Geduld auferlegt, aber nicht Bestrafung derer, die den Propheten einen Lügner schelten:
"Wohl sind vor dir Gesandte als lügenhaft gescholten worden; doch trotzdem sie verleugnet und verfolgt wurden, blieben sie geduldig, bis Unsere Hilfe ihnen kam. Es gibt keinen, der die Worte Allahs zu ändern vermöchte. Wahrlich, schon kam Kunde zu dir von den Gesandten."(6:35)
Der Prophet ist nur ein Warner und kein Wächter oder Hüter über diejenigen, denen er die Botschaft bringt, sein Auftrag ist nur, die Botschaft nach bestem Wissen und Gewissen zu verkündigen:
"Wer dem Gesandten gehorcht, der gehorcht in der Tat Allah, und wer sich abkehrt – wohlan, Wir haben dich nicht gesandt zum Hüter über sie." (4:81)
Und:
"Wahrlich, Wir haben dich mit der Wahrheit entsandt, als Bringer froher Botschaft und als Warner." (35:25)
Immer wieder betont der Koran, daß es keinen Zwang im Glauben geben darf (2:257) und daß es dem Propheten nicht obliegt, die Menschen zum Glauben zu zwingen, d.h. es ist ihm auch nicht erlaubt, gegen sie in Glaubensfragen durch ein weltliches Strafmaß vorzugehen:
"Und hätte dein Herr Seinen Willen erzwungen, wahrlich, alle, die auf der Erde sind, würden geglaubt haben insgesamt. Willst du also die Menschen dazu zwingen, daß sie Gläubige werden?" (10:100)

In vielen, vielen Versen behandelt der Koran das Verhalten der Heuchler und der Ungläubigen, immer aber wird betont, daß es Allah allein obliegt, sie zu erretten, zu leiten, oder sie nicht

zu leiten und zu bestrafen. Nirgendwo ist zu lesen, daß Gott Seinen Propheten oder die, die im Islam die Befehlsgewalt haben, beauftragt, gegen diejenigen mit Gesetzesgewalt vorzugehen, die Gott beleidigen. Im Gegenteil, es ist den Muslimen nicht erlaubt, die Götter und Götzen der Ungläubigen zu beleidigen, um nicht deren Revanche hervorzurufen, d.h. um nicht Anlaß dafür zu sein, daß jene den Gott des Islams beleidigen:
"Und schmähet nicht die, welche sie statt Allah anrufen, sonst würden sie aus Groll Allah schmähen ohne Wissen. Also ließen Wir jedem Volk sein Tun als wohlgefällig erscheinen. Dann aber ist zu ihrem Herrn ihre Heimkehr; und Er wird ihnen verkünden, was sie getan." (6:109)
Es kann also nicht die Rede davon sein, daß eine Beleidigung geahndet werden soll, auch nicht mit einer Gegenbeleidigung. Nur im Falle eines Verteidigungskrieges, wenn die Muslime mit Waffengewalt angegriffen werden, ist es dem Propheten erlaubt, sich zu wehren und die Unterdrücker zu bestrafen. Das bezieht sich aber nur darauf, daß manche versuchen, die Muslime zu unterdrücken und ihnen die Glaubensfreiheit zu versagen:
"Rufe auf zum Weg deines Herrn mit Weisheit und schöner Ermahnung; und streite mit ihnen auf die beste Art. Wahrlich, dein Herr weiß am besten, wer von Seinem Wege abgeirrt ist; und Er kennt am besten jene, die rechtgeleitet sind. Und wenn ihr (die Unterdrücker) zu strafen (wünschet), dann bestraft (sie) in dem Maße, wie euch Unrecht zugefügt wurde; wollt ihr aber Geduld zeigen, dann ist das wahrlich das Beste für die Geduldigen. Harre aus in Geduld; deine Geduld aber kommt nur von Allah. Und betrübe dich nicht über sie, noch beunruhige dich wegen ihrer Anschläge. Wahrlich, Allah ist mit denen, die rechtschaffen sind und die Gutes tun." (16:126–129)

Selbst wenn seitens derer, die auf Beleidigung des Propheten und auf Blasphemie Todesstrafe verhängen, gesagt wird, daß auch die Beleidigenden “Unterdrücker" seien und bestraft bzw. bekämpft werden müßten, so lautet doch der Grundsatz des Korans hinsichtlich des Strafmaßes Gerechtigkeit:
"Die Vergeltung für eine Schädigung soll eine Schädigung in gleichem Ausmaß sein; wer aber vergibt und Besserung bewirkt, dessen Lohn ist sicher bei Allah. Wahrlich, Er liebt die Ungerechten nicht. Jedoch trifft kein Tadel jene, die sich verteidigen, nachdem ihnen Unrecht widerfuhr. Tadel trifft nur solche, die den Menschen Unrecht zufügen und auf Erden freveln ohne Rechtfertigung. Ihnen wird schmerzliche Strafe. Und fürwahr, wer geduldig ist und vergibt – das ist gewiß Zeichen eines starken Geistes." (42:41–44)
Es ist hieraus deutlich, daß Todesstrafe auf Beleidigung des Propheten oder Gotteslästerung nicht das Maß ist, daß Allah vorsieht. Ganz klar sagt der Koran immer wieder, daß es Gott allein vorbehalten ist, mit solchen Menschen umzugehen. Zum Beispiel:
"Nicht deine Verantwortung ist es, ihnen den Weg zu weisen; doch Allah weist den Weg, wem Er will." (2:272)

Die Bestrafung für Spott ist allein Gottes Angelegenheit:
"Und wenn du sie fragst, so werden sie ganz gewiß sagen: "Wir plauderten nur und scherzten". Sprich: "Galt euer Spott etwa Allah und Seinen Zeichen und Seinem Gesandten? Versucht euch nicht zu entschuldigen. Ihr seid ungläubig geworden, nachdem ihr geglaubt. Wenn Wir (Allah) einem Teile von euch vergeben und den anderen strafen, dann darum, weil sie schuldig waren." (9:65–66) Hinsichtlich derer, die Gott lästern und den Propheten und den Islam beleidigen, sagt der Koran nur, daß man sich von ihnen fernhalten soll:
"O die ihr glaubt, nehmt euch nicht die zu Freunden – unter

jenen, denen vor euch die Schrift gegeben ward, und den Ungläubigen –, die mit eurem Glauben Spott und Scherz treiben. Und fürchtet Allah, wenn ihr Gläubige seid; die es als Spott und Scherz nehmen, wenn ihr zum Gebet ruft. Dies, weil sie Leute sind, die nicht begreifen." (5:58–59).

Die Todesstrafe auf Gotteslästerung oder Beleidigung des Propheten Mohammed ist somit vom Koran nicht vorgesehen.

Warum ist Rushdie zum Tode verurteilt worden?

Der Führer der Islamischen Republik Iran, Khomeini, hat den Autor Salman Rushdie wegen Abfalls vom Glauben und Gotteslästerung und Beleidigung des Propheten zum Tode verurteilt. Seine "Fatwa" (Gerichtsurteil) bezieht sich auch auf seine Auffassung, daß im Islam jemand, der den islamischen Glauben verläßt, mit dem Tode bestraft werden müsse, weil dies die Praxis der ersten Kalifen nach dem Propheten Mohammed gewesen sei, die aufständische Araber, die vom Islam abgefallen waren, dementsprechend verurteilt hatten. Anderer Meinung von islamischen Rechtsgelehrten zufolge hat diese Auffassung aber keinen Bestand, da die Kalifen besagte Araber nicht wegen ihres Glaubensabfalls bestraft hätten, sondern weil sie mit Gewalt gegen den rechtmäßigen Staat vorgegangen waren. Es handelte sich bei ihnen also um Aufständische, die einen Bürgerkrieg anzettelten. Für jene aber, die mit Gewalt gegen die ordnungsgemäße Macht kämpfen, sieht der Koran harte Strafen vor:

"Der Lohn derer, die Krieg führen gegen Allah und Seinen Gesandten und Unordnung im Lande zu erregen trachten, wäre der, daß sie getötet oder gekreuzigt werden sollten oder daß ihnen Hände und Füße abgeschlagen werden sollten für ihren Ungehorsam oder daß sie aus dem Lande vertrieben würden. Das würde eine Schmach für sie sein in dieser Welt; und im Jenseits wird ihnen schwere Strafe; außer jenen, die bereuen, noch ehe ihr sie in eurer Gewalt habt. So wisset, daß Allah allvergebend, barmherzig ist." (5:34–35)

Gemäß diesem Gebot verfuhren die rechtmäßig gewählten Kalifen. Ihre Bestrafung der Aufrührer geschah aber nicht ob des Umstandes, daß jene nicht mehr an Allah und den Propheten Mohammed als Gesandten Allahs glaubten. Es wird aus einem anderen Vers offensichtlich, daß jene, die vom Glauben abfallen, allein der Bestrafung durch Allah unterliegen:
"Wer Allah verleugnet, nachdem er geglaubt – den allein ausgenommen, der gezwungen wird, indes sein Herz im Glauben Frieden findet –, jene aber, die ihre Brust dem Unglauben öffnen, auf ihnen ist Allahs Zorn; und ihnen wird eine strenge Strafe. Dies, weil sie das Leben hienieden dem Jenseits vorzogen und weil Allah das Volk der Ungläubigen nicht leitet. Sie sind es, auf deren Herzen und Ohren und Augen Allah ein Siegel gesetzt hat. Und sie allein sind die Achtlosen. Zweifellos sind sie es, die im Jenseits die Verlorenen sein werden." (16:107–110)
Daß vor allem die Auffassung, auf Abfall vom Glauben stünde die Todesstrafe, völlig haltlos ist, zeigt ein anderer Vers:
"Die aber glaubten und hernach ungläubig wurden, dann (wieder) glaubten, dann abermals ungläubig wurden und noch zunahmen im Unglauben, denen wird Allah nimmermehr vergeben noch sie des Weges leiten." (4:138)
Es ist offensichtlich hieraus, daß dann, wenn die Bestrafung

für Abfall von Glauben die Todesstrafe wäre, jemand, der sich vom Islam gelöst hat, nicht erneut gläubig werden könnte, wie es in diesem Vers aufgeführt wird. Die Auffassung, daß Rushdie wegen Abfalls vom Glauben mit der Todesstrafe belegt werden könnte, ist also dem Koran zufolge unhaltbar. Es liegt nicht in der Macht irgendeines Imams oder Muftis (Richter), Rushdie wegen seiner religiösen Aussagen oder Handlungen zu bestrafen. Prinzipiell gilt auch hier, daß es in Glaubensdingen keinen Zwang geben darf (2:257).

Kann man aus dem Islam wieder "austreten"?

Wer zum Islam konvertiert, sollte sich darüber im Klaren sein, daß er eine Entscheidung getroffen hat, die für sein Leben von ausschlaggebender Bedeutung ist. Allah sagt im Koran: "Wahrlich, die (wahre) Religion vor Allah ist Islam". (3:20)

Die Wahl eines Glaubens soll nicht als Spiel aufgefasst werden, so daß man sozusagen zur Probe einmal Muslim wird. Ehe man formell und nominell zum Islam übertritt, gibt es genug Gelegenheit, mit dem Islam Erfahrungen zu machen. Hierbei ist das Gebet am Wichtigsten. Der Gott des Islams verspricht, daß Er die Gebete des Bittenden beantwortet (2:187). Eine Überzeugung, daß der Islam die richtige Religion ist – innerlich wie äußerlich – sollte vor einem Übertritt so gereift sein, daß man später nicht ob einiger Aussagen in Zweifel gerät. Bevor man sich entschließt, der Religion des Propheten Mohammed beizutreten, sollten alle wesentlichen Fragen zufriedenstellend beantwortet sein. Dem Islam sozusagen aus Probe beizutreten, ist nicht erwünscht oder sinnvoll. Es ist ein bindender

Bund mit Gott und Seinem Propheten, den man durch das Ablegen der Schahada (dem Glaubensbekenntnis, der Kalima) eingeht.
Dennoch kann es durch weltliche oder religiöse Gerichte nicht geahndet werden, wenn man beschließt, den Islam zu verlassen. Allein Allah ist es, Der jenen, die ihre Brust dem Unglauben öffnen (16:107), zur Rechenschaft ziehen kann und darf. Der Koran bezieht sich ganz konkret auf Fälle, wo Gläubige ungläubig wurden und dann wieder Muslim wurden (4:138). Es wird daraus deutlich, daß der Islam vor allem eine Todesstrafe für Abfall vom Glauben nicht kennt, da es wohl schwer möglich ist, daß ein Toter sich wieder zum Islam bekennt.

Was heißt "Salem Aleikum"?

Der durch Karl May u.a. bekanntgewordene Gruß "Salem Aleikum" heißt eigentlich "Assalamo Alaikum" und bedeutet: "Friede sei mit Dir". Er ist die Anrede, mit der Muslime einander begrüßen und mit der sie sich voneinander verabschieden. Eigentlich ist er ein Gebet, mit dem der Muslim Allah bittet, dem Gesprächspartner Frieden zu gewähren, denn Allah ist der Eigner und die Quelle des Friedens (59:24). Der Koran erwähnt, daß bereits Abraham seinen Vater mit "Friede sei mit Dir" angesprochen hat (19:48). Und der Koran fordert, daß auch die "Unwissenden" mit dem Friedensgruß angeredet werden sollen:
"Die Diener des Gnadenreichen sind diejenigen, die in würdiger Weise auf Erden wandeln, und wenn die Unwissenden sie anreden, sprechen sie: "Frieden"." (25:64). Das Paradies wird im Koran "Wohnstatt des Friedens" (10:26) genannt, und der

Gruß der Paradiesbewohner ist "Frieden" (14:24), zudem werden die Gläubigen von den Engeln mit dem Friedensgruß angesprochen (16:33).

Zudem ist es üblich, für die Propheten zu beten, indem man nach ihrem Namen sagt "Friede sei auf ihm", so wie der Koran es vorführt (37:182). Insbesondere bei der Nennung des Namens des Propheten Mohammed wird der Zusatz "Frieden und Segen Allahs seien auf ihm" angefügt. Diese Tradition folgt dem Vers 57 der Sure 33:
"Allah sendet Segnungen auf den Propheten und Seine Engel beten für ihn. O die ihr glaubt, betet (auch) für ihn und wünschet ihm Frieden mit aller Ehrerbietung."
Die Gläubigen werden aufgefordert, einen Gruß mit einem schöneren zu beantworten (4:89). Auf "Assalamo Alaikum" (Friede sei mit Dir) antwortet man deswegen mit "Assalamo Alaikum Wa Rahmatullahe Wa Barakatohu", d.h. Friede sei mit Dir und die Gnade Allahs und Seine Segnungen.
Der Koran ermahnt, jene, die sich Muslime nennen und den Friedensgruß entbieten, ernstzunehmen und nicht in Argwohn zu verfallen, sondern sich über den Glauben jener zu erkundigen, die man verdächtigt, sich nicht nach der Lehre Mohammeds zu verhalten:
"O die ihr glaubt, wenn ihr auszieht auf Allahs Weg, so stellt erst gehörig Nachforschung an und sagt nicht zu jedem, der euch den Friedensgruß entbietet: "Du bist kein Gläubiger". Ihr trachtet nach den Gütern des irdischen Lebens, doch bei Allah ist des Guten Fülle. Also waret ihr einst, dann aber hat Allah Seine Huld über euch ergossen; darum stellt erst gehörig Nachforschung an. Siehe, Allah ist eures Tuns wohl kundig." (4:95)
Dieser Vers ist sehr wichtig, da einzelne, die sich Muslime nennen, dazu tendieren, andere, deren Interpretation des Korans sie nicht gutheißen, oft aber gar nicht richtig kennen

geschweige denn verstehen, zu Nichtmuslimen zu erklären. Das geschah so mit der Gemeinde des islamischen Mahdis, Hazrat Mirza Ghulam Ahmad, die von der Orthodoxie zu Nichtmuslimen erklärt wurde, nur weil sie den Koran im Licht einer Weisheit interpretiert, die von anderen abgelehnt wird, ohne daß jene dazu in der Lage wäre, die Argumente der Ahmadiyya-Muslim-Jamaat, der Gemeinde des Mahdis, zu widerlegen.

Kommen nur Muslime in den Himmel?

Der Koran wendet sich gegen den Anspruch mancher, die meinen, im Besitz des allein Seligmachenden Lebens zu sein. Es heißt so:
"Und sie sprechen: "Keiner soll je in den Himmel eingehen, er sei denn ein Jude oder ein Christ." Solches sind ihre eitlen Wünsche. Sprich: "Bringt her euren Beweis, wenn ihr wahrhaftig seid." Nein, wer sich gänzlich Allah unterwirft und Gutes tut, ihm wird sein Lohn bei seinem Herrn. Keine Furcht soll auf solche kommen, noch sollen sie trauern. Die Juden sagen:"Die Christen fußen auf nichts"; und die Christen sagen: "Die Juden fußen auf nichts", obwohl sie doch (beide) die Schrift lesen. So, gleich ihrer Rede, sprachen schon die, die keine Kenntnis hatten. Allah aber wird richten unter ihnen am Tage der Auferstehung, worin sie uneinig sind." (2:112–114)
Es ist also allein Allah vorbehalten, darüber zu entscheiden, ob jemand im Leben nach dem Tode im Paradies sein wird oder die Schmerzen der Hölle zu erleiden hat.
Bezug nimmt der Koran auch auf die Frage, was mit den Menschen geschieht, die nicht die Botschaft der Wahrheit

vernehmen konnten. Es ist Pharao, der Moses diese Frage stellt. Dazu heißt es:
"(Pharao) sprach: "Wer ist euer beider (d.h. Moses und Aarons) Herr, o Moses?" Er (Moses) sprach: "Unser Herr ist Der, Der jedem Ding seine Gestalt gab (und es) dann (zu seiner Bestimmung) leitete." (Pharao) sprach: "Und wie steht es dann um die früheren Geschlechter?" Er sprach:"Das Wissen davon ist bei meinem Herrn in einem Buch. Weder irrt mein Herr, noch vergißt er."" (20:50–53)

Allah richtet die Menschen nach ihrem Glauben und ihren Absichten und ihren Werken. Er berücksichtigt dabei die jeweilige Situation des Menschen. Dazu heißt es:
"Allah belastet niemanden über sein Vermögen. Ihm wird, was er verdient, und über ihn kommt, was er gesündigt." (2:287)
Als Voraussetzungen zum Erlangen des Paradieses nennt Allah:
"Allahs ist, was in den Himmeln und was auf Erden ist. Er vergibt, wem Er will, und Er bestraft, wen Er will, und Allah ist allvergebend, barmherzig. O die ihr glaubt, verschlinget nicht Zins, der (die Schuld) übermäßig mehrt; und fürchtet Allah, auf daß ihr Erfolg habt. Und fürchtet das Feuer, das für die Ungläubigen bereit ward. Und gehorchet Allah und dem Gesandten, auf daß ihr Gnade finden möget. Und wetteifert miteinander im Trachten nach der Vergebung eures Herrn und einem Paradiese, dessen Preis Himmel und Erde sind, bereitet für die Gottesfürchtigen – die da spenden im Überfluß und Mangel, die den Zorn unterdrücken und den Mitmenschen vergeben; und Allah liebt, die Gutes tun, und die, so sie eine Untat begehen oder wider sich selbst sündigen, Allahs gedenken und um Verzeihung flehen für ihre Sünden – und wer kann Sünden vergeben außer Allah? – und die nicht wissentlich beharren in ihrem Tun. Ihr Lohn ist ihres Herrn Vergebung

und Gärten, durch welche Ströme fließen, darin sollen sie weilen; und wie schön ist der Lohn der Wirkenden!" (3:130–137)
Indes wird jeder Mensch nach seinem Herzenszustand gemessen, und die nominelle Zugehörigkeit zum Islam bewahrt nicht vor Strafe oder berechtigt nicht zum Einzug ins Paradies. Auch diejenigen, die nicht in der Lage waren, den Glauben in seiner vollsten Ausprägung zu erkennen und nach dem lebten und handelten, was ihnen ihr Buch oder ihr Gewissen diktierte, können ins Paradies eingehen:
"Wahrlich, die Gläubigen und die Juden und die Christen und die Sabäer – wer immer (unter diesen) wahrhaft an Allah glaubt und an den Jüngsten Tag und gute Werke tut –, sie sollen ihren Lohn empfangen von ihrem Herrn, und keine Furcht soll über sie kommen, noch sollen sie trauern." (2:63)

Ist die Hölle ewig?

Der Koran sagt, daß der Zustand der Hölle so langandauernd ist, daß er wie eine Ewigkeit erscheint:
"Die aber ungläubig sind und Unsere Zeichen leugnen, die sollen die Bewohner des Feuers sein; darin müssen sie bleiben." (2:40)
An anderer Stelle heißt es:
"Wenn jener Tag kommt, dann wird keine Seele sprechen, es sei denn mit seiner Erlaubnis; dann sollen die einen von ihnen unselig sein und (die anderen) glückselig. Was nun die betrifft, die unselig sein sollen, so werden sie ins Feuer gelangen, worinnen für sie Seufzen und Schluchzen sein wird; darin zu bleiben, solange die Himmel und die Erde dauern, es sei denn, daß dein Herr es anders will. Wahrlich, dein Herr bewirkt alles,

was Ihm gefällt. Was aber die anlangt, die glückselig sein sollen, sie werden in den Himmel kommen, darin zu weilen, solange die Himmel und die Erde dauern, es sei denn, daß dein Herr es anders will – eine Gabe, die nicht unterbrochen werden soll." (11:106–109)

Es sei darauf verwiesen, daß für die Dauer des Himmels Allah hinzufügt: "eine Gabe, die nicht unterbrochen werden soll", während dies bei der Angabe der Dauer der Hölle nicht erwähnt wird. Wenn wir betrachten, wie der Koran die Natur der Hölle beschreibt, so lesen wir in Sure 101:10–12:
"Die Hölle wird seine (d.h. dessen, dessen Waage leicht ist) Mutter sein. Und was lehrt dich wissen, was das ist? – Ein rasendes Feuer."

Derjenige, der in der Hölle ist, ist also wie ein Embryo, das in der Mutter ist. Die Hölle ist somit ein Aufenthaltsort, in der die Insassen, die sich in dem irdischen Leben nicht in einen Zustand versetzt haben, der sie fähig macht, in der rein spirituellen Sphäre des Jenseits zu leben, wie in einem Krankenhaus von ihrem geistigen Leiden geheilt werden – ein sehr schmerzhafter Prozeß. Während der Koran mehrfach für das Paradies anführt, daß es nicht enden wird (41:9;84:26;95:7), fehlt bei der Beschreibung der Hölle dieser Zusatz. Hingegen finden wird in den Hadith Aussprüche des Propheten Mohammed, die besagen, daß eines Tages die Hölle nicht mehr existieren wird und damit auch die Insassen der Hölle nicht mehr in ihr sein werden. In den als äußerst authentisch geltenden Hadith-Sammlungen Bukhari und Muslim finden wir das Hadith, "in der Hölle wird es einen Tag geben, wenn seine Tore gegeneinander schlagen und niemand mehr in ihr sein wird". In anderen Hadith ist davon die Rede, daß der "kühlende Hauch von Gottes Gnade durch die Hölle wehen

wird." (Maalam Al Tanzil Kommentar zu Vers 107 der Sure 11). Gott Selbst hat ja im Koran erklärt:
"Ich treffe mit Meiner Strafe, wen Ich will, doch Meine Barmherzigkeit umfaßt jedes Ding". (7:157)
Und der Koran sagt zudem, daß Gott die Menschen geschaffen hat, damit Er Sich ihrer erbarmt. (11:120)

Es ist also offensichtlich, daß die Insassen der Hölle einmal ihre Strafe verbüßt haben werden, und daß die Hölle nicht ewig ist.

Sind Himmel und Hölle materiell?

Es gibt viele Muslime, die Himmel und Hölle für materielle Orte halten, in denen die im Koran beschriebenen Freuden und Strafen mit dem Körper erfahren werden. Sie nehmen das, was der Koran dazu sagt, wörtlich. Sie sagen, der Koran stellt fest: "Weiß der Mensch nicht, daß Wir ihn aus einem Samentropfen erschufen? Und siehe da, er ist ein offener Widersacher! Er erzählt Dinge über Uns und vergißt seine eigene Erschaffung. Er spricht: "Wer kann die Gebeine beleben, wenn sie vermodert sind?" Sprich (o Prophet): "Er Der sie das erste Mal erschuf, Er wird sie beleben; denn Er kennt jegliche Schöpfung. Er, Der für euch Feuer hervorbringt aus dem grünen Baum; und siehe, dann zündet ihr damit. Ist nicht Er, Der die Himmel und die Erde erschuf, imstande, ihresgleichen zu schaffen?" Doch, und Er ist der größte Schöpfer, der Allwissende. Sein Befehl, wenn Er ein Ding will, ist nur, daß Er spricht: "Sei!" – und es ist. Preis denn Ihm, in Dessen Hand die Herrschaft über alle Dinge ist und zu Dem ihr zurückgebracht werdet!" (36:78–84)

In der Sure, die dieser eben zitierten folgt, heißt es ähnlich: "Und einige von ihnen (den Bewohnern des Paradieses) werden sich an die anderen wenden, sich wechselseitig befragend. Einer ihrer Sprecher wird sagen: "Ich hatte einen Gefährten, der zu fragen pflegte: "Hältst du tatsächlich (die Auferstehung) für wahr? Wenn wir tot sind, und Staub geworden und Gebeine, soll uns dann wirklich vergolten werden?" Er wird fragen: “Wollt ihr (ihn) schauen?" Dann wird er schauen und ihn inmitten des Feuers sehen. Er wird sprechen: "Bei Allah, beinahe hättest du mich ins Verderben gestürzt. Und wäre nicht die Gnade meines Herrn gewesen, ich hätte sicherlich zu denen gehört, die (zum Feuer) gebracht werden. Ist es nicht so, daß wir nicht sterben werden, außer unseren ersten Tod? Wir sollen nicht bestraft werden. Wahrlich, das ist die höchste Glückseligkeit. Für solches wie dies denn mögen die Wirkenden wirken." (37:51:62)

In diesen Versen wird erklärt, daß den Menschen nach ihrem körperlichen Tod vergolten wird, es ist nicht die Rede davon, daß sie in ihren physischen Körper auferstehen. Über den Tag des Gerichts wird zudem gesagt:
"Und einem jeden Menschen haben Wir seine Werke an den Nacken geheftet; und am Tage der Auferstehung werden Wir ihm ein Buch vorlegen, das er entsiegelt finden wird". "Lies dein Buch. Heute genügt deine eigene Seele als Rechnerin wider dich."" (17:14–15)

Der Begriff "Seele", den der Koran hier verwendet, weist darauf hin, daß am Tag des Gerichts auf immaterielle Weise verstanden werden wird, wenngleich natürlich die materiellen Gegebenheiten, die ein Mensch in seinem irdischen Leben sich – negativ oder positiv – erworben hat, Wirkungen zeigen. Indes wird am Tage der Auferstehung die materiellen Körper nicht

mehr existieren und nur noch durch die Folgen, die sie erlangten, anwesend sein:
"Sie schätzen Allah nicht nach Seinem Wert. Die ganze Erde gehört Ihm allein, und am Tage der Auferstehung werden die Himmel (und die Erde) zusammengerollt sein in Seiner Rechten. Preis Ihm! Hoch erhaben ist Er über das, was sie anbeten. Und in die Posaune wird gestoßen, und alle, die in den Himmeln sind, und alle, die auf Erden sind, werden ohnmächtig (niederstürzen), mit Ausnahme derjenigen, die Allah will. Dann wird sie wiederum geblasen, und siehe, sie werden wartend stehen. Und die Erde wird leuchten im Lichte ihres Herrn, und das Buch wird vorgelegt, und die Propheten und die Zeugen werden herbeigebracht; und es wird zwischen ihnen gerichtet werden nach Gerechtigkeit, und kein Unrecht sollen sie erleiden. Und jedem wird voll vergolten, was er getan, denn Er weiß am besten, was sie getan. Und die Ungläubigen werden in Scharen zur Hölle getrieben werden, bis daß, wenn sie sie erreichen, ihre Pforten sich öffnen und ihre Wächter zu ihnen sprechen: "Sind nicht Gesandte aus eurer Mitte zu euch gekommen, euch die Zeichen eures Herrn vorzutragen und euch zu warnen vor dem Eintreffen dieses eures Tages?" Sie werden sprechen: "Ja! Doch das Strafurteil ist fällig geworden nach Gerechtigkeit wider die Ungläubigen." Es wird gesprochen werden: "Geht denn ein in die Pforten der Hölle, darin zu bleiben! Und übel ist die Wohnstatt der Hoffärtigen." Und jene, die ihren Herrn fürchteten, werden in Scharen in den Himmel geführt werden, bis daß, wenn sie ihn erreichen, und seine Pforten sich öffnen, und seine Wächter zu ihnen sprechen: "Friede sei auf euch! seiet glücklich und gehet dort ein, ewig zu weilen." Sie werden sprechen: "Aller Preis gehört Allah, Der Seine Verheißung an uns erfülllt hat und uns das Land zum Erbe gegeben hat, daß wir in den Garten wohnen können, wo immer es uns gefällt." Wie schön ist also

der Lohn derer, die (Gerechtigkeit) wirken! Und du wirst die Engel sich scharen sehen um den Thron, den Preis ihres Herrn verkündend. Und es wird zwischen ihnen gerichtet werden in Gerechtigkeit. Und es wird gesprochen werden: "Aller Preis gehört Allah, dem Herrn der Welten."" (39:68–76)
Buchstabengläubige kommen durch den Ausdruck, daß den Gläubigen "das Land zum Erbe" gegeben wird, zu der Auffassung, daß es sich hierbei um die Erde handele, auf der sie mit ihrem ewig jungen Körper leben werden. Indes macht der Zusammenhang dieser Verse klar, daß all das in den Versen Prophezeite in der Gegenwart Gottes stattfinden wird, "die Erde wird leuchten im Lichte ihres Herrn", Gott aber ist ohne Körper, das Licht Gottes ist nicht mit dem physischen Ursprungs zu vergleichen. In derselben Sure heißt es zum Beispiel: "Ist denn der, dem Allah das Herz geweitet hat für den Islam, so daß er ein Licht von seinem Herrn empfängt (einem Ungläubigen gleich)? Wehe darum denen, deren Herzen verhärtet sind gegen den Gedanken an Allah! Sie sind es, die in offenkundigem Irrtum sind." (39:23)

Über das Licht Allahs heißt es in Sure 24:36:
"Allah ist das Licht der Himmel und der Erde. Das Gleichnis Seines Lichts ist wie eine Nische, worin sich eine Lampe befindet. Die Lampe ist in einem Glas. Das Glas ist gleichsam ein glitzernder Stern – angezündet von einem gesegneten Baum, einem Ölbaum, weder von Osten noch von Westen, dessen Öl beinah leuchten würde, auch wenn das Feuer es nicht berührte. Licht über Licht. Allah leitet zu Seinem Licht, wen Er will. Und Allah prägt Gleichnisse für die Menschen, denn Allah kennt alle Dinge."
Es ist eindeutig, daß Allah nicht materiell ist und daß diejenigen, die zu Seinem Licht geleitet werden, dies auf seelische Weise erfahren. In einem anderen Vers spricht der Koran gar

vom Paradies als Bild, um klarzustellen, daß der Himmel kein materieller Ort ist:
"Das Bild des Himmels, den Gottesfürchtigen verheißen! Ströme durchfließen ihn, seine Frucht ist immerwährend, wie sein Schatten. Das ist der Lohn derer, die rechtschaffen sind; und der Lohn der Ungläubigen ist das Feuer." (13:36)
Wäre das Paradies materiell und damit eine identische Widerspiegelung zum irdischen Leben, würde es auch nicht heißen, daß die Gläubigen das Leben in der hiesigen Welt nicht dem Jenseits vorziehen sollten:
"Alif Lam Ra (d.h. Ich bin Allah, der Allsehende. Ein Buch (Qurân), das Wir zu dir hinabgesandt haben, auf daß du die Menschheit aus den Finsternissen zum Licht führen mögest nach ihres Herrn Gebot auf den Weg des Allmächtigen, des Preiswürdigen – Allahs, Dessen ist, was in den Himmeln ist und was auf Erden. Und wehe den Ungläubigen ob der schrecklichen Strafe. Jenen, die das Leben hienieden dem Jenseits vorziehen und abwendig machen von Allahs Pfad und ihn zu krümmen trachten. Sie sind es, die sich in großem Irrtum befinden." (14:2–4)

Allahs Weg aber ist nicht materiell. Über die, die Seinen Weg gehen heißt es, daß ihre guten Werke bleibend sind:
"Gib ihnen das Gleichnis vom irdischen Leben: Es ist wie das Wasser, das Wir vom Himmel niedersenden, mit dem die Pflanzen der Erde sich sättigen, und dann werden sie dürre Spreu, die der Wind verweht. Allah hat Macht über alle Dinge. Besitz und Kinder sind Schmuck irdischen Lebens. Die bleibenden guten Werke aber sind lohnender bei deinem Herrn und hoffnungsvoller." (18:46–47)
Konkret wird immer wieder gesagt, daß das Gute, das die Menschen tun, Gutes für ihre Seele ist:
"(Nun) wenn ihr Gutes tut, so tut ihr Gutes für eure eigenen

Seelen; und wenn ihr Böses tut, so ist es gegen sie." (17:8) Wenn die Vervollkommnung der Seele als höchstes Lebensziel gefordert wird, dann ist es unsinnig zu denken, daß die Freuden des Paradieses materieller Natur sein sollten:
"Und bei der Seele und ihrer Vollendung – Er gewährte ihr den Sinn für das, was für sie unrecht und was für sie recht ist. Wahrlich, wer sie lauterer werden läßt, der wird Erfolg haben; und wer sie in Verderbnis hinabsinken läßt, der wird zuschanden." (91:8–11)

Die Dinge in dieser materiellen Welt sind zeitweilig:
"Und was euch an Dingen gegeben ward, es ist nur ein zeitweiliger Genuß dieses Lebens und sein Schmuck; und das, was bei Allah ist, ist besser und bleibender. Wollt ihr denn nicht begreifen?" (28:61)

Wenn das, was bei Allah ist, besser ist, ist es eben nicht wie das, was wir an materiellen Freuden in dieser Welt genießen. Da Gott immateriell ist und Fleisch ihn nicht erreicht, sondern nur unsere Ehrfurcht (22:38), bedeutet, auf dem Pfad Allahs zu wandeln, daß wir ohne die Beschwernisse unseres Körpers auskommen. Es macht keinen Sinn, wenn unsere Belohnung im Jenseits immer noch an unsere physische Körperlichkeit gebunden ist, da die seelischen Genüsse des Körpers nicht bedürfen. Die Schilderungen vom Paradies zum Beispiel müssen deswegen metaphorisch, als bildliche Umschreibungen verstanden werden:
"Doch Allah wird jene, die gläubig sind und gute Werke tun, in Garten führen, durch welche Ströme fließen. Sie sollen darin geschmückt sein mit Armspangen von Gold und Perlen, und ihre Gewänder darinnen sollen von Seide sein. Und sie werden zu lauterster Rede geleitet werden, und sie werden geleitet werden zu dem Pfade des Preiswürdigen." (22:24–25)

All das, was der Koran, für die Bewohner des Paradieses verheißt, ist somit gleichnishaft:
"Ein Gleichnis von dem Paradiese, den Rechtschaffenen verheißen: Darin sind Ströme von Wasser, das nicht verdirbt, und Ströme von Milch, deren Geschmack sich nicht ändert, und Ströme von Wein, köstlich für die Trinkenden, und Ströme geläuterten Honigs. Und darin werden sie Früchte aller Art haben und Vergebung von ihrem Herrn." (47:16)
Wer dennoch meint, Gott sei allmächtig und die Ströme des Paradieses bestehen aus materieller Milch, die ihre Eigenschaft so verändert hat, das sie nicht sauer werden kann etc., dem muß gesagt werden, daß Allah die Himmel und die Erde in Weisheit geschaffen hat, und daß somit, beispielsweise, der Wein des Paradieses nicht den Alkohol dieser irdischen Welt meint: "Kreisen soll unter ihnen (den Bewohnern des Gartens) ein Becher aus einem fließenden Born, weiß, wohlschmekkend den Trinkenden, darin keine Berauschung sein wird, noch werden sie dadurch erschöpft werden." (37:47–48)
Und:
"Aufwarten werden ihnen (den Paradiesbewohnern) Jünglinge, die nicht altern, mit Bechern und Krügen und Trinkschalen (gefüllt) aus einem fließenden Born – keinen Kopfschmerz werden sie davon haben, noch werden sie berauscht sein." (56:18–20)
Der Koran macht den rein seelischen Charakter des Jenseits deutlich, indem er über das Leben der Rechtschaffenen im Paradies sagt:
"Nur jene glauben an Unsere Zeichen, die, wenn sie an sie gemahnt werden, anbetend niederfallen und das Lob ihres Herrn verkünden; und sie sind nicht hochmütig. Ihre Seiten halten sich fern von (ihren) Betten; sie rufen ihren Herrn an in Furcht und Hoffnung und spenden von dem, was Wir ihnen gegeben haben. Doch niemand weiß, was für Augenweide für

sie verborgen ist als Lohn für ihre Taten." (32:16–18)
Der Prophet Mohammed sagte in einem Hadith, das der als äußerst authentisch geltenden Sammlung Bukhari entstammt, daß die Beschaffenheit der nächsten Welt so sein wird, daß kein Auge sie je gesehen hat, noch irgendein Ohr sie jemals gehört hat, noch sich die menschliche Vorstellungskraft irgendein Bild davon machen kann.

Die Freuden des Paradieses entsprechen einem tiefen Sinn, zu ihnen zählt wie auch auf der Erde – das Gebet als höchste Freude, denn die Kommunikation mit dem Allmächtigen, Liebreichen Allah kann durch keine andere Segnung übertroffen werden. Es würde der Weisheit Gottes nicht entsprechen, wenn der Lohn für Rechtschaffenheit aus einer Befriedigung der körperlichen Sinne besteht:
"Glaubtet ihr denn, Wir hätten euch in Sinnlosigkeit geschaffen, und daß ihr nicht zu Uns zurückgebracht werdet? Doch erhaben ist Allah, der wahre König. Es gibt keinen Gott außer Ihm, dem Herrn des herrlichen Throns." (23:116–117)
Sinnlos wäre es auch – und unvorstellbar grausam –, wenn die Bestrafung in der Hölle tatsächliches Brennen wäre. Die Insassen der Hölle werden ja dafür bestraft, daß sie auf der Erde ihre seelischen Qualitäten nicht entfalteten und sich ganz dem weltlichen Leben hingaben:
"Und an dem Tage, wenn die Ungläubigen dem Feuer ausgesetzt werden: "Ihr habt eure guten Dinge in Leben hinieden aufgezehrt, und ihr hattet Genuß daran. Heute nun sollt ihr mit der Strafe der Schmach belohnt werden, weil ihr hoffärtig wart auf Erden ohne alles Recht, und weil ihr Empörer wart." (46:21)
Der Koran sagt so zum Beispiel über das Feuer der Hölle, das es die Herzen der Menschen betrifft:
"Und was lehrt dich wissen, was das Verzehrende (die Hölle) ist? – Das Feuer Allahs, das entzündete, das über die Herzen

hinweg züngelt. Es wird sich wölben über ihnen in ausgestreckten Säulen." (104:6–10)

Es wird also der unglückliche Zustand ihres Herzens sein, in den sie sich durch falschen Stolz, Ausschweifungen und unehrliches Verhalten gebracht haben, der die Hölle derer sein wird, die in ihrem irdischen Leben nur wert auf ihre körperlichen Genüsse gelegt haben und dadurch den wahren Sinn des Lebens, die Verfeinerung der Seele, verfehlten. Der Koran sagt dazu:
"Und an dem Tage, da die Feinde Allahs zum Feuer versammelt werden allesamt, da werden sie in Gruppen geteilt werden, bis daß, wenn sie es erreichen, ihre Ohren und ihre Augen und ihre Haut Zeugnis gegen sie ablegen werden von dem, was sie zu tun pflegten. Und sie werden zu ihrer Haut sprechen: "Warum zeugst du wider uns?" Sie wird antworten: "Allah hat mir Rede verliehen – Er, Der einem jeden Ding Rede verleiht. Und Er ist es, Der euch erstmals erschuf, und zu Ihm werdet ihr zurückgebracht. Und ihr pflegtet (eure Sünden) nicht so zu verbergen, daß eure Ohren und eure Augen und eure Haut nicht Zeugnis ablegten wider euch; vielmehr wähntet ihr, Allah wußte nicht vieles von dem, was ihr zu tun pflegtet. Und das, was ihr wähntet von eurem Herrn, hat euch ins Verderben geführt: so wurdet ihr die Verlierenden."" (41:20–24)

Es sind somit die gegen die natürliche Evolution des Menschen verstoßenden Handlungen, die Verleugnung und Mißachtung der göttlichen Gesetze, die im Jenseits ihre Wirkung so zeigen, daß ihre Urheber damit bestraft werden, die Schönheiten des rein spirituellen Lebens nicht genießen zu können. Statt seiner müssen sie darunter leiden, daß sie aus ihren Erfahrungen nicht lernten und nicht einer hohen Moral folgten.

Was geschieht laut Islam mit dem Menschen nach seinem Tode?

Der Koran erklärt, daß das Leben nach dem Tode eine Art Widerspiegelung des Lebens auf der Erde ist:
"Wer aber blind ist in dieser Welt, der wird auch im Jenseits blind sein und abirrend vom Weg. " (17:73)
Das heißt nicht, daß er nicht sehen kann, sondern daß er nicht in der Lage sein wird, die Beschaffenheit des Lebens nach dem Tode, einer höheren Form des Seins, zu verstehen, weil er auf der Erde seine Chancen vertan hat, sich in ihrem Sinne zu entwickeln. Im Leben nach dem Tode wird der Mensch die Folgen seines Tuns auf der Erde – in ihrer wahren Dimension – erfahren:
"Bringe frohe Botschaft denen, die glauben und gute Werke tun, daß Gärten für sie sind, durch die Ströme fließen. Wann immer ihnen von den Früchten daraus gegeben wird, werden sie sprechen: "Das ist, was uns zuvor gegeben wurde"; und Gaben gleicher Art sollen ihnen gebracht werden." (2:26)
Die, deren Leben von Allah akzeptiert wird, werden sich fortwährender Weiterentfaltung erfreuen und in ungeahnte Höhen der Gotteserkenntnis, Weisheit und Reinheit aufsteigen, eine Entwicklung, die unendlich ist:
"O die ihr glaubt, wendet euch zu Allah in aufrichtiger Reue. Vielleicht wird euer Herr eure Übel von euch nehmen und euch in Gärten führen, durch die Ströme fließen, am Tage, da Allah den Propheten nicht zuschanden machen wird noch jene, die mit ihm glauben. Sie werden sprechen: "Unser Herr, mache unser Licht für uns vollkommen und vergib uns, denn Du vermagst alle Dinge zu tun." (66:9)

Wer sich nicht bemühte, seine Fehler abzulegen und Erlösung von seinen Sünden zu erlangen, ist nicht fähig, an dieser spirituellen Evolution teilzunehmen:
"Fürwahr, wer im Zustande der Sündigkeit zu seinem Herrn kommt, für den ist die Hölle; darin soll er weder sterben noch leben. Die aber als Gläubige zu Ihm kommen, die gute Taten vollbracht haben, ihnen sollen die höchsten Rangstufen zuteil werden – Gärten der Ewigkeit, von Strömen durchflossen; darin werden sie weilen immerdar. Und das ist der Lohn derer, die sich reinigen."(20:75–77)

Unmittelbar nach seinem Tode gelangt der Mensch laut Islam in ein Stadium der Seele, das zwischen Tod und Auferstehung liegt und "Barzakh" genannt wird oder "Qabr" (Grab). Der Koran sagt:
"Dann läßt Er ihn (den Menschen) sterben und bestimmt ihm ein Grab; dann, wenn Er will, erweckt Er ihn wieder." (80:22–23)
Grab ist nicht unbedingt ein Ort auf einem Friedhof, das Wort bezeichnet die Befindlichkeit des Zustandes des Menschen, ob er nun mit seinem Körper begraben wurde, ob der Körper verbrannt wurde oder was auch immer. In diesem Stadium durchläuft der Mensch eine ähnliche Entwicklung wie nach seiner Zeugung. So, wie aus dem Embryo heraus sich eine feinere Substanz, die wir Seele nennen, bildete, bildet sich aus der Seele des gestorbenen Menschen eine wiederum feinere Substanz. Sozusagen dient die "alte" Seele der "neuen" Seele als "Körper". Dann tritt der Mensch in das Stadium, das "Auferstehung des Fleisches" genannt wird ein, in dem der Mensch aus seinem "Grab" hervorgeht. Das dritte Stadium wird "Tag der Auferstehung" genannt und der Mensch entfaltet sich wie – vergleichsweise – ein Kind neu. Am Ende dieser Zeit steht das "Jüngste Gericht", bei dem der Mensch in den Zustand, den der Koran "Himmel" (Paradies) bzw. "Hölle" nennt, versetzt

wird und dort unter den neuen Bedingungen dieser Sphären zu existieren beginnt. Wer sich in diesem Leben so gereinigt hat, daß er durch die Gnade Allahs aufgenommen wird, erfährt in jedem dieser eben geschilderten Stadien Zustände der Glückseligkeit und Ahnungen der Schönheiten, die auf ihn warten. Der Koran sagt:
"Und (wenn) zu den Rechtschaffenen gesprochen wird: “Was (denkt ihr) von dem, was euer Herr herabgesandt hat?", sagen sie: "Das Beste!" Für die, welche Gutes tun, ist Gutes in dieser Welt,und die Wohnstatt des Jenseits ist noch besser. Herrlich fürwahr ist die Wohnstatt der Rechtschaffenen: Gärten der Ewigkeit, die sie betreten werden; Ströme durchfließen sie. Darin werden sie haben, was sie begehren. Also belohnt Allah die Rechtschaffenen, sie, die die Engel in Reinheit sterben lassen. Sie sprechen: "Friede sei mit euch! Tretet ein in den Himmel für das, was ihr zu tun pflegtet."" (16:31–33)

Wer sich nicht auf die höhere Entwicklung, wie sie im Jenseits Ausdruck findet, wenn der Mensch von der Last seines Körpers befreit ist, vorbereitet, erfährt in den verschiedenen Stadien, die seine Seele nach seinem Tode durchläuft, entsprechende Qual, weil er nicht gelernt hat, die Beschaffenheit eines gerechten und geistigen Lebens zu verstehen und auszuüben: "Euer Gott ist ein Einiger Gott. Und die nicht ans Jenseits glauben, ihre Herzen sind (der Wahrheit) fremd, und sie sind voller Hoffart. Unzweifelhaft kennt Allah, was sie verbergen und was sie kundtun. Wahrlich, Er liebt nicht die Hoffärtigen. Und wenn sie gefragt werden: "Was (denkt ihr) von dem, was euer Herr niedergesandt hat?", sagen sie "Fabeln der Alten." Daß sie am Tage der Auferstehung ihre Lasten vollständig tragen mögen und einen Teil der Lasten derer, die sie ohne Wissen irreführen. Siehe, schlimm ist, was sie tragen. Die vor ihnen waren, planten auch Ränke, doch Allah faßte ihren Bau

an den Grundmauern, so daß das Dach von oben her auf sie stürzte; und die Strafe kam über sie, von wannen sie nicht wußten. Dann wird Er sie am Tage der Auferstehung zuschanden machen und sprechen: "Wo sind nun Meine "Teilhaber", um deretwillen ihr (die Propheten) bestrittet?" Die mit Erkenntnis Begabten werden sprechen: "An diesem Tage wird Schande und Unheil den Ungläubigen." Denen, die die Engel sterben lassen, indes sie wider sich selbst sündigen und dann also die Unterwerfung anbieten: "Wir pflegten ja nichts Böses zu tun." Nein, fürwahr, Allah weiß wohl, was ihr zu tun pflegtet. So tretet ein in die Tore der Hölle, darin zu wohnen. Schlimm ist fürwahr die Wohnstatt der Hoffärtigen." (16:23–30)
Kurzum, der Gläubige wird vom Tode an nur Angenehmes erleben:
"Sie werden dort kein eitles Geschwätz noch sündige Rede hören, nur das Wort: "Frieden, Frieden!" "(56:26–27)

Der, dessen Bestimmungsort die Hölle sein wird, wird gegenteilige Erfahrungen machen:
"Wenn es (das Feuer der Hölle) sich ihnen aus der Ferne anzeigt, werden sie sein Rasen und Brüllen hören." (25:13)

Was ist eine Huri?

Der Koran spricht davon, daß es im Paradies "Jünglinge, die nicht altern" (56:18) geben wird und "holdselige Mädchen mit großen, herrlichen Augen gleich verborgenen Perlen" (56:23–24). An anderer Stelle heißt es, daß es:
"Darinnen werden (Mädchen) sein, gut und schön ... Holdselige

mit herrlichen schwarzen Augen, wohlbehütet in Zelten ... die weder Mensch noch Dschinn vor ihnen berührt hat" (55:71,73,75).

Diese "Mädchen" werden "Huris" genannt. Indes ist die Vorstellung von einem sinnlichen Paradies absurd. Die Wohltaten des Paradieses sind spirituelle Belohnungen für die Seele, die auf Erden Gutes getan hat. Ihre höchste Glückseligkeit wird "Frieden" sein (36:59). Es ist kein Zweifel, daß das andere Geschlecht in seiner Schönheit den jeweiligen Partner zu höchster Freude inspirieren kann. Wenn so über diese Huris gesagt wird, "Darinnen (im Paradies) werden (Keusche) sein mit züchtigem Blick, die weder Mensch noch Dschinn vor ihnen berührt hat ... als wären sie Rubinen und Korallen" (55:57,59), dann meint dies, daß ihre ganze Aufmerksamkeit Gott gewidmet sein wird ("mit züchtigem Blick") und daß kein unziemlicher Gedanke ihr Herz je berührt hat (d.h. Dschinn stehen hier für aufreizende Leidenschaften). Die Entsprechung für sein Wesen, die ihm höchste Vollkommenheit gewährt, wird so in dem Begriff "Huri" ausgedrückt. Kein Vers des Korans spricht davon, daß die Gläubigen im Paradies sich sexuellen Ausschweifungen hingeben werden. Hingegen wird jeder Glaubende zur Erfüllung seines Wesens geleitet.

Wie werden Muslime begraben?

Ein Gestorbener soll so bald wie möglich begraben werden. Vor dem Begräbnis wird der Muslim am ganzen Körper gewaschen. Dann wird sein Körper so aufgebahrt, daß er quer zur Richtung Mekka liegt. Die Gläubigen versammeln sich auf dem

Friedhof oder vor einer Moschee o.ä. hinter dem Leichnam zum sogenannten Janaza-Gebet, d.h. dem Totengebet. Ein Imam leitet das Gebet. Die Muslime – Männer und Frauen getrennt – stehen in Reihen hinter dem Imam, die Anzahl der Reihen soll ungerade sein (als Symbol für die Einheit Gottes). Dann hebt der Imam die Hände wie zur Salat und sagt laut "Allah-o-akbar", anschließend faltet er die Hände vor der Brust und betet innerlich die Sura Fateha, die einleitende, erste Sure des Korans. Danach sagt der Imam wiederum laut "Allah-o-akbar" (d.h. Gott ist der Größte), ohne indes die Hände wie zu Beginn zu erheben. In der Folge spricht er das sogenannte Darood, d.h. das Gebet für den Propheten Mohammed, das auf Deutsch lautet: "O Allah, schütte Deine Gnade aus über Mohammed und den Anhängern Mohammeds, so, wie Du über Abraham und den Anhängern Abrahams Gnade ausschüttetest. Wahrlich, Du bist preiswürdig, erhaben. O Allah, gib Mohammed Deinen Segen und den Anhängern Mohammeds, so, wie Du Abraham und den Anhängern Abrahams Segen gabst. Wahrlich, Du bist preiswürdig, erhaben." Danach sagt der Imam wiederum laut "Allah-o-akbar", ohne die Hände zu erheben, und betet das eigentliche Totengebet, das auf Deutsch lautet: "O Allah, vergib unseren Lebenden und unseren Toten, und denen von uns, die anwesend sind, und denen, die abwesend sind, und unseren Jungen und unseren Alten und unseren Männern und unseren Frauen. O Allah, denen unter uns, denen Du Leben geschenkt hast, halte sie standfest, und laß die unter uns, die Du sterben lassen wirst, im richtigen Glauben sterben. Schließe uns nicht aus, o Allah, von den Wohltaten, die sich auf den Verstorbenen beziehen, und unterwerfe uns nicht dem Gericht nach ihm".

Danach sagt der Imam wiederum laut "Allah-o-akbar" und anschließend, zuerst nach rechts sich wendend, dann nach links sich wendend, jeweils "Assalamo Alaikum Wa Rahmatullah", d.h. "Friede sei auf euch und Allahs Gnade". Die Gemeinde spricht innerlich ebenfalls all die Gebete, die der Imam innerlich spricht. Indes sagt sie nicht laut "Allah-o-akbar" bzw. "Assalamo-Alaikum Wa Rahmatullah". Anschließend wird der Tote zu seiner Grabstätte gebracht und beerdigt. Feuer- oder Seebestattung ist im Islam nicht üblich. Blumen o.ä. werden auf den Sarg bzw. das Grab nicht gelegt. Üblich ist hingegen das sogenannte "Janaza Ghaib", d.h. das Totengebet ohne Anwesenheit des Toten, das etwa von einer Gemeinde in Frankfurt für einen Verstorbenen gebetet wird, der in Pakistan verstorben ist. Das "Janaza Ghaib" ersetzt natürlich nicht das normale Janaza. Es ist nur so, daß Verwandte, die keine Gelegenheit hatten, an der Beerdigung und dem Janaza teilzunehmen, an einem anderen Ort gemeinsam mit ihrer Gemeinde ebenfalls für den Toten beten.

Was sagt der Islam über den Teufel?

Der Teufel wird im Koran "Satan" genannt. Es handelt sich dabei um eine Kraft, die zum Bösen verleiten will. Gott hat diese Kraft geschaffen, um dem Menschen durch das Bestehen der Prüfungen, die die Gegenwart Satans bewirkt, zu ermöglichen, höhere Stufen der moralischen und spirituellen Evolution zu erreichen. Im Gegensatz zu den Engeln, die nicht ungehorsam sein können (16:50–51), ist der Mensch in der Lage, Leitung anzunehmen oder abzulehnen. Jeder Mensch hat einen Engel und einen Teufel zur Seite, beide Kräfte

bemühen sich, ihn in ihre Richtung zu ziehen. So wird über Adam (der hier der erste Prophet ist, und nicht der erste Mensch) und seine Frau gesagt:
"Doch Satan flüsterte ihnen Böses ein, daß er ihnen kundtun möchte, was ihnen verborgen war von ihrer Scham. Er sprach: "Euer Herr hat diesen Baum (d.h. die Gebote Gottes) nur deshalb verboten (d.h. daß ihr euch ihm nähert), damit ihr nicht Engel werdet oder Ewiglebende." Und er schwor ihnen: "Gewiß, ich bin euch ein aufrichtiger Ratgeber." So verführte er sie durch Trug. Und als sie von dem Baume kosteten, da ward ihre Scham ihm offenbar und sie begannen, sich in die Blätter des Gartens zu hüllen. Und ihr Herr rief sie: "Habe Ich euch nicht diesen Baum verwehrt und euch gesagt: "Wahrlich, Satan ist euch ein offenkundiger Feind?"" (7:21–23)

Mit Satan kann so ein übles Wesen, sei es eine Kraft oder ein Mensch oder ein Tier oder eine Krankheit o.ä. gemeint sein. Der Koran gebraucht das Wort Satan in all diesen Bedeutungen. Der Prophet Mohammed hat einem Hadith zufolge gesagt, daß er seinen Satan zu einem Muslim gemacht habe, d.h. er hat all seine Regungen, körperlich oder geistig, so unter Kontrolle gebracht, daß er nicht irregeleitet werden konnte. Es ist deswegen ein übles Märchen, eine Erfindung, wenn ein Korankommentator wie Al-Tabari behauptet, Satan habe dem Propheten Mohammed einmal eine "Offenbarung" eingegeben, die der Prophet irrtümlich für von Gott stammend gehalten habe; dies war der Hintergrund für die "Satanischen Verse" von Salman Rushdie. Diejenigen Menschen, die nicht auf ihr Gewissen und die Leitung Gottes hören, verfallen somit den Einflüsterungen ihrer Gier etc., so daß der Koran sagt:
"Allah wird es nicht vergeben, daß Ihm Götter zur Seite gestellt werden; doch vergibt Er das, was geringer ist als dies, wem Er will. Und wer Allah Götter zur Seite stellt, der ist fürwahr weit

irregegangen. Sie rufen neben Ihm nur Lebloses an, und sie rufen nur Satan an, den Empörer, den Allah von Sich gewiesen hat und der gesagt hatte: "Ich will wahrlich von Deinen Dienern einen bestimmten Teil nehmen; wahrlich, ich will sie irreleiten; wahrlich, ich will eitle Wünsche in ihnen erregen; wahrlich, ich will sie aufreizen, und sie werden dem Vieh die Ohren abschneiden; wahrlich, ich will sie aufreizen, und sie werden Allahs Schöpfung verunstalten." Und wer sich Satan zum Freund nimmt statt Allah, der hat sicherlich einen offenkundigen Verlust erlitten. Er gaukelt ihnen Versprechungen vor und erregt eitle Begierden in ihnen, und was Satan ihnen verspricht, ist eitel Trug." (4:117–121)

Somit ist Satan die Kraft, die den Menschen an seiner Entwicklung hin zu einem Fortschritt in seinen Fähigkeiten hindert: "O Kinder Adams, laßt Satan euch nicht verführen, wie er eure Eltern aus dem Garten vertrieb, ihnen ihre Kleidung raubend, auf daß er ihnen ihre Scham zeigte. Wahrlich, er sieht euch, er und seine Schar, von wo ihr sie nicht seht. Denn siehe, Wir haben die Teufel zu Freunden derer gemacht, die nicht glauben." (7:28)

Was ist ein Dschinn?

Der allgemeine Volksglaube besagt, daß Dschinn Wesen sind, die wir Menschen nicht sehen können, also Geisteswesen. Die eigentliche Bedeutung des Wortes Dschinn ist "das, was versteckt oder verborgen bleibt" bzw. "das, was versteckt oder verbirgt oder bedeckt". Der Koran verwendet das Wort Dschinn zur Klassifizierung bestimmter Menschen, etwa mächtige Menschen, die nicht oft sich dem normalen Menschen zeigen. So heißt es:
"Und Ich (Allah) habe die Dschinn und die Menschen nur darum geschaffen, daß sie Mir dienen." (51:57)

Daß Dschinn Menschen sind, die bestimmte Eigenschaften haben, etwa, daß sie im Verborgenen leben oder nicht offen auftreten, belegt der Vers 30 der Sure 46, in dem Einwohner Yathribs (dem späteren Medina), die den Propheten Mohammed im Geheimen trafen, so bezeichnet werden. Konkret heißt es zu diesem Vorfall in der Sure 71, die Verse 2–8 und die folgenden Verse:
"Sprich (o Prophet): "Es ward mir offenbart, daß eine Schar der Dschinn zuhörte; sie sprachen: "Fürwahr, wir haben einen wunderbaren Qur-ân gehört, der zur Rechtschaffenheit leitet; so haben wir an ihn geglaubt, und wir werden unserem Herrn nie jemanden zur Seite stellen. Und die Majestät unseres Herrn ist hoch erhaben. Er hat Sich weder Gattin noch Sohn zugesellt. Und die Toren unter uns pflegten abscheuliche Lügen wider Allah zu äußern. Und wir hatten angenommen, weder Menschen noch Dschinn würden je eine Lüge über Allah sprechen. Und freilich pflegten einige Leute unter den gewöhnlichen Menschen bei einigen Leuten unter den Dschinn Schutz zu suchen, so daß sie (letztere) in ihrer Bosheit be-

stärkten; und freilich dachten sie, ebenso wie ihr denket, Allah würde nie einen (Propheten) erwecken."
Es ist hier ganz klar, daß hier mit Dschinn eine bestimmte Art von Menschen gemeint ist. An anderer Stelle heißt es, daß die Dschinn sich durch ein feuriges Temperament auszeichnen. (15:28). Iblis wird als einer der Dschinn bezeichnet, und im Vers 101 der Sure 6 heißt es, daß manche Menschen "die Dschinn für Nebenbuhler Allahs" halten, "obwohl Er sie geschaffen hat". In derselben Sure heißt es einige Verse weiter (113):
"Also hatten Wir die Teufel unter den Menschen und den Dschinn jedem Propheten zum Feind gemacht. Sie geben einander prunkende Rede ein zum Trug – und hätte dein Herr Seinen Willen erzwungen, sie hätten es nicht getan; so überlaß sie sich selbst mit dem, was sie erdichten."
Es ist unsinnig zu glauben, so wie es manche buchstabengläubige Muslime tun, von einer besonderen, unsichtbaren Schöpfung der Dschinn zu sprechen, wenn sie doch durch den Propheten geleitet würden, der als Barmherzigkeit für die Menschheit gekommen ist und als ihr Vorbild (33:22). Ganz deutlich wird die Interpretation, daß mit Dschinn nicht unsichtbare Wesen gemeint sind, sondern bestimmte Menschen, wenn wir in derselben Sure 6 im Vers 129 lesen:
"Und an dem Tage, da Er (Gott) sie (die Menschen) versammelt allzumal, dann: "O Zunft der Dschinn, ihr vermehrtet euch um die meisten der Menschen." Und ihre Freunde unter den Menschen werden sagen: "Unser Herr, einige von uns haben von anderen Vorteil genossen, nun aber stehen wir am Ende unserer Frist, die Du uns bestimmtest." Er wird sprechen: "Das Feuer sei euer Aufenthalt, darin sollt ihr bleiben, es sei denn, daß Allah anders will." Wahrlich, dein Herr ist allweise, allwissend." Und die Sure fährt fort:
"Also setzen Wir einige der Frevler über die anderen, um

dessentwillen, was sie sich erwarben. "O Zunft der Dschinn und Menschen! Sind nicht Gesandte zu euch gekommen aus eurer Mitte, die euch Meine Zeichen berichteten und euch warnten vor dem Eintreffen dieses eures Tages?" Sie werden sagen: "Wir zeugen wider uns selbst." Das irdische Leben hat sie betrogen, und sie werden wider sich selbst Zeugnis ablegen, daß sie Ungläubige waren." (6:130–131) Es ist hiermit eindeutig, daß mit Dschinn hier besondere Menschen gemeint sind, die sich zu Führern der gewöhnlichen Menschen aufschwangen und von ihnen – wie ein Star – verehrt wurden.

Der Koran gebraucht das Wort Dschinn auch in der Bedeutung von Bewohnern entfernter Gegenden (etwa außerhalb der Erde). Von ihnen heißt es, daß Allah sie "aus der Flamme des Feuers" (55:16) geschaffen habe, also unbeugsam, während der gewöhnliche Mensch formbar (d.h. "aus trockenem Lehm ... der klingt (und ausschaut) wie ein Tongefäß") (55:15) erschaffen wurde. Mit Dschinn werden auch jene bezeichnet, die dem Menschen Übles einflüstern (114:7), also "wilde Menschen", die ihre Seele (noch) nicht geläutert haben. An einer Stelle sagt der Koran auch, daß Dschinn genau jene Funktion haben, die die Unwissenden unter den Muslimen ihnen heute noch andichten, nämlich verehrt oder gefürchtet zu werden als unbekannte Geschöpfe, die dem Auge verborgen sind:
"Und am Tage, da Er sie alle versammeln, dann zu den Engeln sprechen wird: "Wart ihr es, denen diese Menschen dienten?" Sie werden sprechen: "Preis Dir! Du, nicht sie, bist unser Freund. Nein, sie dienten den Dschinn; an sie haben die meisten von ihnen geglaubt." (Gott wird sprechen): "So sollt ihr heute einander weder nützen noch schaden können." Und zu denen, die frevelten, werden Wir sprechen: "Kostet die Strafe des Feuers, das ihr zu leugnen pflegtet."" (34: 41–43)
Kurzum: Mit Dschinn werden gewisse Mächtige, Berühmte

oder Absonderliche bezeichnet, die sich von den gewöhnlichen Menschen durch bestimmte Eigenschaften und Verhaltensweisen unterscheiden.

Was sagt der Islam über die Reinkarnation?

Der Koran sagt eindeutig, daß die Rückkehr eines Toten zum Leben auf der Erde nicht möglich ist:
"Wenn der Tod an einen von ihnen herantritt, spricht er: "Mein Herr, sende mich zurück, auf daß ich recht handeln möge in dem, was ich zurückließ." Keineswegs, es ist nur ein Wort, das er ausspricht. Und hinter ihnen (den Toten) ist eine Schranke bis zu dem Tage, an dem sie auferweckt werden." (23:100–101)
Die Auferweckung, von der hier die Rede ist, ist die der Seele, in der die Merkmale des körperlichen Tuns oder Lassens enthalten sind, es ist nicht eine Auferweckung im Sinne einer Wiedergeburt. Klar sagt der Koran:
"Allah hat euch erschaffen, dann läßt Er euch sterben; und es gibt manche unter euch, die ins hinfällige Greisenalter getrieben werden, so daß sie nichts wissen, nachdem (sie) doch Wissen (besessen hatten). Wahrlich, Allah ist allwissend, allmächtig." (16:71)
Manche interpretieren jedoch Koran-Verse in dem Sinne, daß durch sie die Theorie von der Reinkarnation bestätigt werde. So heißt es zum Beispiel:
"Den Ungläubigen wird zugerufen: "Allahs Widerwille ist größer als euer eigener Widerwille gegen euch. (Gedenket), da ihr zum Glauben aufgerufen wurdet und im Unglauben verharrtet." Sie werden sprechen: "Unser Herr, Du hast uns zweimal sterben lassen und uns zweimal lebendig gemacht, und wir

bekennen unsere Sünden. Ist da nun ein Weg zum Entkommen?" (40:11–12)
Indes ist hier nicht davon die Rede, daß jemand nach dem Tode ins Leben zurückgekehrt ist und dann erneut starb (was ja auch den o.a. Versen widersprechen würde, und der Koran ist widerspruchsfrei (4:33)), sondern mit dem ersten Tod ist der Zustand vor der Geburt gemeint, mit dem zweiten der physische Tod am Ende des Lebens auf der Erde, während das erste Leben das Leben auf der Erde ist, und das zweite das Leben, das nach der Auferweckung vom Tode am Jüngsten Gericht beginnt. In Sure 26 Vers 103 werden die Insassen der Hölle mit den Worten zitiert:
"Gäbe es doch für uns eine Rückkehr (in die Welt), wären wir unter den Gläubigen."
Fest steht, daß der Mensch verschiedene Stadien durchläuft, die jedoch alle in einem einmaligen Leben auf dieser Erde stattfinden:
"Wahrlich, Wir erschufen den Menschen aus reinstem Ton; dann setzten Wir ihn als Samentropfen an eine sichere Ruhestätte; dann bildeten Wir den Tropfen zu geronnenem Blut; dann bildeten Wir das geronnene Blut zu einem Fleischklumpen; dann bildeten Wir aus dem Fleischklumpen Knochen; dann bekleideten Wir die Knochen mit Fleisch; dann entwickelten Wir es zu einer anderen Schöpfung. So sei denn Allah gepriesen, der beste Schöpfer. Dann, nach diesem, müßt ihr sicherlich sterben. Dann werdet ihr am Tage der Auferstehung erweckt werden." (23:13–17)
Mit dem Vers 20 aus der Sure 30 hat Allah nicht gemeint, daß es einem Zyklus im Menschenleben gibt, der Tod und Leben und wieder Tod und wieder Leben umfaßt, sondern daß Er aus der "toten Erde" (36:34) etwas entstehen läßt:
"Und ein Zeichen ist ihnen die tote Erde: Wir beleben sie und bringen aus ihr Korn hervor, von dem sie essen." (36:34)

Ein paar Verse vor diesem Vers heißt es ganz klar:
"Haben sie nicht gesehen, wie viele Geschlechter Wir schon vor ihnen vernichtet haben (und) daß sie nicht zu ihnen zurückkehren? (36:32)

Somit bedeutet der Vers 20 der Sure 30 nicht eine Bestätigung der Reinkarnationstheorie:
"Er läßt das Lebendige hervorgehen aus dem Toten und läßt das Tote hervorgehen aus dem Lebendigen; Er belebt die Erde nach ihrem Tode, und in gleicher Weise sollt ihr wieder hervorgebracht werden."
Es ist vielmehr hier ein Gleichnis dafür gegeben, daß Allah die Toten wieder auferstehen läßt, aber nur einmal, nicht immer wieder. Der Koran enthält immer wieder Aussagen, die die Einmaligkeit des irdischen Lebens den Menschen vor Augen stellen. Lehrte der Koran die Reinkarnation, wäre der Begriff des Jenseits, der immer wieder auftaucht, hinfällig. So heißt es:
"Wer ruft denn Schöpfung hervor und läßt sie dann wieder erstehen, und wer versorgt euch vom Himmel und von der Erde? Ist wohl ein Gott neben Allah? Sprich: "Bringt euren Beweis herbei, wenn ihr wahrhaftig seid." Sprich: "Niemand in den Himmeln und auf Erden kennt das Ungesehene, außer Allah; und sie wissen nicht, wann sie auferweckt werden." Nein, ihr Wissen über das Jenseits hat gänzlich versagt; nein, sie sind im Zweifel darüber; nein, sie sind ihm gegenüber blind." ([illegible] 65–67)

Kurzum: Der Koran wendet sich gegen die Idee von einer Seelenwanderung:
"Und es ist ein unwiderruflicher Bann für eine Stadt, die Wir zerstört, daß sie nicht wiederkehren soll." (21:96)

Was sagt der Islam über die Entstehung des Menschen und des Universums?

Der Koran geht in vielfältiger Form auf die Erschaffung des Universums ein. Allah ist der Erste und der Letzte, Er erschuf das Universums aus dem Nichts:
"Siehe, euer Herr ist Allah, Der in sechs Zeiten die Himmel und die Erde erschuf; dann setzte Er Sich auf den Thron. Er läßt die Nacht den Tag verhüllen, der ihr eilends folgt. Und (erschuf) die Sonne und den Mond und die Sterne, Seinem Gesetz dienstbar. Wahrlich, Sein ist die Schöpfung und das Gesetz. Segensreich ist Allah, der Herr der Welten." (7:55)

Der hier mit "Zeiten" übersetzte Begriff heißt im Arabischen Ayyam, was der Plural von Yaum (Tag) ist. Es ist unsinnig zu denken, daß unser menschlicher Maßstab vom 24stündigen Tag hier gemeint ist. Der Koran erwähnt die Zeitdauer eines Tages bei Gott manchmal als 1000 Jahre (22:48) oder als 50.000 Jahre (70:5). So, wie der Begriff hier gemeint ist, bezeichnet er eine nicht genau definierte Zeitspanne. Die Materie ist gemäß den Lehren des Korans nicht ewig, d.h. immer schon da, Gott ist "der Höchste über Seine Diener" (6:19), nur Er ist ewig und der Schöpfer von Belebtem und Unbelebten. Der Koran unterstützt die Big Bang-Theorie, nach der das gesamte Universum anfangs durch Teilung einer "Urmaterie" sich entwickelte:
"Haben die Ungläubigen nicht gesehen, daß die Himmel und die Erde in einem einzigen Stück waren, dann zerteilten Wir sie? Und Wir machten aus Wasser alles Lebendige. Wollen sie denn nicht glauben ?" (21:31)

Ursprünglich, so erklärt der Koran, waren die Himmelskörper gasförmig:
"Dann wandte Er Sich zum Himmel, welcher noch Nebel war." (41:12)
Die Erschaffung der Erde und ihre Entwicklung beschreibt der Koran so:
"Sprich (o Prophet): "Leugnet ihr Den wirklich, Der die Erde schuf in zwei Zeiten? Und dichtet ihr Ihm Nebenbuhler an?" Er nur ist der Herr der Welten. Er gründete in ihr (der Erde) feste Berge, die sie überragen, und legte Überfluß in sie und ordnete auf ihr in richtigem Verhältnis ihre Nahrung in vier Zeiten – gleichmäßig für die Suchenden." (41:10–11)
Die zuerst genannten "zwei Zeiten" bezeichnen 1.) formlose Materie und 2.) die Entwicklung dieser Materie bis hin zu einer Form, in der sie kondensiert war. Zwei weitere Zeiten bestehen 1.) aus dem Entstehen der Berge, Flüsse etc., und 2.) das Wachsen der Pflanzen und der Tiere. Die zuvor erwähnten zwei weiteren Zeiten meinen die Evolution der Materie vom Anfang an und die Entstehung der einzelnen Sonnensysteme, insbesondere unseres Planetensystems (50:39):
"So vollendete Er sie als sieben Himmel in zwei Zeiten, und in jedem Himmel wies Er seine Aufgabe an. Und Wir schmückten den untersten Himmel mit Leuchten, und als Schutz. Das ist der Ratschluß des Allmächtigen, des Allwissenden."(41:13)
Die Materie ist nicht in der Lage, die Gebote Gottes zu erkennen und zu befolgen, das obliegt allein dem Menschen:
"Wir boten das vollkommene Vertrauenspfand den Himmeln und der Erde und den Bergen, doch sie weigerten sich, es zu tragen und schreckten davor zurück. Aber der Mensch nahm es auf sich." (33:73)
Der Mensch wurde ebenfalls in sechs Zeiten erschaffen. Der Koran unterstützt die Darwin'sche Vorstellung von der Evolution nicht in allen Punkten. Er sagt, daß der Mensch eine

eigenständige Evolution durchlaufen hat, also nicht von der Tierwelt abstammt:
"Wahrlich, Wir erschufen den Menschen aus reinstem Ton; dann setzten Wir ihn als Samentropfen an eine sichere Ruhestätte; dann bildeten Wir den Tropfen zu geronnenem Blut; dann bildeten Wir das geronnene Blut zu einem Fleischklumpen; dann bildeten Wir aus dem Fleischklumpen Knochen; dann bekleideten Wir den Knochen mit Fleisch; dann entwickelten Wir es zu einer anderen Schöpfung. So sei denn Allah gepriesen, der beste Schöpfer." (23:13–15)

Mit den Worten "dann entwickelten Wir es zu einer anderen Schöpfung" erklärt der Koran, daß die Seele nicht von außen in den Menschen hereintritt, sondern daß sie sich aus dem Embryo destilliert. Anzumerken ist, daß der Koran die Vorstellung, Gott habe Adam als ersten Menschen aus dem Nichts geschaffen, zurückweist. Gott bewirkte, daß durch einen auf Sein Geheiß stattfindenden chemischen Prozeß Leben entstand. In einer Form entwickelte sich das Leben bis hin zu den Säugetieren. In einer anderen Form entwickelte sich das menschliche Leben, dessen Bestimmung nicht auf der Erde endet. Gott sagt im Koran:
"Dann, nach diesem (irdischen Leben), müßt ihr sicherlich sterben. Dann werdet ihr am Tage der Auferstehung erweckt werden. Und Wir haben über euch sieben Wege geschaffen, und nie sind Wir nachlässig gegen die Schöpfung." (23:16–18)
Die "Sieben Wege" sind die sieben Stufen der spirituellen Entwicklung des Menschen, wobei die siebte Stufe das Leben des Menschen im Paradies, also vollkommener Hingabe in Wort und Tat an Allah, ist.

Was sagt der Islam über Adam und Eva?

Der Adam, den der Koran erwähnt, ist der erste Prophet Gottes auf Erden, nicht der erste Mensch. Dieser Adam wurde von Gott auserwählt, den Menschen die grundlegenden Gesetze über die Zivilisation zu vermitteln (3:34). Diese Gesetze sorgen sich um Voraussetzungen für ein Zusammenleben, das eine geistige Evolution ermöglicht:
"Darum sprachen Wir: "O Adam, dieser (Iblis) ist dir ein Feind und deinem Weibe; daß er euch nicht beide aus dem Garten treibe! Sonst würdest du elend. Es ist für dich (gesorgt), daß du darin weder Hunger fühlen noch nackend sein sollst. Und daß du darin nicht dürsten noch der Sonnenhitze ausgesetzt sein sollst. " (20:118–120)

Als Widersacher Adams und seiner Frau wird Iblis genannt, der ein Dschinn war, also ein hochfahrender, trotziger Führer eines anderen Geschlechts. Iblis war kein gefallener Engel, da Engel Gott gegenüber nicht ungehorsam sein können (16:50–51). Der Koran erzählt diese Schlüsselsituation in der Geschichte der Menschheit in mannigfacher Form. Zum Beispiel:
"Und Wir haben euch hervorgebracht, dann gaben Wir euch Gestalt; dann sprachen Wir zu den Engeln: "Unterwerft euch Adam"; und sie alle unterwarfen sich. Nur Iblis nicht; er gehörte nicht zu denen, die sich unterwerfen. Er (Allah) sprach: "Was hinderte dich, daß du dich nicht unterwarfst, als Ich es dir gebot?" Er (Iblis) sagte: "Ich bin besser als er (Adam). Du hast mich aus Feuer erschaffen, ihn aber erschufst Du aus Lehm."" (7:12–14)

Iblis indes war es nicht, der Adam aus dem Garten vertrieb. Es wird im Koran berichtet, daß Adam durch den Satan und seine

Einflüsterungen gemeinsam mit seiner Frau strauchelten, also eigenmächtig handelten, indem sie die Führung Gottes nicht begriffen. Indes ist dies nicht ein Sündenfall, der zur Erbsünde führt. Der Islam kennt keine Erbsünde. Jeder ist für sich selbst verantwortlich. Der Koran sagt, daß in Adam keine böse Absicht zu entdecken war (20:116). Nach dem Fehler Adams und seiner Frau bereuten beide:
"Sie sprachen: "Unser Herr, wir haben wider uns selbst gesündigt; und wenn Du uns nicht verzeihst und Dich unser erbarmst, dann werden wir gewiß unter den Verlorenen sein." (7:24)

Kurzum: in der Geschichte von Adam und Eva geht es um die Lehre, daß der Mensch nicht eigenmächtig handeln soll, sondern nur auf Gottes Geheiß, was allein dann möglich ist, wenn er in allen seinen Eigenschaften zum Spiegelbild Allahs wird. (38:76)

Allah erklärt mit der Beschreibung von Adams Tun, daß der freie Wille des Menschen zu höchster Form von Menschsein führen kann, aber auch Ursache für Niedergang und Zerfall ist. Wenn der Mensch sich nicht in Demut an Gott wendet, sondern sich selbst erhöht und in falschem Stolz lebt, muß er zuschanden werden. Adam hat diese Lehre begriffen und wird demzufolge von Gott belohnt:
"Dann erwählte ihn sein Herr und wandte Sich ihm zu mit Erbarmen und leitete (ihn). Er sprach: "Gehet aus von hier allzumal, dieweil einer von euch des andern Feind ist! Und wenn von Mir Führung zu euch kommt, dann wird, wer Meiner Führung folgt, nicht zugrundegehen, noch wird er elend. Wer sich jedoch abkehrt von Meiner Ermahnung, dem wird ein Leben in Drangsal sein, und am Tage der Auferstehung werden Wir ihn blind auferwecken." Er (der ungehorsame Mensch)

wird sprechen: "Mein Herr, warum hast Du mich blind auferweckt, obwohl ich (vordem) sehen konnte?" Er (Allah) wird sprechen: "Also sind ja Unsere Zeichen zu dir gekommen und du hast sie mißachtet: also wirst du nun heute mißachtet sein."" (20:123–127)

Es ist wichtig anzumerken, daß der Koran die Vorstellung nicht teilt, daß es Eva war, die Adam verführte. Adam und Eva fielen beide gleichermaßen auf die falschen Versprechungen und Einflüsterungen Satans herein:
"Jedoch Satan flüsterte ihm Böses ein; er sprach: "O Adam, soll ich dich zum Baume der Ewigkeit führen und zu einem Königreich, das nimmer vergeht?" Da aßen sie beide davon, so daß ihre Blöße ihnen offenbar wurde, und sie begannen, die Blätter des Gartens über sich zusammenzustecken. Und Adam befolgte nicht das Gebot seines Herrn und ging irre." (20:121–122)
Konkret sagt der Koran, daß beide, Adam und Eva, strauchelten, daß Allah Sich dann aber gnädig den beiden zuwandte, weil sie ihren Irrtum einsahen und bereuten:
"Und Wir sprachen: "O Adam, weile du und dein Weib in dem Garten, und esset reichlich von dem Seinigen, wo immer ihr wollt; nur nahet nicht diesem Baume, auf daß ihr nicht Frevler seiet." Doch Satan ließ beide daran straucheln und trieb sie von dort, worin sie waren. Und Wir sprachen: "Gehet hinweg, einige von euch sind Feinde der andern, und für euch ist eine Wohnstatt auf Erden und ein Nießbrauch für eine Weile." Dann empfing Adam von seinem Herrn gewisse Worte (des Gebets). So kehrte Er Sich gnädig zu ihm; wahrlich, Er ist der oft gnädig Sich Wendende, der Barmherzige. Wir sprachen: "Gehet hinaus, ihr alle, von hier. Und wer, wenn zu euch Weisung von Mir kommt, dann Meiner Weisung folgt, auf die soll keine Furcht kommen, noch sollen sie trauern." Die aber ungläubig sind und Unsere Zeichen leugnen, die sollen Bewohner des Feuers sein;

darin müssen sie bleiben." (2:36–40) Mit dem "Baum" im Garten meint der Koran nicht , wie die Bibel, den Baum zur Unterscheidung von Gut und Böse, denn der Mensch ist erschaffen worden, um Wissen sich zu erwerben. Das Wort für Baum, das der Koran verwendet (Shajarah) bedeutet auch "Streit". Demzufolge war es Adam und Eva geboten worden, nicht zu streiten und sich vor Üblem zu hüten, in Wort, Gedanke und Tat.

Was sagt der Islam über Abraham?

Abraham gilt als besonderer Freund Gottes, auf dessen Glauben sich die Muslime berufen, u.a. anderem auch im Dar'ud-Gebet, dem Gebet für den Propheten Mohammed, wo die Gläubigen beten, daß Allah Mohammed ebensolche Segnungen schenken möge wie Abraham:
"Und wer hat einen schöneren Glauben als jener, der sich Allah ergibt, der Gutes wirkt und der dem Bekenntnis Abrahams, des Aufrechten im Glauben, folgt? Und Allah nahm Sich Abraham besonders zum Freund." (4:126)

Da Juden und Christen sich gleichermaßen auf Abraham berufen, mahnt der Koran, daß sie einsehen sollen, daß auch die Abkömmlinge Abrahams, die von seinem Sohn Ismael abstammen, nämlich die Araber und damit der Prophet Mohammed, von ihnen nicht scheinheilig verworfen werden sollen:
"Abraham war weder Jude noch Christ; doch er war immer (Gott) zugeneigt und (Ihm) gehorsam, und er war nicht der Götzendiener einer. Sicherlich sind die Abraham Nächst-

stehenden unter den Menschen jene, die ihm folgten, und dieser Prophet und die Gläubigen. Und Allah ist der Freund der Gläubigen." (3:68–69)
Die Geschichte Abrahams wird im Koran ausführlich mehrfach erzählt. So sein unerschütterlicher Glaube an Allah, seine Fürsprache für das Volk Lots, sein Gebet für seinen götzendienerischen Vater, sein Gebet um einen reinen Sohn, das Allah erhörte, sein Gebet für die Sicherheit Mekkas, wo er zusammen mit seinem Sohn Ismael die Kaaba, das einst von Adam errichtete Gotteshaus, wieder errichtete, der Versuch der Feinde Abrahams, ihn zu töten und das Wunder, das Allah für ihn wirkte, indem Er das Feuer, in das jene ihn warfen, seine Funktion änderte und kühl blieb, und der Bund, den Gott mit Abraham schloß.

Abraham gilt somit als Vorbild der Menschen und als wahrer Gottergebener, d.h. Muslim:
"Und eifert in Allahs Sache, wie dafür geeifert werden soll. Er hat euch erwählt und hat euch keine Härte auferlegt in der Religion; (folget) dem Bekenntnis eures Vaters Abraham. Er ist es, Der euch vordem schon Muslims nannte und (nun) in diesem (Buche), damit der Gesandte Zeuge sei über euch und damit ihr Zeugen seiet über die Menschen. Drum verrichtet das Gebet und zahlet die Zakat und haltet fest an Allah. Er ist euer Gebieter. Ein vortrefflicher Gebieter und ein vortrefflicher Helfer!" (22:79)

Was sagt der Koran über die Jungfrau Maria und die Geburt Jesu?

Maria, die Mutter Jesu, gilt als herausragendes Beispiel für die gläubigen Frauen:
"Und Allah legt denen, die glauben, das Beispiel von Pharaos Frau vor, da sie sprach: "Mein Herr! baue mir ein Haus bei Dir im Garten und befreie mich von Pharao und seinem Werk und befreie mich vom Volk der Frevler!" Und der Maria, der Tochter Imrans, die ihre Keuschheit bewahrte – drum hauchten Wir ihm (ihrem Körper) von Unserem Geist ein (d.h. Wir gaben ihr Offenbarung) –, und sie glaubte an die Worte ihres Herrn und an Seine Schriften und war der Gehorsamen eine." (66:12–13)
Daß Maria als Tochter Imrans bezeichnet wird, nimmt Bezug auf einen Brauch der Juden, ihren Kindern den Namen von verstorbenen Heiligen zu geben. Es kann nicht die Rede davon sein, daß sie mit Miriam, der Schwester Moses', verwechselt wird. Die Jungfrauengeburt von Jesus wird vom Koran bestätigt, es hat im Laufe der Geschichte, inzwischen wissenschaftlich nachgewiesen, immer wieder Fälle von jungfräulicher Geburt gegeben. Der Koran sagt:
“Erzähle, was in diesem Buch über Maria steht. Da sie sich zurückzog von den Ihren nach einem gen Osten gewandten Ort, und sich vor ihnen barg im Schleier, da sandten Wir Unseren Geist zu ihr, und er erschien ihr in Gestalt eines vollkommenen Menschen. Sie sprach: "Ich nehme meine Zuflucht vor dir bei dem Allerbarmer; (laß ab von mir) wenn du Gottesfurcht hast." Er antwortete: "Ich bin nur ein Gesandter deines Herrn, auf daß ich dir einen reinen Sohn beschere". Sie sprach: "Wie soll mir ein Sohn werden, wo mich kein Mann berührt hat und ich auch nicht unkeusch gewesen bin?" Er

antwortete: "So ist's; dein Herr aber spricht: "Es ist Mir ein leichtes und (Wir tun dies) auf daß Wir ihn zu einem Zeichen machen für die Menschen und zu einer Barmherzigkeit von Uns, und es ist eine beschlossene Sache."" Und sie empfing ihn und zog sich mit ihm an einen entlegenen Ort zurück. Und die Wehen der Geburt trieben sie zum Stamm einer Palme. Sie sprach: "O wäre ich doch zuvor gestorben und wäre ganz und gar vergessen!" Da rief es ihr von unten her zu: "Betrübe dich nicht. Dein Herr hat unter dir ein Bächlein fließen lassen; schüttle nur den Stamm der Palme gegen dich, sie wird frische reife Datteln auf dich fallen lassen. So iß und trink und kühle (dein) Auge. Und wenn du einen Menschen siehst, dann sprich: "Ich habe dem Allerbarmer ein Fasten gelobt, darum will ich heute zu keinem Wesen reden."" (19:17–27)

Bemerkenswert ist, daß der Koran davon spricht, daß zur Zeit von Jesu Geburt frische Datteln an Palmen gefunden werden konnten. Das weist darauf hin, daß der Zeitpunkt von Jesu Geburt im August/September gewesen sein muß. Kommentatoren der Bibel haben längst darauf hingewiesen, daß die Festlegung von Jesu Geburt auf den 24./25. Dezember nicht mit den Tatsachen der Bibel übereinstimmt, sondern daß sie willkürlich herbeigeführt worden war, weil der Winterzeitpunkt (Sonnenwende) seinerzeit, als die Christen das Sagen übernahmen, in den Köpfen der Menschen bereits fest verwurzelt gewesen ist.
Der Koran verweist weiter darauf, daß Jesus nicht am Kreuz starb, er war am Kreuz nur bewußtlos geworden, wurde dann gesundgepflegt und wanderte zu anderen jüdischen Stämmen, um ihnen das Evangelium zu predigen. Derartige jüdische Stämme gab es auch in Afghanistan und Kaschmir. Der Koran sagt:
“Und Wir machten den Sohn der Maria und seine Mutter zu

einem Zeichen und gaben ihnen Zuflucht auf einem Hügel mit einer grünen Talmunde und dem fließenden Wasser von Quellen." (23:51)

Diese Beschreibung trifft auf Kaschmir zu, wo es in der Tat ein Grab eines Propheten gibt, der dort vor ca. 2000 Jahren beerdigt worden sein soll. Er wird "Yuz Asaf" genannt, was mit "Jesus der Versammler" übersetzt wird.

Was ist die Himmelfahrt des Propheten Mohammed?

Manche Muslime denken, daß der Prophet Mohammed einst physisch in den Himmel aufgestiegen sei und dort andere Propheten getroffen habe, bis er vor Gott gelangt sei, dem er seine Gebete vorgetragen habe. Diese Vorstellung erscheint abergläubisch, da Gott keinen physischen Körper hat und es somit unmöglich ist, Ihn mittels des Körpers zu sehen. Die sogenannte Miraj oder Himmelfahrt des Propheten muß demzufolge eine Vision gewesen sein. Der Koran unterstützt diese Interpretation, wenn er auf eine andere sagenumwobene Reise zu sprechen kommt, die sogenannte Isra, d.h. die Reise des Propheten Mohammed in einer Nacht, in der er von Mekka nach Jerusalem gelangt, wo er im Tempel die anderen Propheten im Gebet leitete. Über diese Reise heißt es im Koran:
"Preis Ihm, Der bei Nacht Seinen Diener hinwegführte von der Heiligen Moschee (Kaaba) zu der Fernen Moschee (Jerusalems Tempel), deren Umgebung Wir gesegnet haben, auf daß

Wir ihm einige Unserer Zeichen zeigen. Wahrlich, Er ist der Allhörende, der Allsehende." (17:2)
Einige Verse später heißt es in derselben Sure:
"Und (gedenke der Zeit) da Wir zu dir sprachen: "Dein Herr umfaßt die Menschen." Und Wir haben das Traumgesicht, das Wir dich sehen ließen, nur als eine Prüfung für die Menschen gemacht und ebenso den verfluchten Baum im Qur-ân. Und Wir warnen sie, jedoch es bestärkt sie nur in großer Ruchlosigkeit." (17: 61)

Hier wird davon gesprochen, daß der Prophet Mohammed eine Vision hatte. Es ist unmöglich, daß die Reise nach Jerusalem in einer Nacht eine Vision war, während die Himmelfahrt körperlich stattgefunden haben sollte. Über die Himmelfahrt berichtet die Sure 53, die etliche Jahre vor der Sure 17 offenbart wurde. In dieser Vision erkannte der Prophet, im Gegensatz zur Isra (Reise nach Jerusalem) die Propheten nicht. Über die Vision der Miraj (Himmelfahrt) sagt der Koran:
"Und Er (Gott) ist am obersten Horizont. Dann näherte er (der Prophet) sich (Gott); dann stieg Er herab (zu dem Propheten), so daß er zur Sehne von zwei Bogen wurde oder noch näher. Und Er offenbarte Seinem Diener, was Er offenbarte. Das Herz (des Propheten) hielt Wahrheit dem, was er sah. Wollt ihr da mit ihm streiten über das, was er sah? Und er sah es (auch) bei einem anderen Herabsteigen, beim fernsten Lotusbaum, neben dem der Garten der Wohnstatt ist. Als den Lotusbaum überflutete, was (ihn) überflutete, da wankte der Blick nicht, noch schweifte er ab. Wahrlich, er hatte eines der größten Zeichen seines Herrn gesehen." (53:8–19)

Diese Verse beschreiben u.a. das völlige Aufgehen des Propheten Mohammed in Gott, die unio mystica, wo er und Gott sozusagen eins wurden.

Was ist Ilham?

Mit "Ilham" oder "Wahyy" benennt der Islam das Phänomen der Offenbarung. Der Erzengel Gabriel (auch Heiliger Geist genannt) überbringt die Ilham zu denen, die von Allah dafür ausersehen worden sind:
"Sprich (o Prophet): "Wer immer Gabriels Feind ist – denn er ist es, der es auf Geheiß Allahs hat herabkommen lassen auf dein Herz, Erfüllung dessen, was vordem war, und Führung und frohe Botschaft den Gläubigen –, wer immer ein Feind Allahs ist und Seiner Engel, und Seiner Gesandten, und Gabriels, und Michaels, gewiß ist Allah feind (solchen) Ungläubigen." (2:98–99)

Gott spricht (Er ist Al-Mutakallim), zu wem Er will:
"Keinem Menschen steht es zu, daß Allah zu ihm sprechen sollte, außer durch Offenbarung oder hinter einem Schleier oder indem Er einen Boten (Engel) schickt, zu offenbaren auf Sein Geheiß, was Ihm gefällt; Er ist erhaben, allweise. Also haben Wir dir ein Wort offenbart nach Unserem Gebot. Du wußtest nicht, was das Buch war noch was der Glaube. Doch Wir haben sie (die Offenbarung) zu einem Lichte gemacht, mit dem Wir jenen von Unseren Dienern den Weg weisen, denen Wir wollen. Wahrlich, du leitest auf den geraden Weg, den Weg Allahs, Dem alles gehört, was in den Himmeln und was auf Erden ist. Höret! Zu Allah kehren alle Dinge zurück." (42:52–54)
Im Gegensatz zu manchen, die behaupten, der Prophet Mohammed sei der letzte gewesen, der Offenbarung empfangen hat, bestätigt der Koran die vielen Mystiker des Islams, die in den vergangenen Jahrhunderten und heute davon berichten, daß sie Empfänger von Offenbarung geworden sind. Der Koran sagt, daß Gott immer Propheten zur Leitung der Men-

schen schicken wird (7:36 und 22:76), und die auszeichnende Funktion eines Propheten ist, daß Allah zu ihm spricht. Wenn jemand erscheint und behauptet, Offenbarung empfangen zu haben, während es eine Lüge ist, verheißt Allah ihm im Koran, daß Er ihn als sichtbares Zeichen vernichten wird (69:45–48). Es gilt somit die Regel im Islam, daß jemand, der den Zeitraum, in dem der Prophet Mohammed Offenbarung empfing, überlebt, sofern von seinem Anspruch, Empfänger von Offenbarung geworden zu sein, bis zu seinem Tode mehr Zeit verstreicht als jene, innerhalb derer der Prophet Mohammed Ilham erhielt, als wahrhaftig gilt. Zuletzt war dies der Fall bei dem islamischen Mahdi Hazrat Mirza Ghulam Ahmad, der erklärte, daß er Offenbarungen von Gott erhalten und als Wiederkunft von Jesus und als der von dem Propheten Mohammed prophezeite Mahdi auch den Status eines untergeordneten Propheten erlangt habe. Diese Auseinandersetzung spielt im Islam insofern eine Rolle, als manche behaupten, der Prophet Mohammed sei der letzte aller Propheten gewesen. Indes wird der Begriff "Khatamnabiyyeen" (33:41) korrekt mit "Siegel der Propheten" übersetzt, so daß es keinen Propheten geben kann, der nicht durch Mohammed bestätigt wird. Die Übersetzung "letzter der Propheten" ist absolut eigenmächtig und hat keinen Rückhalt in der arabischen Sprache. "Mohammed ist nur der letzte gesetzesgebende Prophet".

Der Koran benutzt das Symbol "Wasser" für Offenbarung und sagt mehrfach, daß Allah nicht aufhören wird, Wasser, also Offenbarung, herabzuschicken (7:149,35:28). Keine der Eigenschaften Allahs wird je aufhören zu existieren. Allah hat den Menschen geschaffen, auf daß er Ihm nacheifere und auf Seinem Weg zu Seinem Ebenbild wird. (51:57). Dazu gehört selbstverständlich die Kommunikation mit Allah und daß Er Gebete erhört und beantwortet (2:187). Es ist völlig unsinnig zu denken, daß der Koran einerseits sagt, daß Allah Gebete beantwortet, andererseits aber Allah mit dem Koran aufgehört habe zu sprechen. Fest steht indes, daß es am Koran keine Änderung, keinen Abstrich, keine Hinzufügung geben kann. Offenbarung aber wird es immer geben.

Gibt es im Islam Wunder?

Kritiker des Islams führen oft an, daß zwar Jesus Wunder vollbracht habe, indes der Prophet Mohammed nicht. Das ist nicht zutreffend. In den Hadith finden wir zahllose Beschreibungen von Wundern, so, daß der Prophet Mohammed heilte und Essen vermehrte. Wunder sind Bestandteil dessen, was ein Prophet als Zeichen bringt, wann immer er gelebt haben mag. Zu den Wundern gehört auch, daß die Gebete der Propheten erhört werden und daß sie Erfolg haben, obwohl sie anfangs von allen Seiten bedrängt werden und ihnen kaum jemand glaubt. Dennoch siegten sie. Der Koran kennt indes das Wort "Wunder" als arabisches Wort nicht. Stattdessen wird das Wort "Ayat" gebraucht, d.h. "Zeichen". Die Zeichen Allahs bewirken Nachdenken, sie sind nicht bloß Manifestation einer Kraft. Zu den Zeichen oder Wundern des Islams zählt in erster Linie der Koran selbst, von dem es heißt:
"Sprich: "Ob sich auch die Menschen und die Dschinn vereinigten, um ein diesem Qur-ân Gleiches hervorzubringen, sie brächten doch kein ihm Gleiches hervor, selbst wenn sie einander beistünden." (17:89)

Wunder, wie der Islam sie kennt, entsprechen indes den Gesetzen Gottes, wenn sie jene auch bisweilen sozusagen aufheben, d.h. eine höhere Manifestation des jeweiligen Ge-

setzes tritt in Kraft, was aber nicht im Widerspruch zu den Gesetzen Gottes steht, wie es etwa eine Auferweckung von tatsächlich Toten wäre. Ein solches "Wunder" hat keine Funktion, Gott benötigt derart Widersinniges nicht. Der Koran spricht jedoch davon, daß Jesus auch Tote lebendig machte (3:50) und wieder erweckte:
"Wenn Allah sagen wird: "O Jesus, Sohn der Maria, gedenke Meiner Gnade gegen dich und gegen deine Mutter; wie Ich dich stärkte mit der heiligen Offenbarung – du sprachest zu den Menschen sowohl im Kindesalter wie auch im Mannesalter; und wie du bildetest aus Ton, wie ein Vogel bildet, auf Mein Geheiß, dann hauchtest du ihm (einen neuen Geist) ein und es wurde ein beschwingtes Wesen nach Meinem Gebot; und wie Du die Blinden heiltest und die Aussätzigen auf Mein Gebot; und wie du die Toten erwecktest auf Mein Geheiß; und wie Ich die Kinder Israels von dir abhielt, als du mit deutlichen Zeichen zu ihnen kamst, die Ungläubigen unter ihnen aber sprachen: "Das ist nichts als offenkundige Täuschung." (5:111)

Mit den hier beschriebenen Wundern sind jedoch nicht materielle Zeichen gemeint, sondern geistige. Die spirituell Blinden, Aussätzigen und Toten wurden von Jesus von ihren spirituellen Leiden und spirituell krankhaften Zuständen geheilt. Desgleichen war, nur in viel größerem Maße, auch der Fall, als der Prophet Mohammed die Lehre Allahs verkündete und durch sein Leben und Auftreten und durch seine Gebete die spirituell toten Araber zu ungeahntem Leben erwachten.

Ist Musik im Islam erlaubt?

Die orthodoxen Muslime schätzen Musik nicht besonders. Sie wird als rein weltliches Vergnügen, ohne spirituellen Wert betrachtet. In den Äußerungen des Propheten Mohammed finden wir unterschiedliche Aussagen zur Musik. Anläßlich einer Hochzeitsfeier, als seine Gefährten die feiernden Mädchen vom Singen abhalten wollten, widersprach er ihnen und gab seine Erlaubnis zur Hochzeitsmusik. Andererseits wird berichtet, daß er sich einmal die Ohren zuhielt, als ein Flötenspiel aufkam, indem er bemerkte, es sei vom Satan. Offensichtlich hängt für den Islam das Positive oder Negative in der Musik von dem Musizierenden ab. Es gibt jedenfalls kein generelles Musikverbot. In der Moschee allerdings ist Musik verboten. Es gibt keine Orgel oder etwas ähnliches. Andererseits wird der Vortrag des Koran bevorzugt, wenn er auf melodiöse Weise geschieht. Auch der Azan (Gebetsruf) wird in einer Art Sprechgesang gerufen. Unter den Sufis (Mystikern) hatte Musik einen großen Stellenwert. Es wurde gesagt, daß sie in der Lage sei, die Seele zu höherer Kontemplation zu erheben. Im Koran gibt es keine Anweisungen hinsichtlich der Musik. Wenn von den Engeln und den Vögeln gesagt wird, daß sie Gottes Lob singen, kann man das allerdings auch auf Menschen übertragen. Sufis haben Musik immer wieder auch als Form der Verkündigung des Islams angewandt, besonders, wenn sie in Ländern waren, in denen Musik einen hohen Stellenwert genoß. Grundsätzlich kann man sagen, daß Musik keine besonders ausgeprägte Tradition in der Sunna (Praxis) des Propheten Mohammed hatte, somit aber auch kein direktes Verbot. Bemerkenswert aber ist, daß Poesie (Dichtung) in islamischen Ländern häufig in Gesangsform vorgetragen wird, was in etwa dem westlichen Lied entspricht, nur daß es nicht unbedingt

Standardmelodien gibt, die für das jeweilige Gedicht gelten, sondern daß jeder Rezitator seine eigene Melodie benutzt.

Was ist die Scharia?

Mit "Scharia" bezeichnet man das islamische Gesetz, das durch Auslegung des Korans und der Hadith Gestalt gewonnen hat. Es ist im Gegensatz zur orthodoxen Meinung nicht in allen Einzelheiten ein feststehendes Gesetz, wenn auch der Koran unumstößliche Grundlagen für die Scharia liefert. Indes hat die Scharia als Rechtsform ihre Ausprägung erst lange nach dem Tode des Propheten Mohammed erhalten, und viele der in die Scharia durch die Gelehrten des "Fiqah" aufgenommenen Urteile unterliegen einer zeitgemäßen Interpretation.
"Fiqah" heißt in der islamischen Terminologie, daß man weiß, wie aus dem Koran und den Hadith juristische Gesetze entnommen werden können. Sie hängt in gewisser Weise mit dem Tafseer zusammen, d.h. der Auslegung und Interpretation des Korans. Die Scharia ist in Grundzügen im Koran festgelegt, konkret wird sie aber erst, indem die Fiqah-Gelehrten Ijtehad (Ausübung der Urteilskraft) und Qijas (Gedankengang, der auf einem Analogieschluß beruht) anwenden. Es ist völlig überzogen, die im Mittelalter übliche Scharia auf die heutige Zeit mit ihren geänderten Anfordernissen zu übertragen. Beispielsweise hat die seinerzeitige Scharia für Ehebruch die Steinigung festgelegt, während der Koran eindeutig nicht die Steinigung, sondern die Züchtigung als Strafe für Ehebruch festlegt (24:3). Andere im Mittelalter durch die Scharia geforderte Strafen, etwa Tod für Homosexualität oder Tod für Abfall vom Glauben sind ebenfalls vom Koran her nicht belegt. Forderun-

gen von Mullas (geistlichen Führern), die Scharia wieder einzuführen, entbehren somit der Vernunft und der Weisheit, weil die vormalige Rechtsprechung oft überhaupt nicht mit dem Koran in Einklang zu bringen ist und sie früher eher aufgrund menschlicher Überlegungen, denn Einsicht in die tatsächlich im Koran verankerten göttlichen Gesetze festgelegt wurde. Überdies unterliegen die göttlichen Gesetze bisweilen in nicht grundsätzlichen Angelegenheiten dem jeweiligen Urteilsvermögen der Zeitgenossen. Der Koran sagt über die Grundlage der Scharia:
"O die ihr glaubt! Fragt nicht nach Dingen, die, würden sie euch enthüllt, euch unangenehm wäre; und wenn ihr danach fragt zur Zeit da der Quran niedergesandt wird, werden sie euch doch klar. Allah hat sie ausgelassen; und Allah ist allverzeihend, nachsichtig." (5:102)

Zusammenfassend sei also gesagt, daß die Basis der islamischen Scharia dreifaltig ist. Erstens bezieht sie sich auf das im Koran festgelegte Gesetz, zweitens auf die Sunna oder Praxis des Propheten Mohammed, und drittens auf Präzedenzfälle und Anordnungen, wie sie in den Hadith (Äußerungen) des Propheten Mohammed enthalten sind. In der Hadithsammlung Abu Daud finden wir einen Bericht, der erläutert, daß aber auch die Urteilskraft des Einzelnen gefragt ist. Es heißt: Als Muadh zum Gouverneur von Jemen ernannt wurde, wurde er vom Propheten gefragt, was seine Richtschnur sei, an die er sich bei seinen Regierungsgeschäften halten würde. Er antwortetes, daß er sich an das Gesetz des Korans halten würde. Als der Prophet ihn fragte, was er tun würde, wenn er dort keine Anweisung fände, antwortete er, daß er in Übereinstimmung mit der Sunna (Praxis) des Propheten handeln würde. Der Prophet fragte ihn wiederum, was er tun würde, wenn er in der Sunna keine Anweisung fände. "Dann würde ich meine Urteilskraft anwenden und danach handeln", gab Muadh zurück. Als der Prophet dies hörte, war er sehr davon angetan und pries Allah und sagte: "Preis sei Allah, Der die Botschaft Seines Gesandten leitet, wie es Ihm gefällt."

Daß die Scharia in Einzelheiten einer Weiterführung unterliegen kann, besagt ein Hadith, in dem es heißt: "Wahrlich, Allah wird für immer damit fortfahren, für die Ummat (islamische Gemeinde) zu Beginn eines jeden Jahrhunderts jemanden zu erwecken, der für sie ihre Religion erneuern wird." (Abu Daud).
Indes kann es im Islam nicht vorkommen, daß das Gesetz des Korans auch nur in einem einzigen Buchstaben verändert wird. Was innerhalb der Gesetzgebung jedoch an Auslegung möglich ist, muß erlaubt sein.

Lehrt der Islam die Todesstrafe?

Grundsätzlich sagt der Koran über die Philosophie der Bestrafung: "Die aber Böses tun – Strafe für eine böse Tat ist in gleichem Maße". (10:28)

Zu Mord sagt der Koran:
"Keinem Gläubigen steht es zu, einen anderen Gläubigen zu töten, es sei denn aus Versehen. Und wer einen Gläubigen aus Versehen tötet: dann die Befreiung eines gläubigen Sklaven und Blutgeld an seine Erben, es sei denn, sie erlassen es aus Mildtätigkeit. War er (der Getötete) aber von einem Volk, das euch feind ist, und ist er (der Totschläger) gläubig: dann die

Befreiung eines gläubigen Sklaven; war er aber von einem Volk, mit dem ihr ein Bündnis habt: dann das Blutgeld an seine Erben und die Befreiung eines gläubigen Sklaven. Wer (das) nicht kann: dann zwei Monate hintereinander fasten – eine Barmherzigkeit von Allah. Und Allah ist allwissend, allweise. Und wer einen Gläubigen vorsätzlich tötet, dessen Lohn ist die Hölle, worin er bleiben soll. Allah wird ihm zürnen und ihn von Sich weisen und ihm eine schwere Strafe bereiten." (4:93–94)
Grundsätzlich heißt es im Koran:
"Und tötet nicht das Leben, das Allah unverletzlich gemacht hat, es sei denn mit Recht. Und wer da freventlich getötet wird, dessen Erben haben Wir gewiß Ermächtigung gegeben (Sühne zu fordern); doch soll er bei der Tötung die (geschriebenen) Gesetze nicht überschreiten, denn er findet Hilfe (im Gesetz)." (17:34)

Demnach ist von Rechts her die Todesstrafe eine Möglichkeit. Es gibt aber auch die Möglichkeit der Vergebung, indem die Erben des Ermordeten Blutgeld als Sühne akzeptieren:
"Wir hatten ihnen (den Juden) darin (in der Thora) vorgeschrieben: Leben um Leben, Auge um Auge, Nase um Nase, Ohr um Ohr und Zahn um Zahn, und für (andere) Verletzungen billige Vergeltung. Wer aber darauf Verzicht tut, dem soll das eine Sühne sein; und wer nicht nach dem richtet, was Allah hinabgesandt hat – das sind die Ungerechten." (5:46)

Allah bewertet im Koran das Leben eines Menschen sehr hoch:
"Aus diesem Grunde (d.h. der Bluttat Kains an Abel) haben Wir den Kindern Israels verordnet, daß wenn jemand einen Menschen tötet – es sei denn für (Mord) an einem andern oder für Gewalttat im Land –, so soll es sein, als hätte er die ganze Menschheit getötet; und wenn jemand einem Menschen das Leben erhält, so soll es sein, als hätte er der ganzen Mensch-

heit das Leben erhalten. Und Unsere Gesandten kamen zu ihnen mit deutlichen Zeichen; dennoch, selbst nach diesem begehen viele von ihnen Ausschreitungen im Land." (5:33)
Selbsttötung (Suizid, Selbstmord) ist im Islam verboten, es sei denn, daß Allah gebeten wird, daß man aus einer unerträglichen Situation durch den Tod erlöst werden möge:
"Zu sterben steht niemandem zu, es sei denn mit Allahs Erlaubnis – ein Beschluß mit vorbestimmter Frist. Und wer den Lohn dieser Welt begehrt, Wir werden ihm davon geben; und wer den Lohn des zukünftigen Lebens begehrt, Wir werden ihm davon geben; und Wir werden die Dankbaren belohnen." (3:146)

Der Richtspruch steht nur einem ordentlichen Gericht zu, der Richter (Qadi, Kadi oder Qazi) verkündet nach seiner Einsicht in die Scharia unter Berücksichtigung der Umstände sein Urteil. In prinzipiellen Angelegenheiten wird die Aussage des Muftis eingeholt, der von einer Jamaat (Gemeinde) beauftragt ist, die Scharia zu erkennen. Der Qadi vermittelt möglicherweise zwischen der Familie eines Ermordeten und dem Mörder:
"O die ihr glaubt, Vergeltung nach rechtem Maß ist euch vorgeschrieben für die Ermordeten: der Freie für den Freien, der Sklave für den Sklaven, und das Weib für das Weib. Wird einem aber etwas erlassen von seinem Bruder, dann soll (die Sühneforderung) mit Billigkeit erhoben werden, und (der Mörder) soll ihm gutwillig Blutgeld zahlen. Das ist eine Erleichterung von eurem Herrn und eine Barmherzigkeit. Und wer hernach frevelt, den treffe schmerzliche Strafe. Es liegt Leben für euch in der Vergeltung, o ihr Verständigen, daß ihr Sicherheit genießen möget." (2:179–180)

Der Islam fordert nicht Verzeihung um jeden Preis, ist aber auch gegen eine Bestrafung um jeden Preis. Abgewogen muß

jeweils, ob Verzeihung oder Bestrafung zum gewünschten Ergebnis, nämlich der Veränderung des Verhaltens des Straftäters, führt. Auf der Stufe, daß nur Bestrafung etwas bewirkt, ist es nur erlaubt, in dem Maß zu strafen, wie fehlgehandelt wurde. Gerechtigkeit ist oberstes Prinzip:
"Wer sich also gegen euch vergeht, den straft für sein Vergehen in dem Maße, in dem er sich gegen euch vergangen hat. Und fürchtet Allah und wisset, daß Allah mit den Gottesfürchtigen ist." (2:195)
Wenn die Besserung eines Straftäters durch Verzeihung möglich erscheint und der Straftäter dementsprechend bereut und von der Milde des Verzeihenden beeindruckt ist, so kommt eine höhere Stufe der Moral zum Ausdruck:
"Und die, wenn eine Unbill sie trifft, sich verteidigen. Die Vergeltung für eine Schädigung soll eine Schädigung in gleichem Ausmaß sein; wer aber vergibt und Besserung bewirkt, dessen Lohn ist sicher bei Allah. Wahrlich, Er liebt die Ungerechten nicht. Jedoch trifft kein Tadel jene, die sich verteidigen, nachdem ihnen Unrecht widerfuhr. Tadel trifft nur solche, die den Menschen Unrecht zufügen und auf Erden freveln ohne Rechtfertigung. Ihnen wird schmerzliche Strafe. Und fürwahr, wer geduldig ist und vergibt – das ist gewiß Zeichen eines starken Geistes." (42:40–44)

Was sagt der Islam über Zinsen?

Zinsnehmen wird gemäß dem Koran als Wurzel allen wirtschaftlichen Übels betrachtet. Der Reichtum muß im ständigen Umlauf sein und darf nicht von den Reichen gehortet werden:

"Was Allah Seinem Gesandten als Beute von den Bewohnern der Städte gegeben hat, das ist für Allah und für den Gesandten und für die nahen Verwandten und die Waisen und die Armen und den Wanderer, damit es nicht bloß bei den Reichen unter euch die Runde mache. Und was euch der Gesandte gibt, nehmt es; und was er euch untersagt, enthaltet euch dessen. Und fürchtet Allah; wahrlich, Allah ist streng im Strafen." (59:8)

Um das Kapital im Fluß zu halten, werden die Muslime aufgefordert, ihr Geld stets zu investieren, so daß Arbeitsplätze geschaffen werden und das Volk am Reichtum eines Landes Anteil haben kann. Die Reichen sollen jenen, die ein Geschäft eröffnen wollen, mit Geld und Rat zur Seite stehen. Sie sollen an einem möglichen Gewinn, aber auch an einem möglichen Verlust, beteiligt werden. Zinsnehmen ist streng verboten:
"Die Zins verschlingen, stehen nicht anders auf, als einer aufsteht, den Satan mit Wahnsinn geschlagen hat. Dies weil sie sagen: "Handel ist gleich Zinsnehmen", während Allah doch Handel erlaubt und Zinsnehmen untersagt hat. Wer also eine Ermahnung von seinem Herrn bekommt und dann verzichtet, dem soll das Vergangene verbleiben; und seine Sache ist bei Allah. Die aber rückfällig werden, die sind des Feuers Bewohner; darin müssen sie bleiben. Allah wird den Zins abschaffen und die Mildtätigkeit mehren. Und Allah liebt keinen, der ein hartnäckiger Ungläubiger, ein Erzsünder ist. Gewiß, die da glauben und gute Werke tun und das Gebet verrichten und die Zakat zahlen, ihr Lohn ist bei ihrem Herrn, und keine Furcht soll über sie kommen, noch sollen sie trauern. O die ihr glaubt, fürchtet Allah und lasset den Rest des Zinses fahren, wenn ihr Gläubige seid. Tut ihr es aber nicht, dann erwartet Krieg von Allah und Seinem Gesandten; und wenn ihr bereut, dann bleibt euch euer Kapital; ihr sollt weder Unrecht tun, noch Unrecht leiden." (2:276–280)

Das arabische Wort, das allgemein mit "Zinsen" übersetzt wird, heißt "Riba" und meint sowohl Wucher als auch Zinsen, es bezieht sich nicht nur auf Geld und den Verleih von Geld, sondern auf alles, was jemand, der sich etwas leiht, dem Verleiher zusätzlich zu dem ursprünglich Geliehenen zurückgibt. Wenn in den obigen Versen "Krieg" von Allah und Seinem Gesandten jenen angedroht wird, die Zinsen nehmen und verlangen, so ist das nicht wörtlich zu verstehen. Es geht in diesen Versen darum, daß der Koran verlangt, von der Politik des Zinsennehmens Abstand zu halten und eine Ökonomie zu etablieren, die ohne Zinswirtschaft auskommt. Daß dies wahrscheinlich einmal der Fall sein wird, besagt die Prophezeiung in dem obigen Vers: "Allah wird den Zins abschaffen". Zinswirtschaft belastet den Leihenden und ermutigt zu einem Leben ohne Arbeit. Beides wird als schädlich angesehen. Was hingegen gefordert wird, ist, daß jemand, der über Reichtum verfügt, jemandem, der ein Geschäft betreiben will, von seinem Reichtum zur Verfügung stellt und dann am Gewinn, aber auch am Verlust beteiligt wird. Zudem sollen die Reichen von ihrem Gut hingeben, das sie ja meist auf Kosten der Arbeitenden erworben haben. Deswegen wird die Idee des Almosengebens und der Zakat so gefördert:
"Satan warnt euch vor Armut und befiehlt euch Schändliches, während Allah euch Seine Vergebung und Huld verheißt; und Allah ist huldreich, allwissend. Er gewährt Weisheit, wem Er will; und wem da Weisheit gewährt ward, dem ward wahrhaftig viel Wertvolles gewährt; niemand aber will es bedenken, außer den mit Verstand Begabten. Was immer ihr spendet und welches ihr auch geloben möget, Allah weiß es gewiß; und die Ungerechten sollen keine Helfer finden. Gebt ihr öffentlich Almosen, so ist es gut und schön; haltet ihr es aber geheim und gebt sie den Armen, so ist es noch besser für euch; und Er wird (viele) eurer Sünden von euch hinwegnehmen, denn Allah

achtet wohl eures Tuns. Nicht deine Verantwortung ist es, ihnen den Weg zu weisen; doch Allah weist den Weg, wem Er will. Und was ihr an Gut spendet, es ist für euch selbst, und ihr spendet nur, um Allahs Huld zu suchen. Und was ihr an Gut spendet, es soll euch voll zurückgezahlt werden, und ihr sollt keinen Nachteil erleiden. (Diese Almosen) (sind) für die Armen, die auf Allahs Sache festgelegt und unfähig sind, im Land umherzuwandeln. Der Unwissende hält sie wegen der Enthaltsamkeit für frei von Not. Du magst sie an ihrer Erscheinung erkennen; sie bitten die Leute nicht zudringlich. Und was ihr an Gut spendet, wahrlich, Allah hat genaue Kenntnis davon. Die ihr Gut hingeben bei Nacht und Tag, heimlich und öffentlich, ihr Lohn ist bei ihrem Herrn; keine Furcht soll über sie kommen, noch sollen sie trauern." (270–275)

In der heutigen Zeit basiert die Wirtschaft auf dem Zinssystem, und die Muslime müssen dieser Realität ins Auge sehen. Abgesehen davon, daß sie Versuche unternehmen sollen, Banken etc. zu gründen, die ohne Zinswirtschaft auskommen, bleibt ihnen oft nichts anderes übrig, als mit Banken zu arbeiten, die auf Zins gründen. In solchem Falle ist mit "Weisheit" zu entscheiden, wie weit man gehen kann, was Kredite etc. betrifft; wer ein Konto hat, auf das Zins anfällt, ist gehalten, die Zinsen für wohltätige Zwecke auszugeben, zumeist zum Herstellen von Büchern und Broschüren, die den Islam bekanntmachen.

Gibt es im Islam Religionsfreiheit?

Oft wird aus westlicher Warte moniert, daß der Islam etwa in Europa zwar beansprucht, frei predigen zu können, daß aber in islamischen Ländern es den anderen Religionen schwer, wenn nicht unmöglich gemacht wird, ihren Glauben zu leben und zu verbreiten.

In der Tat ist das eine Politik, die den Grundzügen des Islams zuwiderläuft. Wenn auch die Situation in den meisten islamischen Ländern, was die Kirchen etc. betrifft, nicht so schwarz ist, wie es in Europa oft dargestellt wird, so gelten doch bisweilen für Nichtmuslime Restriktionen. Sie sind mit dem Koran nicht zu vereinen. Der Koran sagt unmißverständlich: "Es soll kein Zwang sein im Glauben. Gewiß, Wahrheit ist nunmehr deutlich unterscheidbar von Irrtum; wer also sich von dem Verführer nicht leiten läßt und an Allah glaubt, der hat sicherlich eine starke Handhabe ergriffen, die kein Brechen kennt; und Allah ist allhörend, allwissend." (2:257)

An anderer Stelle heißt es über die Glaubens- und Gewissensfreiheit:
"Und sprich (o Prophet): "Die Wahrheit ist es von deinem Herrn: darum laß den gläubig sein, der will, und den ungläubig sein, der will." (18:30)

Allah weist im Koran des öfteren daraufhin, daß es nicht Sein Weg ist, jemanden zum Glauben zu zwingen, sondern daß Er den Menschen die Freiheit läßt, sich für oder gegen Seinen Weg zu entscheiden:
"Sprich: "Bei Allah ist der überzeugende Beweis. Hätte Er

Seinen Willen erzwungen, Er hätte euch allen den Weg gewiesen."" (6:150)

Ähnlich heißt es in der Sure 10 Vers 100:
"Und hätte dein Herr Seinen Willen erzwungen, wahrlich, alle, die auf der Erde sind, würden geglaubt haben insgesamt. Willst du also die Menschen dazu zwingen, daß sie Gläubige werden?""

Der Prophet selbst hat Zeugnis davon abgelegt, wie er die Glaubensfreiheit verstand. Als einmal eine Delegation von Christen ihn besuchte und nach der Unterredung nach einem Ort fragte, wo sie ihren Gottesdienst abhalten könnten, stellte er ihnen die Moschee zur Verfügung.

Glauben kann nur auf der Grundlage von Überzeugung, Erkenntnis und Erfahrung wachsen. Wird Glauben durch irgendeine Methode erzwungen, wird dadurch nur Heuchelei geschaffen. Gleichzeitig muß den verschiedenen Glaubensbekenntnissen die Möglichkeit gegeben werden, ihren Glauben mit Anstand und unter Wahrung von zivilisatorischen Gepflogenheiten zu leben und zu propagieren. Werden die Grenzen überschritten, indem ein Glaube übermäßig angegriffen oder beleidigt wird, ist der Staat gefordert. Prinzipiell darf dem Koran zufolge niemand daran gehindert werden, Gott in der Form zu verehren und anzubeten, wie er es für richtig hält, oder seinem Gewissen gemäß zu leben. Voraussetzung ist natürlich immer, daß durch die Ausübung eines Glaubens oder einer Weltanschauung niemand anderes zu Schaden kommt.

Ist im Islam Religion und Politik eins?

Das Schlagwort von "din wa daula", d.h. Religion und Politik, die als Einheit begriffen werden, wird dieser Tage wieder häufig zitiert. Der Koran indes schreibt nicht vor, auf welche Art Menschen ihre Gesellschaftsform wählen. Er sagt nur: "Allah gebietet euch, daß ihr die Treuhandschaft jenen übergebt, die ihrer würdig sind; und wenn ihr zwischen Menschen richtet, daß ihr richtet nach Gerechtigkeit. Fürwahr, herrlich ist, wozu Allah euch ermahnt. Allah ist allhörend, allsehend. O die ihr glaubt, gehorchet Allah und gehorchet dem Gesandten und denen, die Befehlsgewalt unter euch haben. Und wenn ihr in irgend etwas uneins seid, so bringt es vor Allah und den Gesandten, so ihr an Allah glaubt und an den Jüngsten Tag. Das ist das Beste und am Ende auch das Empfehlenswerteste." (4:59–60)

Nach diesen Versen ist Demokratie sehr wohl eine mögliche Staatsform, aber auch ein Königtum ist denkbar. Konkret sagt die Aufforderung, die "Treuhandschaft" (also die Regierungsgeschäfte) jenen zu übergeben, die ihrer würdig sind, daß gewählt werden soll. Gewählt werden sollen solche, die nach Gerechtigkeit handeln. Die Gläubigen sollen ihren Staat auf den Grundlagen der Sunna (Praxis des Propheten) ausrichten. Das heißt nicht, daß die religiösen Führer gleichzeitig auch die Leiter des Staates sein müssen. Der Islam sieht zwar die Möglichkeit dazu vor, aber es ist nicht zwingend so, daß der Staat auf Religion gründen muß, solange der Religion und den Gläubigen ihre Rechte vom Staat ohne wenn und aber garantiert werden.

Eine andere Möglichkeit, einen Staat zu errichten, besagt der Vers 24 Vers 56:

"Verheißen hat Allah denen unter euch, die glauben und gute Werke tun, daß Er sie gewißlich zu Nachfolgern auf Erden machen wird, wie Er jene, die vor ihnen waren, zu Nachfolgern machte; und daß Er gewißlich für sie ihre Religion befestigen wird, die Er für sie ausgewählt hat; und daß Er gewißlich ihren (Stand), nach ihrer Furcht, in Frieden und Sicherheit verwandeln wird. Wer aber hernach undankbar ist, das werden die Empörer sein."

Hier ist das Prinzip des Kalifen (Khalifa) angesprochen, denn das Wort "Nachfolger" in dem obigen Vers bedeutet "Kalif". Der Kalif wird gewählt. Er kann direkt durch das Volk gewählt werden oder von seinem Vorgänger ernannt werden. Die Ernennung muß jedoch vom Volk bestätigt werden. Der Kalif ist nicht unumschränkter Herrscher, er muß sich mit den Volksvertretern beraten:

"Es geschieht um Allahs Barmherzigkeit willen, daß du zu ihnen milde bist; und wärest du schroff, hartherzig gewesen, sie wären gewiß rings um dich zerstoben. So verzeih ihnen und erbitte Vergebung für sie; und ziehe sie zu Rate in Sachen der Verwaltung; wenn du dich aber entschieden hast, dann setze dein Vertrauen auf Allah. Allah liebt die Vertrauenden." (3:160)

Die Vorstellung, daß im Islam nur die Einheit zwischen Staatsführer und religiösem Führer denkbar ist, ist irrig und kann sich nicht auf den Koran berufen, der ja sagt, daß auch vorstellbar ist, daß demokratisch Volksvertreter gewählt werden. Den gewählten Vertretern, der rechtmäßigen Regierung, schulden die Muslime Gehorsam, es sei denn, man will sie dazu zwingen, gegen ihren Glauben zu handeln. In solchen Fällen empfiehlt der Koran Auswanderung. Es kann nicht die Rede davon sein, daß der Koran einen Aufstand legitimiert, es sei denn, die Muslime werden mit Waffengewalt angegriffen:

"Wer für die Sache Allahs auswandert, der wird auf Erden genug Stätten der Zuflucht und der Fülle finden. Und wer sein Haus verläßt und auswandert auf Allahs und Seines Gesandten Weg und dabei vom Tod ereilt wird, dessen Lohn obliegt sodann Allah, und Allah ist allverzeihend, barmherzig." (4:101)

Was sind die Schiiten bzw. die Sunniten?

In der Frühzeit des Islams ergab sich eine Spaltung, als eine Gruppe den rechtmäßigen Kalifen nicht anerkennen wollte und behauptete, das Amt des Kalifen stünde nur einem aus der Verwandtschaft des Propheten Mohammed zu. Diese Partei war für Ali, einen geehrten Gefährten des Propheten, der ein Verwandter des Propheten Mohammed war, als Kalifen. Diese Gruppe spaltete sich vom Hauptkörper des Islams ab, als "Partei Alis" , d.h. Schiiten sind sie in der Folge bekannt geworden. Sie haben in manchen Einzelheiten andere Ritualvorstellungen als die Sunniten, die so genannt wurden, weil sie der Praxis des Propheten Mohammed, der Sunna folgten. Die Sunniten berufen sich darauf, daß der Koran erklärt, daß Allah mit den Gefährten des Propheten Mohammeds wohl zufrieden ist. Das heißt, es ist unvorstellbar, daß sie gegen den Willen Allahs die Institution des Kalifen mit jemandem besetzten, der nicht auf den Grundlagen des Korans und des Willens Allahs lebte. Ihre Wahl von Abu Bakr als erstem Kalifen, und in der Folge von Usman und Umar und dann Ali gilt deswegen den Sunniten als gottgewollt. Diese vier frühen Kalifen gelten als die sogenannten "rechtgeleiteten Kalifen". In kriegerischen Auseinandersetzungen kamen dann eigenmächtig "Kalifen" an die Macht, die sich indes nicht übereinstimmend des Votums der Gefährten des Propheten, der sogenannten Sahabi, erfreuen konnten. Darüber, daß die Sahabi Allah gemäß handelten, sagt der Koran:

"Die Vordersten, die ersten der Auswanderer (aus Mekka) und der Helfer (in Medina), und jene, die ihnen auf die beste Art gefolgt sind, mit ihnen ist Allah wohl zufrieden und sie sind wohlzufrieden mit Ihm; und Er hat ihnen Gärten bereitet, durch welche Ströme fließen. Darin sollen sie weilen ewig und

immer dar. Das ist die höchste Glückseligkeit." (9:100)
Es ist indes irrtümlich zu glauben, es gäbe im Islam nur die zwei Hauptrichtungen der Sunniten bzw. der Schiiten. Insgesamt sind diese Strömungen wieder in viele Gruppierungen unterteilt, die zum Teil erhebliche Unterschiede in ihren Glaubensvorstellungen haben und dementsprechend auch einander nicht immer freundlich gesonnen sind, ja, es wird oft dazu übergegangen, Fraktionen zu bilden, die andere Fraktionen ausschließen oder andere, die sich Muslime nennen, zu Nichtmuslimen erklären. Indes ist dies ein Akt, der den Prinzipien des Propheten Mohammed völlig fremd ist. Der Prophet hatte gesagt: wer immer unsere Kalima spricht, d.h. unser Glaubensbekenntnis äußert, ist ein Muslim. Und er hatte gewarnt: wenn einer, der sich Muslim nennt, einen anderen, der sich Muslim nennt, einen Nichtmuslim nennt, ist er selbst kein Muslim (mehr). Unterschiedliche Interpretationen des Korans dürfen nicht dazu führen, daß jemand als Nichtmuslim bezeichnet wird. Der Prophet Mohammed hatte indes auch gesagt, daß es in der späteren Zeit über 73 verschiedene muslimische Gruppierungen geben wird, von denen mit Ausnahme einer, die rechtgeleitet ist, alle in die Hölle kommen werden.

Wie sieht der islamische Kalender aus?

Der Koran sieht sowohl den Sonnenkalender als auch den Mondkalender vor. Die Zeiten des Gebets, des Fastenanfangs und -endes werden durch den Stand der Sonne bestimmt. Die Anzahl der Tage zu einem Mondmonat zusammengefaßt. Grundsätzlich sagt der Koran:
"Er ist es, Der die Sonne zur Leuchte und den Mond zu einem

Schimmer machte und ihm Stationen bestimmte, auf daß ihr die Anzahl der Jahre und die Berechnung kennen möchtet. Allah hat dies nicht anders denn in Weisheit geschaffen. Er legt die Zeichen einem Volke dar, das Wissen besitzt. Wahrlich, in dem Wechsel von Nacht und Tag und in allem, das Allah in den Himmeln und auf der Erde erschaffen, sind Zeichen für ein gottesfürchtiges Volk." (10:6–7)

Der Koran nennt die Anzahl der Monate im Kalender:
"Siehe, die Anzahl der Monate bei Allah ist zwölf Monate nach dem Gesetz Allahs seit dem Tage, da Er die Himmel und die Erde erschuf. Von diesen sind vier heilig. Das ist der beständige Glaube. Drum versündigt euch nicht in ihnen." (9:36)
Dieser Vers spricht von vier Monaten, die den Arabern heilig waren und die auch den Muslimen heilig sein sollen. Diese Monate sind: Dhu'l-Qa'dah, Dhu'l-Hijjah, Muharram und Rajab. Der Mondmonat geht von Neumond zu Neumond. Wenn auch im Islam die Berechnung der Monate nach dem Stand des Mondes üblich ist, so ist doch auch der Sonnenkalender gebräuchlich. Indes werden die heiligen Feste, zum Beispiel der Fastenmonat und die Pilgerfahrt, nach dem Mondkalender berechnet:
"Sie fragen dich nach den Monden. Sprich: "Sie sind ein Mittel zum Messen der Zeit für die Menschheit und für die Pilgerfahrt."" (2:190)

Der Mondkalender ist zehn Tage kürzer als der Sonnenkalender und wandert deswegen durch die Jahreszeiten. Die einzelnen Monate des islamischen Mondkalenders heißen: Muharram; Saffar; Rabi Awwal, Rabi us Sani; Jamadi Awwal; Jamadi us Sani; Rajab; Schaban; Ramadhan; Schawal; Zikat (Dhul Qadah); Dhul Hijja.

Was sagt der Koran über Außerirdische?

Allah macht im Koran ganz klare Aussagen darüber, daß es außer den Menschen noch andere (menschenähnliche) Wesen im Universum gibt. In der Sure 10 Vers 67 heißt es:
"Siehe, wer immer in den Himmeln und wer immer auf der Erde ist, er ist Allahs. Die da andere anrufen als Allah, folgen nicht (wirklich diesen) Göttern; sie folgen nur einem Wahn, und sie vermuten bloß."
Das arabische Wort für "wer immer" steht für das Wort Mensch und wird nur für intelligente Wesen benutzt. In einem anderen Vers heißt es:
"Alles, was in den Himmeln und auf Erden ist, preist Ihn." (59:25)
Dieser Vers weist darauf hin, daß es im Universum außer dem Menschen noch andere intelligente Lebewesen gibt, die ebenfalls den göttlichen Regeln folgen. Konkret gibt der Koran auch einen Hinweis darauf, daß sich die Außerirdischen und die Menschen einmal begegnen werden, wobei die Frage ist, ob dies auf gedanklichem Wege, durch Funkkontakte oder durch tatsächliche Begegnung der dritten Art geschehen wird:
"Und unter Seinen Zeichen ist die Schöpfung der Himmel und der Erde, und jeglicher Lebewesen, die Er in beiden verstreut hat. Und Er hat die Macht, sie zu versammeln allesamt, wenn es Ihm gefällt." (42:30)
Daß der Mensch und andere in der Lage sein würden, ihren Heimatplaneten zu verlassen, so Allah will, sagt der folgende Vers:
"O Versammlung von Dschinn und Menschen! Wenn ihr imstande seid, über die Grenzen der Himmel und der Erde hinauszugehen, dann gehet. Doch ihr werdet nicht imstande sein zu gehen, außer mit Ermächtigung." (55:34)

Interessant in diesem Zusammenhang ist, daß der Koran davon spricht, daß Allah auch der Herr des Sirius ist (53:50), während Forscher in der jüngsten Zeit angenommen haben, daß in der Gegend des Sirius intelligente Lebewesen beheimatet sind.

Was ist das Ziel des Islams?

Der Koran sagt, daß die Erschaffung des Menschen in Weisheit geschah und daß das Leben des Menschen einen Sinn hat:
"Glaubtet ihr denn, Wir hätten euch in Sinnlosigkeit geschaffen, und daß ihr nicht zu Uns zurückgebracht würdet?" (23:116)
Das Leben auf der Erde ist eine Vorbereitung für das Leben nach dem Tode, das als wahres Leben begriffen wird. Im Diesseits haben die Menschen die Aufgabe, sich so zu verhalten, daß sie in der Lage sein werden, im Jenseits auf der höheren Stufe der Evolution die rein spirituellen Bedingungen dort genießen zu können:
"Dieses irdische Leben ist nichts als ein eitles Getändel und ein Spiel; die Wohnstatt des Jenseits aber – das ist Leben fürwahr, wenn sie es nur wüßten!" (29:65)
Das Leben im Diesseits ist nicht das Ziel des Menschen, lehrt der Islam:
"Verschönt ist den Menschen die Liebe zu den Begehrten, Frauen und Kindern und aufgespeicherten Haufen von Gold und Silber und wohlgezüchteten Pferden und Viehherden und Ackerfrucht. Das ist die Versorgung für dieses Leben; doch bei Allah ist es, bei Dem die schönste Heimstatt ist." (3:15)
Wozu der Mensch geschaffen wurde, ist mithin die Gemeinschaft mit Allah. Erreicht wird sie durch das Dienen Allahs,

d.h. daß der Mensch die Aufgabe hat, die Eigenschaften Allahs auf menschliche Weise sich anzueignen und somit sich zu vervollkommnen:
"Und Ich habe die Dschinn und die Menschen nur darum erschaffen, daß sie Mir dienen." (51:57)
Mohammed ist der Prophet, der als schönstes Vorbild den Menschen dient, er ist eine Barmherzigkeit für alle Welten:
"Wahrlich, ihr habt an dem Propheten ein schönes Vorbild für jeden, der auf Allah und den Letzten Tag hofft und Allahs häufig gedenkt." (33:22)
"Wir entsandten dich (o Mohammed) nur als eine Barmherzigkeit für alle Welten." (21:108)

Mohammed ist im Gegensatz zu vorangegangenen Propheten, die jeweils nur für ein bestimmtes Volk und eine bestimmte Zeit gesandt waren, Prophet für alle Menschen:
"Und Wir haben dich (o Mohammed) entsandt nur als Bringer froher Botschaft und Warner für die ganze Menschheit; jedoch die meisten Menschen verstehen es nicht." (34:29)
Diejenigen, die an Gott glauben, werden von Gott im Koran aufgefordert, dem Beispiel Mohammeds zu folgen, damit sie ihre Bestimmung, ihr Lebensziel erreichen können:
"Sprich: "Liebt ihr Allah, so folget mir, (dann) wird Allah euch lieben und euch eure Fehler verzeihen; denn Allah ist allverzeihend, barmherzig." Sprich: "Gehorchet Allah und dem Gesandten"; doch wenn sie sich abkehren, dann (bedenke), daß Allah die Ungläubigen nicht liebt." (3:32–33)

Als Wegweiser hat Allah durch den Engel Gabriel dem Propheten Mohammed den Koran offenbart, der vollkommene Leitung enthält und die Menschen, die sich bemühen, ihn zu verstehen, und die ihm nach bestem Wissen und Gewissen folgen und ihn in die Tat umzusetzen trachten, zum Friedens-

zustand im Diesseits und im Jenseits führt: "Dies ist ein vollkommenes Buch; es ist kein Zweifel darin; eine Richtschnur für die Rechtschaffenen." (2:3)
Wer so seine Seele geläutert hat, wird in den Zustand des Friedens versetzt:
"(Doch) du, o beruhigte Seele, kehre zurück zu deinem Herrn, befriedigt in (Seiner) Zufriedenheit! So tritt denn ein unter Meine Diener, und tritt ein in Meinen Garten!" (89:28–31)
Sie werden in diesem Zustand in ständiger schöpferischer Tätigkeit sein, voller Glückseligkeit, in Einheit mit Gott.
Dieser Zustand des Friedens ist es, zu dem der Islam aufruft. Er wird zwar in vollkommener Klarheit erst im Leben nach dem Tode erlebt, ist aber in diesem Leben unter den auf der Erde herrschenden Bedingungen ebenfalls erfahrbar. Dieser Zustand ist in der Gemeinschaft der Gläubigen zu erfahren, in ständigem Bemühen, allen Wesen Gutes zu tun, sich vor Bösem zu hüten und alle Kräfte anzustrengen, um Gerechtigkeit und Barmherzigkeit zu verwirklichen.

Was ist Fana?

Ist der Mensch von seiner Wildheit befreit und damit der Zustand der zum Bösen verführenden Seele (12:54) überwunden (die sogenannte Nafs-e-ammara), erreicht er den Zustand der sich selbst anklagenden Seele (75:3), "Nafs-e-lawwama" genannt. Bildet er sich hieraus weiter und läutert sich und folgt er seinem Gewissen und der Leitung des Korans und dem Vorbild des Propheten, erlangt er die Stufe der beruhigten Seele (89:28), "Nafs-e-mutmainna" genannt . Von dieser Stufe heißt es, daß der sie erreicht, der sich vollkommen Gott

unterwirft und Gutes tut (2:113), wobei der Prophet Mohammed Gutes tun einmal dadurch definiert hat, daß man etwas so tut, als würde man Gott mit leiblichen Augen sehen. Auf dieser Stufe heißt es:
"Sprich: "Mein Gebet und mein Opfer und mein Leben und mein Tod gehören Allah, dem Herrn der Welten."" (6:163)
Von den Menschen, die sich so verhalten, sagt der Koran:
"Und manch einer unter den Menschen würde sich selbst verkaufen im Trachten nach Allahs Wohlgefallen; und Allah ist gütig gegen die Diener." (2:208)
Auf dieser Stufe wird der Mensch mit dem Heiligen Geist gestärkt; mit Allahs eigenem Wort (58:23). Der Mensch findet sich Gott so nahe, daß er begreift, daß Allah ihm näher ist als seine eigenen Halsschlagader (50:17). Von diesem Zustand sagt der Koran, daß dann der Mensch in Gott aufgeht und Gott durch ihn Handlungen vollbringt (8:18), daß sozusagen, nach einem Wort des Propheten Mohammed, der Fuß des Menschen zum Fuß Gottes, die Hand des Menschen zur Hand Gottes, die Zunge des Menschen zur Zunge Gottes wird. Diese Stufe der Erleuchtung wird "Fana" (Selbstauslöschung) genannt. Hier beginnt der Mensch unaufhörlich Erfahrungen mit der Gegenwart Allahs zu machen. Die Engel sprechen zu ihm und leiten ihn. Mystische Erlebnisse sind für ihn nichts Außergewöhnliches mehr. Er beginnt, sich auf einer rein geistigen Ebene zu bewegen. Er ist in der Welt, aber nicht von der Welt. Schritt für Schritt leitet ihn nun Allah zur Vollkommenheit, so wie es im Koran heißt:
"Jene jedoch, die glauben und gute Werke tun, wird ihr Herr leiten um ihres Glaubens willen. Ströme werden unter ihnen hinfließen in den Gärten der Wonne. Ihr Ruf dort wird sein: "Preis Dir, o Allah!" Und ihr Gruß dort wird "Frieden" sein. Und zuletzt werden sie rufen: "Aller Preis gehört Allah, dem Herrn der Welten."" (10:10–11)

Glossar

Al-Fateha	83
Ansar	49
Ayat	19, 29, 96, 224
Azan	9, 157, 158, 163, 226
Burqa	114
Dajal	71, 76, 78
Dhikr	9, 85, 101, 136, 159, 160, 161
Dschinn	204-206
Dua	85, 136, 159
Fiqah	102, 227
Fitrana	155
Hafiz	31,
Iblis	38, 55, 205, 213
Id-ul-Adha	88, 143
Id-ul-Fitr	143, 155
Ilham	10, 54, 222, 223
Ilham	20
Ijtehad	227
Imam	7, 41, 71, 72, 75, 84, 86, 95, 96, 98, 102, 117, 125, 156, 158, 162, 163, 172, 179, 200, 201
Jamaat	77, 182, 231
Juma	9, 86, 95, 96, 125, 156, 162, 163
Kalifat	97, 98, 99
Khatam-nabiyyeen	72, 73, 223
Khutba	16, 163
Mahr	117
Mudschaddid	95
Mufti	7, 102, 128, 179, 231
Mulla	96, 228
Namaz	19, 31, 82

Frauen im Islam -
55 Fragen und Antworten

Darf eine Muslima Imam sein und das gemeinsame Gebet leiten?
Ist eine islamische Frau gleichberechtigt mit dem islamischen Mann?
Darf eine Muslima Auto fahren?

Das sind nur einige der 55 Fragen bezüglich der Frauen im Islam, die in diesem Werk wieder kompetent und umfassend beantwortet werden.

SBN 3-929017-77-6
208 Seiten, Broschur, DM 19.80, ÖS 160.00, SFR 19.80

Nach seinem erfolgreichen Buch *Islam-99*, ist ***Hadayatullah Hübsch*** hier wieder ein Standardwerk gelungen, welches dem Leser und vor allem den Frauen wertvolle Informationen gibt.
Die Lektüre dieses Buches verändert unsere Einstellung zum Islam,und Schlagworte, wie sie uns täglich in den Medien geliefert werden, bekommen neue Bedeutungen und Inhalte.